"智能化视听功能康复评估与辅具适配关键技术研究（2018YFC2002602）"资助出版

儿童言语语言康复实用手册

Ertong Yanyu Yuyan Kangfu Shiyong Shouce

中国听力语言康复研究中心　主编

华夏出版社
HUAXIA PUBLISHING HOUSE

图书在版编目（CIP）数据

儿童言语语言康复实用手册 / 中国听力语言康复研究中心主编. -- 北京：华夏出版社有限公司，2025.
ISBN 978-7-5222-0772-8

Ⅰ．G762-62

中国国家版本馆 CIP 数据核字第 2024ZW4127 号

儿童言语语言康复实用手册

主　　编	中国听力语言康复研究中心
责任编辑	张冬爽
责任印制	顾瑞清

出版发行	华夏出版社有限公司
经　　销	新华书店
印　　装	河北宝昌佳彩印刷有限公司
版　　次	2025 年 2 月北京第 1 版　　2025 年 2 月北京第 1 次印刷
开　　本	787×1092　1/16 开
印　　张	17
字　　数	300 千字
定　　价	89.00 元

华夏出版社有限公司　地址：北京市东直门外香河园北里 4 号　邮编：100028
网址：www.hxph.com.cn　电话：（010）64663331（转）
若发现本版图书有印装质量问题，请与我社营销中心联系调换。

儿童言语语言康复实用手册编委会

主　编　张　芳　梁　巍

编　者　（以姓氏笔画为序）

卫冬洁　马晓宇　王丽燕　戈庆维　申　敏　史　泆
曲春燕　刘　淼　李　卉　何　怡　肖永涛　初冬明
张　芳　张庆苏　陈　滨　罗　薇　庞子健　孟范荣
赵子晨　贾革红　晁　欣　郭煜然　唐会晓　黄　露
梁　巍　梁佳静　董　蓓　穆　晨

秘　书　赵子晨　梁佳静

插　图　郭　勇

前　言

听觉是人类获取信息的一种重要手段，是正常言语发育及语言交流的先决条件。语言是人类在充分的语言环境刺激的作用下特有的一种高级神经活动，是人类在学习、社会交往、个性发展中应具备的重要能力。言语专指口头语言，即带有声音的语言。言语是人们用自身的发音器官发出的语言，人们可以用它表达自己的思想，它是人们在日常生活中运用最多、最便利的一种交流手段。语言和言语不能等同，语言包含言语，而言语则归属于语言。

言语语言障碍是指人们在使用或理解口语、书面语等沟通媒介时出现的各种异常现象。儿童期，尤其是儿童早期，是人类听觉、语言、言语能力发展的关键时期。根据有关研究报道，在中国，言语语言障碍儿童的数量占儿童总数的10%～20%，其中，3～6岁儿童的功能性言语语言障碍发病率为3%～8%；大多数听力障碍儿童受到听力损失的影响，加之缺少与周围语言环境的互动，其言语能力明显低于正常儿童。此外，在确诊为脑瘫、孤独症的儿童群体中，也存在着较高比例的言语语言障碍者；在每年新增的脑卒中患儿中，约有30%的患儿伴有失语症；在每年新增的脑外伤患儿中，约有10%的患儿伴有失语症。可见，言语语言障碍正在严重影响着上述患者群体的交流水平、心理健康、学习质量和生活质量，给自身、家庭和社会带来沉重负担。此时，及时、科学、有效的言语语言康复是缓解和解决言语语言异常问题的最主要的方法。

随着国家重点研发计划"主动健康和老龄化科技应对"2018年度重点专项"残疾人与失能和半失能老年人康复辅助器具评估与适配体系研究与应用示范"项目的确立和所属课题2"智能化视听功能康复评估与辅具适配关键技术研究（2018YFC2002602）"的推进与实施，课题组发现听力障碍儿童群体中普遍存在着较高的言语语言康复需求，但由于言语语言康复的学科性、专业性强，基层专业人才短缺，言语语言康复指导性、实用性不足，这一类康复需求一时难以满足。为了缓解言语语言障碍儿童康复服务需求满足率不高的问题，本课题组在保证完成所承担的科研课题任务的基础上，组织专门负责言语语言康复服务任务的专业小组成员，围绕儿童的言语语言康复这一专题，针对基层康复服务提供者和儿童家庭的康复实践需要，总结、撰写了三册图书，分别为《儿童言语语言康复技术》《儿童言语语言康复实用手册》《儿童发音训练教程》。这三册书将作为本课题组完成所承担课题任务成果的一部分，奉献社会，以期让更多的基层言语语言康复服务提供者和言语语言障碍儿童的家庭能够从中受益，帮助言语语言障碍儿童实现有效康复。

《儿童言语语言康复技术》主要是从言语语言治疗学的角度，按照儿童言语语言异常的不同分类，围绕着儿童言语、语言、沟通的基本概念、产生机制和发展规律，以及不同的言语语言异常表现（构音障碍、听力言语障碍、嗓音障碍、口吃、语言发育迟缓、失语症）的定义、病因、评估和训练方法等进行了较为系统的阐述，并对言语语言障碍的预防宣教要点、方式、策略进行了介绍，旨在帮助基层言语语言康复服务提供者和言语语言障碍儿童家长了解和掌握有关儿童言语语言康复的基础知识体系，实现基本的答疑解惑的作用。

《儿童言语语言康复实用手册》主要是针对言语语言异常的不同分类，按照构音障碍、听力言语障碍、嗓音障碍、口吃、语言发育迟缓、失语症儿童的言语语言康复的实操需要，从方法学角度详细介绍了应用于临床的康复训练，包括各言语语言异常的行为表现、具体的训练方法、训练中的注意事项和延伸训练建议，旨在帮助基层言语语言康复服务提供者和言语语言障碍儿童家长了解和掌握有关儿童言语语言康复的方法体系，从而有的放矢地采用针对性方法，实施个性化的儿童言语语言康复训练，提高康复质量与效果。

《儿童发音训练教程》紧扣汉语言语语音音位（声母音位、韵母音位、声调音位）系统中每类音位系统的语音要素的发音部位，对训练方法和儿童发音时可能出现的问题进行了逐一的描述和介绍，并针对儿童在学习、掌握某个具体音位时需要拓展的字、词、句，以及避免发音混淆需要对比强化训练的素材给予了系统的梳理，旨在为基层言语语言康复服务提供者和言语语言障碍儿童家长提供系统的发音训练素材支持，指导他们为言语语言障碍儿童的言语语言功能康复目标的实现奠定汉语发音基础。

这三册书相辅相成，既可有机地联成一个系统，组合成一套适合基层开展儿童言语语言康复服务的培训课程，也可单独使用，成为基层言语语言康复服务提供者和言语语言障碍儿童家长自主开展言语语言康复训练实践的参考性基础实操工具和材料。

本套用书的编写，得益于中国听力语言康复研究中心课题组和儿童言语语言康复团队成员的共同努力，既是课题组部分研究成果的展示，也是团队成员多年从事儿童言语语言康复临床经验的结晶。但是，受篇幅、时间和编写经验不足的限制，内容上难免挂一漏万。临床上仍有太多问题需要我们继续实践，不断积累和提炼。恳请广大读者对本书中存在的缺失和不足给予批评指正。

最后，衷心感谢华夏出版社及其编辑人员对本套图书在出版工作中给予的指导与帮助。

中国听力语言康复研究中心

智能化视听功能康复评估与辅具适配关键技术研究课题组

2023 年 6 月

目 录

第一章　构音障碍 ... 1
第一节　韵母构音训练 ... 3
第二节　声母构音训练 ... 27
第三节　声调的训练 ... 66
第四节　鼻音功能异常的训练 ... 73

第二章　听力言语障碍 ... 85
第一节　听觉训练 ... 87
第二节　言语训练 ... 106
第三节　语言训练 ... 121

第三章　嗓音障碍 ... 139
第一节　放松训练 ... 141
第二节　呼吸训练 ... 145
第三节　发声训练 ... 155
第四节　音调训练 ... 161
第五节　响度训练 ... 167
第六节　音质异常的训练 ... 174

第四章　口吃 ... 179
第一节　家庭指导 ... 181
第二节　放松训练 ... 182
第三节　呼吸训练 ... 184
第四节　发音训练 ... 187

第五章　儿童语言发育迟缓 195
第一节　前语言沟通能力的训练 197
第二节　发音训练 202
第三节　词汇训练 205
第四节　词组训练 212
第五节　句子训练 217
第六节　语段训练 224
第七节　沟通策略与沟通行为训练 228
第八节　书面语言训练 232

第六章　儿童失语症 237
第一节　口语理解能力的训练 239
第二节　口语表达能力的训练 245
第三节　读写能力的训练 251
第四节　高级脑功能的训练 255

参考文献 261

第一章　构音障碍

本章以口部运动治疗为基础，针对儿童在发音过程中常见的构音错误，示范了韵母、声母、声调和鼻音功能异常的训练活动。

鉴于篇幅的限制，在韵母和声母的构音训练中，本章仅对韵母 a 和声母 b 的训练活动进行详细描述，举例说明单个音位训练及扩展训练的详细内容，其他音位的训练活动可以按照这两个音位的训练原则自行开展。

第一节　韵母构音训练

一、单韵母 a

（一）单个音位训练①

1. 适用情况

儿童下颌运动受限，打开困难，且完全不能发出 /a/ 音。

2. 目标

（1）增加儿童下颌运动范围，控制下颌保持在开位。

（2）能识别目标音与错发音，如 /a/ 与 /e/。

（3）诱导发 /a/ 音。

3. 材料与工具

（1）乳胶手套。

（2）咀嚼器（图 1-1）。

图 1-1　咀嚼器

（3）镜子。

（4）4～5块饼干。

（5）/a/与错发音（如/e/）的听觉识别卡片。

（6）/a/与错发音（如/e/）的发音卡片/视频。

4. 步骤与方法

（1）康复师根据儿童的发音情况，出示目标音和错发音的听觉识别卡，如/a/与/e/，对儿童进行听觉识别训练，加强儿童对目标音/a/的识别，明确/a/的声音特征。

（2）康复师根据儿童的发音情况，出示目标音和错发音的发音卡片/视频，如/a/与/e/，进而强化/a/的发音特征。发/a/音时，口自然张开，舌放松，位于口腔最低处居中央，舌面中部略隆起，舌尖微离或微触下齿龈；发/e/音时，口半闭，嘴角向两边微展，舌后缩，舌面后部略隆起，舌尖位于下齿龈后。

（3）康复师向儿童示范发音，然后让儿童对着镜子尝试发音。如果儿童不能正确发音，康复师则根据儿童的情况继续进行下面的训练。

（4）康复师对儿童进行咬肌的刺激。康复师与儿童面对面坐着，康复师将自己的食指、中指、无名指并拢置于儿童的颞颌关节处，以按压法、按揉法慢慢向下颌角移动，各四八拍。

（5）康复师对儿童进行下颌被动打开训练。康复师与儿童面对面坐着，嘱咐儿童放松。康复师将右手拇指腹放在儿童的下颌缘上侧，食指弯曲放在儿童的下颌缘下侧，左手放在儿童的头部进行固定。拇指稍用力向下压下颌，逐步使下颌打开，保持5秒，重复10次。

（6）康复师对儿童进行下颌向下主动抵抗训练。康复师与儿童面对面坐着。康复师将右手拇指指腹放在儿童的下颌缘上侧，食指弯曲放在儿童的下颌缘下侧，左手放在儿童的头部进行固定。食指用力向上提下颌，同时让儿童用力打开下颌，抵抗向上的力量，保持5秒。重复5次。

（7）康复师示范咀嚼动作，然后让儿童面对一面镜子张大嘴巴，进行大幅度咀嚼。如果儿童不能完成，康复师则让儿童嚼4～5块饼干或使用咀嚼器进行咀嚼训练。

（8）康复师对儿童进行下颌控制训练。康复师将咀嚼器竖立置于儿童的磨牙之间，同时让儿童尽可能地张大嘴巴，并将咀嚼器咬住，保持10秒钟。同时，康复师让儿童触摸自己此时的颞颌关节位置，增加儿童下颌在开位时的感知觉。

（9）康复师让儿童咬住竖立的咀嚼器后发/a/音。儿童在此基础上反复进行练习。

5. 注意事项

（1）非一次性工具须在消毒后使用。

（2）康复师须注意儿童是否有乳胶过敏现象。

（3）康复师对儿童的咬肌进行刺激时，可以让儿童咬紧磨牙，这样咬肌可以被清楚地触摸到。

（4）儿童张大嘴巴咀嚼或尽力张大嘴巴咬咀嚼器时，康复师要注意儿童的颞颌关节状况，避免关节脱臼。

6. 延伸训练

（1）家长可以让儿童咬苹果、面包等大块食物，并大口咀嚼，从而加大下颌的运动范围和力量。

（2）家长可以自行设计多种含有音位 /ɑ/ 的图片，并用夸张的发音方法将 /ɑ/ 的发音特点展现给儿童，加强儿童的感知和识别能力。

（二）单个音位训练②

1. 适用情况

儿童发 /ɑ/ 音时能完全打开下颌，但舌肌痉挛或无力使舌位错误，导致 /ɑ/ 音发音歪曲。

2. 目标

（1）增强舌的感知觉，提高舌肌肌力，增加舌的稳定性。

（2）能识别目标音与错发音，如 /ɑ/ 与 /ai/。

（3）诱导发 /ɑ/ 音。

3. 材料与工具

（1）乳胶手套。

（2）压舌板（图 1–2）。

（3）舌肌刺激器。

（4）镜子。

（5）/ɑ/ 与错发音（如 /ai/）的听觉识别卡片。

（6）/ɑ/ 与错发音（如 /ai/）的发音卡片/视频。

图 1-2 压舌板

4. 步骤与方法

（1）康复师根据儿童的发音情况，出示目标音和错发音的听觉识别卡片，如 /a/ 与 /ai/，对儿童进行听觉识别训练，加强儿童对目标音 /a/ 的识别，明确 /a/ 的声音特征。

（2）康复师根据儿童的发音情况，出示目标音和错发音的发音卡片/视频，如 /a/ 与 /ai/，进而强化 /a/ 的发音特征。发 /a/ 音时，口自然张开，舌放松，位于口腔最低处居中央，舌面中部略隆起，舌尖微离或微触下齿龈；发 /ai/ 音时，口自然张开，舌尖抵下齿背，舌面前部隆起与硬腭相对，舌位向 /i/ 的方向滑动抬高，双唇由半开至半关。

（3）康复师对儿童进行舌的刺激。康复师与儿童面对面坐着，让儿童将舌尽量伸出口外。康复师用压舌板或舌肌刺激器分别进行向上刷舌尖、横向刷舌尖、前后刷舌尖、后前刷舌尖，以及从后向前刷舌和舌侧缘的训练，各二八拍。之后康复师用压舌板拍打舌尖、舌的两侧和舌面，共四八拍。

（4）康复师对儿童进行伸缩舌练习。康复师让儿童将舌尽量平伸出口外，保持5秒后，再将舌尽量后缩，以提高儿童对舌的控制能力。如果儿童主动伸缩舌受限，康复师则让儿童放松，戴上乳胶手套，捏住儿童的舌叶，轻轻将舌体拉出口外，保持5秒；康复师再用压舌板或手指抵住儿童的舌前 1/3，将舌体轻轻向后推至舌根抬起，保持5秒。该练习重复10次。

（5）康复师对儿童进行舌肌力量练习。康复师与儿童面对面坐着，按以下步骤进行练习。①儿童张开嘴巴并保持，康复师将压舌板分别放在儿童舌中线和中心两侧，向下压舌，重复5次；②儿童张开嘴巴，将舌伸出口外，康复师用压舌板向上推舌，让儿童用力向下抵抗，重复5次；③儿童张开嘴巴，将舌伸出口外，康复师用压舌板向下压舌，让儿童用力向上抵抗，重复 5 次；④儿童张开嘴巴，将舌伸出口外并上抬，康复师用压舌板向下压舌尖，让儿童用力向上抵抗，重复 5 次；⑤儿童张开嘴巴，将舌分别向左、向右伸出口外，康复师用压舌板分别向右、向左推舌，让儿童用力抵抗，重复 5 次；⑥儿童闭上嘴巴，用舌分别顶左右脸颊，康复师用食指在儿童的脸颊外推舌，让儿童用力抵抗，重复 5 次；⑦儿童张开嘴巴，将舌平伸出口外，康复师用压舌板向后推舌，让儿童用力抵抗，重复 5 次。

（6）康复师让儿童尝试发音，如果儿童不能完成，则让儿童张大嘴，用压舌板帮助儿童把舌置于正确位置，再让儿童发音，反复数次。儿童在练习中体会央低元音的舌位，在此基础上反复练习发音。

5. 注意事项

（1）非一次性工具须在消毒后使用。

（2）康复师须注意儿童是否有乳胶过敏现象。

（3）康复师被动拉伸儿童舌体时，动作须轻柔，以儿童不感觉疼痛为宜。

（4）注意发 /ɑ/ 音时的正确舌位。

6. 延伸训练

（1）家长可以先让儿童看家长发音，并让儿童洗净手后将食指放置于家长的舌头上，感受正确发音时舌头的位置和力量。之后家长再让儿童发音，并让儿童将手指置于儿童自己的舌头上进行比较。

（2）家长可以自行设计多种含有音位 /ɑ/ 的图片，并用夸张的发音方法将 /ɑ/ 的发音特点展现给儿童，加强儿童的感知和识别能力。

（三）扩展训练：单音节词

1. 适用情况

儿童能正确发 /ɑ/ 音，须进行单音节词扩展训练。

2. 目标

儿童能在所有声韵调组合下正确发 /ɑ/ 的单音节词。

3. 材料与工具

与 /ɑ/ 相关的单音节词发音卡片。

4. 步骤与方法

康复师依次出示与 /ɑ/ 相关的所有声韵调组合的单音节词发音卡片（表 1–1），逐一按照卡片发音读词，并让儿童一起复述。若儿童能够自主发音则更好。

表 1-1 /ɑ/ 单音节词训练材料示例

声调	声母					
	b	f	d	g	z	zh
一声	八	发	搭	旮	匝	扎
二声	拔	罚	达	钆	砸	炸
三声	把	法	打	嘎	咋	眨
四声	爸	珐	大	尬	—	乍

注：仅以 b、f、d、g、z、zh 六个声母举例。

5. 注意事项

在实际训练过程中，康复师须根据儿童的音位习得情况，选择搭配 /ɑ/ 的声母。

（四）扩展训练：双音节词

1. 适用情况

儿童能正确发与 /ɑ/ 相关的单音节词，须进行双音节词扩展训练。

2. 目标

儿童能在双音节词的词首或词尾正确发 /ɑ/ 相关音。

3. 材料与工具

与 /ɑ/ 相关的双音节词发音卡片。

4. 步骤与方法

康复师依次出示与 /ɑ/ 相关的双音节词发音卡片（表 1-2），逐一按照卡片发音读词，并让儿童一起复述。若儿童能够自主发音则更好。

表 1-2 /ɑ/ 双音节词训练材料示例

目标音位置	双音节词					
词首	拔河	发烧	大河	卡车	喇叭	眨眼
词尾	害怕	头发	宝塔	沙拉	比萨	刀叉

注：仅部分举例。

5. 注意事项

康复师须重点注意目标音的发音情况。

6. 延伸训练

家长在日常生活中碰到 /ɑ/ 相关音的双音节词时，可以让儿童练习主动发音。例如，家长可以指着沙发问儿童："这是什么？"儿童主动回答："沙发。"

（五）扩展训练：三音节词

1. 适用情况

儿童能正确发与 /ɑ/ 相关的单音节词和双音节词，须进行三音节词扩展训练。

2. 目标

儿童能在三音节词的词首、词中和词尾正确发 /ɑ/ 相关音。

3. 材料与工具

与 /ɑ/ 相关的三音节词发音卡片。

4. 步骤与方法

康复师依次出示与 /ɑ/ 相关的三音节词发音卡片（表 1-3），逐一按照卡片发音读词，并让儿童一起复述。若儿童能够自主发音则更好。

表 1-3 /ɑ/ 三音节词训练材料示例

目标音位置	三音节词				
词首	爬山坡	洒水车	马蜂窝	八宝山	擦桌子
词中	开卡车	红辣椒	推拉门	看杂志	小蚂蚁
词尾	丢手帕	高宝塔	吃比萨	宝宝爬	长尾巴

注：仅部分举例。

5. 注意事项

康复师须重点注意目标音的发音情况。

（六）扩展训练：短句

1. 适用情况

儿童能正确发与 /ɑ/ 相关的单音节词、双音节词和三音节词，须进行短句扩展训练。

2. 目标

儿童能在短句中正确发 /ɑ/ 相关音。

3. 材料与工具

与 /ɑ/ 相关的短句发音卡片。

4. 步骤与方法

康复师依次出示与 /ɑ/ 相关的短句发音卡片（表 1-4），逐一按照卡片发音，并让儿童一起复述。若儿童能够自主发音则更好。

表 1-4　/ɑ/ 短句训练材料示例

韵母音位	短句	
/ɑ/	爸爸骑大马。 妈妈别害怕。	马大哈吹大喇叭。 马阿姨照哈哈镜。

5. 注意事项

康复师须重点注意目标音的发音情况。

6. 延伸训练

家长在日常生活中可以围绕与 /ɑ/ 相关的句子与儿童一同进行发音训练。

（七）扩展训练：自然对话

1. 适用情况

儿童能正确发与 /ɑ/ 相关的单音节词、双音节词、三音节词和短句，须进行自然对话扩展训练。

2. 目标

儿童能在自然对话中正确发 /ɑ/ 相关音。

3. 材料与工具

与 /ɑ/ 相关的儿歌及情景对话卡片。

4. 步骤与方法

康复师依次出示与 /ɑ/ 相关的自然对话卡片（表 1-5），逐一按照卡片与儿童进行对话练习。

5. 注意事项

康复师须重点注意目标音的发音情况。

6. 延伸训练

自然对话训练应在日常生活中展开,因此家长要多准备一些朗朗上口的儿歌,并且要经常与儿童一起围绕 /ɑ/ 进行发音训练。

表 1-5 /ɑ/ 自然对话训练材料示例

韵母音位	自然对话	
/ɑ/	儿歌	大螃蟹 大螃蟹,没尾巴, 不会走,横着爬。 八只脚,尖又尖, 两把钳子手中拿。
	情景对话	康复师:这是什么啊? 儿童:这是大马。 康复师:谁骑着大马呢? 儿童:爸爸骑着大马。

二、单韵母 o

(一)单个音位训练①

1. 适用情况

儿童下颌运动稳定性不佳,半开位保持困难,不能发出 /o/ 音。

2. 目标

(1)增加下颌稳定性,控制下颌保持在半开位。

(2)能识别目标音与错发音,如 /o/ 与 /u/。

(3)诱导发 /o/ 音。

3. 材料与工具

(1)乳胶手套。

(2)压舌板。

(3)镜子。

(4)/o/ 和错发音(如 /u/)的听觉识别卡片。

(5)/o/ 和错发音(如 /u/)的发音卡片/视频。

4. 步骤与方法

（1）康复师根据儿童的发音情况，出示目标音和错发音的听觉识别卡片，如 /o/ 与 /u/，对儿童进行听觉识别训练，加强儿童对目标音 /o/ 的识别，明确 /o/ 的声音特征。

（2）康复师根据儿童的发音情况，出示目标音和错发音的发音卡片／视频，如 /o/ 与 /u/，进而强化 /o/ 的发音特征。发 /o/ 音时，口半闭，上下唇保持拢圆，舌后缩，舌面后部略隆起，舌尖位于下齿龈后；发 /u/ 音时，嘴微张，双唇收缩呈圆形，舌后缩，舌面后部高度隆起，舌尖位于下齿龈后。

（3）康复师向儿童示范发音，并让儿童对着镜子尝试发音。如果儿童不能正确发音，康复师则根据儿童的情况继续进行下面的训练。

（4）康复师对儿童进行咬肌的刺激，详见"/ɑ/ 单个音位训练①"。

（5）康复师对儿童进行提高咬肌肌力的训练。康复师与儿童面对面坐着，让儿童咬紧磨牙，使咬肌鼓起，康复师的食指、中指和无名指并拢，从儿童的颞颌关节处沿下颌角方向进行敲打和快速拉伸，各四八拍。

（6）康复师对儿童进行下颌被动打开训练，详见"/ɑ/ 单个音位训练①"。

（7）康复师对儿童进行下颌向下主动抵抗训练，详见"/ɑ/ 单个音位训练①"。

（8）康复师对儿童进行下颌控制练习。康复师让儿童用牙齿咬住竖放的压舌板，保持10秒。同时，康复师让儿童触摸自己此时的颞颌关节位置，增强儿童对下颌在半开位时的感知觉。

（9）康复师让儿童咬住竖放的压舌板后发 /o/ 音。儿童在此基础上反复进行练习。

5. 注意事项

（1）非一次性工具须在消毒后使用。

（2）康复师须注意儿童是否有乳胶过敏现象。

6. 延伸训练

家长可以自行设计多种含有音位 /o/ 的图片，并用夸张的发音方法将 /o/ 的发音特点展现给儿童，加强儿童的感知和识别能力。

（二）单个音位训练②

1. 适用情况

儿童能保持下颌在半开位，但双唇力量弱，不能完成圆唇动作，导致 /o/ 音发音歪曲。

2.目标

(1)增强双唇力量,提高双唇控制能力,能完成圆唇动作。

(2)能正确发出 /o/ 音。

3.材料与工具

(1)乳胶手套。

(2)压舌板。

(3)不同口径的吸管(图 1–3)。

(4)镜子。

(5)/o/ 的发音卡片 / 视频。

图 1–3 不同口径的吸管

4.步骤与方法

(1)康复师出示 /o/ 的发音卡片,向儿童示范发音,并让儿童对着镜子尝试发音。如果儿童不能正确发音,康复师则根据儿童的情况继续进行下面的训练。

(2)康复师对儿童进行唇的刺激。①康复师将食指弯曲并放在儿童的下颌缘处,拇指指腹放在儿童上唇正中的口轮匝肌上,以按压法沿顺时针方向按压口轮匝肌一周,重复动作,共四八拍;②康复师将食指弯曲并放在儿童的下颌缘处,拇指指腹放在儿童上唇正中的口轮匝肌上,以按揉法沿顺时针方向按揉口轮匝肌一周,重复动作,共四八拍;③康复师用食指指腹按顺时针方向轻轻敲打口轮匝肌一周,重复动作,共四八拍。

(3)康复师对儿童进行圆唇动作练习。康复师让儿童将嘴唇噘起保持数秒后放松,练习 10 次。如果儿童做不到,康复师则可以让儿童用双唇裹住吸管,保持数秒不掉落。

（4）康复师对儿童进行圆唇力量练习。如在圆唇状态下吹卷龙、吹泡泡等。

（5）康复师让儿童用双唇裹住大口径的吸管，或者康复师用拇指和食指帮助儿童圆起双唇，再让儿童发 /o/ 音。儿童在此基础上反复进行练习。

5. 注意事项

（1）非一次性工具须在消毒后使用。

（2）康复师须注意儿童是否有乳胶过敏现象。

6. 延伸训练

（1）家长可以让儿童用吸管吸食酸奶、稠粥，玩吹哨管、噘嘴吹小圆球及吸食单根面条等方式促进圆唇运动，增强圆唇力量，并提高双唇的自主控制能力。

（2）家长可以自行设计多种含有音位 /o/ 的图片，并用夸张的发音方法将 /o/ 的发音特点展现给儿童，加强儿童的感知和识别能力。

三、单韵母 e

（一）单个音位训练①

1. 适用情况

儿童下颌运动稳定性不佳，半闭位保持困难，不能发出 /e/ 音。

2. 目标

（1）增加下颌稳定性，增强下颌控制能力，保持半闭位。

（2）能识别目标音与错发音，如 /e/ 与 /ɑ/。

（3）诱导发 /e/ 音。

3. 材料与工具

（1）乳胶手套。

（2）咀嚼器。

（3）压舌板。

（4）镜子。

（5）/e/ 与错发音（如 /ɑ/）的听觉识别卡片。

（6）/e/ 与错发音（如 /ɑ/）的发音卡片 / 视频。

4. 步骤与方法

（1）康复师根据儿童的发音情况，出示目标音和错发音的听觉识别卡片，如 /e/ 与 /ɑ/，对儿童进行听觉识别训练，加强儿童对目标音 /e/ 的识别，明确 /e/ 的声音特征。

（2）康复师根据儿童的发音情况，出示目标音和错发音的发音卡片/视频，如 /e/ 与 /a/，进而强化 /e/ 的发音特征。发 /e/ 音时，口半闭，嘴角向两边微展，舌后缩，舌面后部略隆起，舌尖位于下齿龈后；发 /a/ 音时，口自然张开，舌放松，位于口腔最低处居中央，舌面中部略隆起，舌尖微离或微触下齿龈。

（3）康复师向儿童示范发音，然后让儿童对着镜子尝试发音。如果儿童不能正确发音，康复师则根据儿童的情况继续进行下面的训练。

（4）康复师依次对儿童进行咬肌的刺激、下颌被动打开训练、下颌向下主动抵抗训练，详见"/a/ 单个音位训练①"。

（5）康复师对儿童进行下颌控制练习。康复师让儿童用磨牙咬住横放的咀嚼器或吸管，保持 10 秒。同时，康复师让儿童触摸儿童自己此时的颞颌关节位置，增加儿童对下颌在半闭位时的感知觉。

（6）康复师让儿童尝试发音。如果儿童不能完成，康复师则让儿童咬住横放的咀嚼器，然后发 /e/ 音。儿童在此基础上反复练习。

5. 注意事项

（1）非一次性工具须在消毒后使用。

（2）康复师须注意儿童是否有乳胶过敏现象。

6. 延伸训练

家长可以自行设计多种含有音位 /e/ 的图片，并用夸张的发音方法将 /e/ 的发音特点展现给儿童，加强儿童的感知和识别能力。

（二）单个音位训练②

1. 适用情况

儿童发 /e/ 音时下颌位置正确，但舌位错误导致 /e/ 音发音歪曲。

2. 目标

（1）增强舌的感知觉，提高舌肌肌力，增强舌的稳定性。

（2）诱导发 /e/ 音。

3. 材料与工具

（1）乳胶手套。

（2）压舌板。

（3）舌肌刺激器。

（4）镜子。

（5）/e/ 的发音卡片 / 视频。

4. 步骤与方法

（1）康复师出示 /e/ 的发音卡片 / 视频，进而强化 /e/ 的发音特征。发 /e/ 音时，口半闭，嘴角向两边微展，舌后缩，舌面后部略隆起，舌尖位于下齿龈后。如果儿童不能正确发音，康复师则根据儿童的情况继续进行下面的训练。

（2）康复师对儿童进行舌的刺激，详见 "/ɑ/ 单个音位训练②"。

（3）康复师对儿童进行伸缩舌练习，详见 "/ɑ/ 单个音位训练②"。

（4）康复师对儿童进行舌肌力量练习，详见 "/ɑ/ 单个音位训练②"。

（5）如果儿童能发 /o/ 音，康复师则让儿童先发 /o/ 音，利用圆唇音使舌头尽量后缩，舌位固定后，再让儿童将双唇慢慢向两侧展开，发出 /e/ 音。儿童在此基础上反复练习。

5. 注意事项

（1）非一次性工具须在消毒后使用。

（2）康复师须注意儿童是否有乳胶过敏现象。

（3）康复师被动拉伸儿童舌体时，动作须轻柔，以儿童不感觉疼痛为宜。

6. 延伸训练

（1）家长可以先让儿童看家长发音，并让儿童洗净手后将食指放置于家长的舌头上，感受正确发音时舌头的位置和力量。之后家长再让儿童发音，并让儿童将手指置于儿童自己的舌头上进行比较。

（2）家长可以自行设计多种含有音位 /e/ 的图片，并用夸张的发音方法将 /e/ 的发音特点展现给儿童，加强儿童的感知和识别能力。

四、单韵母 i

（一）单个音位训练①

1. 适用情况

儿童下颌闭合困难，完全不能发出 /i/ 音。

2. 目标

（1）提高咬肌力量，增强下颌控制能力，保持闭合位。

（2）诱导发 /i/ 音。

3. 材料与工具

（1）乳胶手套。

（2）压舌板。

（3）镜子。

（4）/i/ 和错发音（如 /ia/）的听觉识别卡片。

（5）/i/ 的发音卡片 / 视频。

4. 步骤与方法

（1）康复师根据儿童的发音情况，出示目标音和错发音的听觉识别卡片，如 /i/ 与 /ia/，对儿童进行听觉识别训练，加强儿童对目标音 /i/ 的识别，明确 /i/ 的声音特征。

（2）康复师根据儿童的发音情况，出示目标音和错发音的发音卡片 / 视频，如 /i/ 与 /ia/，进而强化 /i/ 的发音特征。发 /i/ 音时，嘴微张，嘴角展开，双唇呈扁平形，上下齿相对，舌前伸，舌面前部隆起，舌尖触下齿背；发 /ia/ 音时，起点为前高不圆唇元音 i，舌位滑向央低元音 a 结束。i 的发音紧而短，a 的发音响亮且时间较长。

（3）康复师向儿童示范发音，然后让儿童对着镜子尝试发音。如果儿童不能正确发音，康复师则根据儿童的情况继续进行下面的训练。

（4）康复师对儿童进行咬肌的刺激，详见"/a/ 单个音位训练①"。

（5）康复师对儿童进行下颌被动闭合训练。康复师与儿童面对面坐着，嘱咐儿童放松。康复师将右手拇指指腹放在儿童的下颌缘上侧，食指弯曲放在儿童的下颌缘下侧，左手放在儿童的头部进行固定。食指稍用力向上提下颌，慢慢使下颌闭合，保持 5 秒，重复 10 次。

（6）康复师对儿童进行下颌向上主动抵抗训练。康复师与儿童面对面坐着。康复师将右手拇指指腹放在儿童的下颌缘上侧，食指弯曲放在儿童的下颌缘下侧，左手放在儿童的头部进行固定。拇指用力向下压下颌，并让儿童用力向上抵抗，保持 5 秒，重复 5 次。

（7）康复师对儿童进行下颌控制练习。康复师让儿童展唇用牙齿咬住横放的压舌板，保持 10 秒。同时康复师让儿童触摸儿童自己此时的颞颌关节位置，增加儿童对下颌在闭合位时的感知觉。

（8）康复师让儿童尝试发音。如果儿童不能完成，康复师则让儿童咬住横放的压舌板后发 /i/ 音。儿童在此基础上反复练习。

5. 注意事项

（1）非一次性工具须在消毒后使用。

（2）康复师须注意儿童是否有乳胶过敏现象。

6. 延伸训练

家长可以自行设计多种含有音位 /i/ 的图片，并用夸张的发音方法将 /i/ 的发音特点展现给儿童，加强儿童的感知和识别能力。

（二）单个音位训练②

1. 适用情况

儿童能控制下颌位于闭合状态，但展唇力量弱导致 /i/ 音发音歪曲。

2. 目标

（1）增强展唇力量，提高双唇控制能力，能完成展唇动作。

（2）诱导发 /i/ 音。

3. 材料与工具

（1）乳胶手套。

（2）压舌板。

（3）镜子。

（4）/i/ 的发音卡片/视频。

4. 步骤与方法

（1）康复师出示 /i/ 的发音卡片/视频，向儿童示范发音，并让儿童对着镜子尝试发音。如果儿童不能正确发音，康复师则根据儿童的情况继续进行下面的训练。

（2）康复师对儿童进行唇的刺激，详见 "/o/ 单个音位训练②"。

（3）康复师对儿童进行展唇动作练习。①康复师让儿童面对镜子做微笑状（闭住双唇，嘴角尽可能上提），保持 10 秒放松，如果儿童不能完成，康复师则让儿童尽可能地用磨牙咬住横放的压舌板，保持双唇展开状态；②康复师将双手拇指指腹放在儿童两边嘴角处，沿下颌缘方向拉伸，帮助儿童做展唇动作。

（4）康复师对儿童进行展唇力量练习。康复师将拇指和食指分别放在儿童人中两侧，轻轻对捏并向前拉伸，同时要求儿童做微笑状抵抗，重复 5 次。

（5）康复师让儿童尝试发音。如果儿童不能完成，康复师则用拇指和食指帮助儿童展唇后，再发 /i/ 音。儿童在此基础上反复练习。

5. 注意事项

（1）非一次性工具须在消毒后使用。

（2）康复师须注意儿童是否有乳胶过敏现象。

6. 延伸训练

（1）家长可以利用一切条件让儿童主动张嘴大笑，使儿童能够充分展唇。

（2）家长可以自行设计多种含有音位 /i/ 的图片，并用夸张的发音方法将 /i/ 的发音特点展现给儿童，加强儿童的感知和识别能力。

（三）单个音位训练③

1. 适用情况

儿童的下颌位置和展唇动作正确，但舌位错误导致 /i/ 音发音歪曲。

2. 目标

（1）提高舌的感知觉，增强舌尖力量，增加舌的灵活度。

（2）诱导发 /i/ 音。

3. 材料与工具

（1）乳胶手套。

（2）压舌板。

（3）舌肌刺激器。

（4）蜂蜜、葡萄干。

（5）镜子。

（6）/i/ 的发音卡片/视频。

4. 步骤与方法

（1）康复师出示 /i/ 的发音卡片/视频，向儿童示范发音，并让儿童对着镜子尝试发音。如果儿童不能正确发音，康复师则根据儿童的情况继续进行下面的训练。

（2）康复师依次对儿童进行舌的刺激、伸缩舌练习、舌肌力量练习，详见"/ɑ/ 单个音位训练②"。

（3）康复师对儿童进行舌位练习。儿童端正坐好，康复师在儿童的下齿背抹上蜂蜜，让儿童张大嘴巴并保持，然后用舌尖来回舔蜂蜜。待儿童能做到舌尖顶下齿背后，康复师将葡萄干放在儿童的下齿背，让儿童用舌尖将葡萄干顶在下齿背，并尽量将舌叶拱起。

（4）康复师让儿童尝试发音。如果儿童不能完成，康复师则让儿童用舌尖抵住下门齿背，并咬住横放的压舌板，做微笑状，儿童在练习中体会前高舌位元音的舌部位置，然后发音。儿童在此基础上反复练习。

5. 注意事项

（1）非一次性工具须在消毒后使用。

（2）康复师须注意儿童是否有乳胶过敏现象。

（3）康复师被动拉伸儿童舌体时，动作须轻柔，以儿童不感觉疼痛为宜。

（4）康复师在儿童口内放置葡萄干时，要注意防止儿童误吸。

6. 延伸训练

（1）家长可用酸奶或果酱代替蜂蜜抹在儿童的下齿背，用瓜子仁代替葡萄干，让儿童用舌尖去顶，同时注意防止误吸。

（2）家长可以自行设计多种含有音位 /i/ 的图片，并用夸张的发音方法将 /i/ 的发音特点展现给儿童，加强儿童的感知和识别能力。

五、单韵母 u

单个音位训练

1. 适用情况

儿童的双唇力量弱，不能完成圆唇动作，导致 /u/ 音发音歪曲。

2. 目标

（1）增强双唇力量，提高双唇控制能力，能完成圆唇动作。

（2）能正确发出 /u/ 音。

3. 材料与工具

（1）乳胶手套。

（2）压舌板。

（3）小口径的吸管。

（4）镜子。

（5）/u/ 的发音卡片/视频。

4. 步骤与方法

（1）康复师出示 /u/ 的发音卡片/视频，进而强化 /u/ 的发音特征。发 /u/ 音时，口微开，双唇收缩呈圆形，舌后缩，舌面后部高度隆起，舌尖位于下齿龈后。

（2）康复师向儿童示范发音，并让儿童对着镜子尝试发音。如果儿童不能正确发音，康复师则根据儿童的情况继续进行下面的训练。

（3）康复师依次对儿童进行唇的刺激、圆唇动作练习、圆唇力量练习，详见"/o/

单个音位训练②"。

（4）康复师让儿童尝试发音。如果儿童不能完成，康复师则让儿童用双唇裹住小口径的吸管，或者康复师用自己的拇指和食指帮助儿童拢圆双唇后，再让儿童发音。如果儿童可正确发出 /o/ 音，康复师可让儿童先发 /o/ 音，再慢慢闭合下颌，同时收拢双唇，直至发出 /u/ 音，此后儿童保持舌位与唇形，继续发 /u/ 音。儿童在此基础上反复练习。

5. 注意事项

（1）非一次性工具须在消毒后使用。

（2）康复师须注意儿童是否有乳胶过敏现象。

6. 延伸训练

（1）家长可以让儿童用吸管吸食酸奶、稠粥，玩吹哨管、噘嘴吹小圆球及吸食单根面条等方式促进圆唇运动，增强圆唇力量，并提高双唇的自主控制能力。

（2）家长可以自行设计多种含有音位 /u/ 的图片，并用夸张的发音方法将 /u/ 的发音特点展现给儿童，加强儿童的感知和识别能力。

六、单韵母 ü

单个音位训练

1. 适用情况

儿童的双唇力量弱，不能完成圆唇动作，或者舌位错误，导致 /ü/ 音发音歪曲。

2. 目标

（1）增强双唇力量，提高双唇控制能力，能完成圆唇动作。

（2）提高舌的感知觉，增强舌尖力量，增加舌的灵活度。

（3）能正确发出 /ü/ 音。

3. 材料与工具

（1）乳胶手套。

（2）压舌板。

（3）舌肌刺激器。

（4）小口径的吸管。

（5）蜂蜜、葡萄干。

（6）镜子。

（7）/u/ 的发音卡片 / 视频。

4. 步骤与方法

（1）康复师出示 /u/ 的发音卡片 / 视频，进而强化 /u/ 的发音特征。发 /u/ 音时，口微开，双唇收缩呈圆形略向前突，舌前伸，舌面前部隆起，舌尖触下齿背。

（2）康复师向儿童示范发音，并让儿童对着镜子尝试发音。如果儿童不能正确发音，康复师则根据儿童的情况继续进行下面的训练。

（3）康复师对儿童进行唇的刺激，详见"/o/ 单个音位训练②"。

（4）康复师对儿童进行唇角力量训练。康复师诱导儿童做圆唇噘嘴动作，分别向左右交替牵拉嘴角，每侧保持 5 秒，重复 5 次。

（5）康复师和儿童一起玩模仿小鱼喝水的游戏，提高儿童的圆唇意识。

（6）康复师对儿童进行舌位练习，详见"/i/ 单个音位训练③"。

（7）康复师让儿童尝试发音。如果儿童不能完成，康复师则用拇指和食指帮助儿童扁圆双唇后，提示儿童颊部尽力贴紧牙齿，然后让儿童用舌尖顶住下齿背，再发音。如果儿童可正确发出 /i/，康复师可让儿童先拉长音发 /i/ 音，舌位保持不动，再慢慢将双唇由展开收拢成扁圆，这时 /i/ 音就变成了 /u/ 音，停顿一下，保持此舌位与唇形，发 /u/ 音。儿童在此基础上反复练习。

5. 注意事项

（1）非一次性工具须在消毒后使用。

（2）康复师须注意儿童是否有乳胶过敏现象。

6. 延伸训练

（1）家长可以和儿童一起做吸腮的动作，帮助儿童体会发撮口呼的感知觉。

（2）家长可以自行设计多种含有音位 /u/ 的图片，并用夸张的发音方法将 /u/ 的发音特点展现给儿童，加强儿童的感知和识别能力。

七、复韵母 ao

单个音位训练

1. 适用情况

儿童可正确完成单韵母的发音，但复韵母发音错误或歪曲。

2. 目标

（1）学会拼读法。

（2）能正确发出 /ao/ 音。

3. 材料与工具

（1）乳胶手套。

（2）镜子。

（3）/a/、/u/、/ao/ 的发音卡片/视频。

4. 步骤与方法

（1）康复师出示 /ao/ 的发音卡片/视频，并示范发音让儿童模仿。如果儿童不能模仿，康复师则尝试诱导发音。康复师先让儿童张大嘴巴持续发 /a/ 音，再逐渐收拢下颌至微微打开，双唇逐渐拢圆，舌面后部自然隆起，直至发出 /u/ 音（拼写作 o，实际发音接近 /u/）。

（2）诱导发音后如果儿童仍不能正确发音，康复师则使用拼读法。康复师先出示 /a/ 的发音卡片/视频，让儿童发音，再出示 /u/ 的发音卡片/视频，让儿童发音，然后让儿童重复先后发 /a/ 和 /u/ 音进行拼读，逐渐减少两者间隔，直至发出 /ao/ 音。儿童在此基础上反复练习。

5. 注意事项

/ao/ 的发音从 /a/ 开始，然后舌面后部向 /u/ 的方向滑动升高，大体停在 /u/ 的位置，但舌位略低，也可发成 /o/，同时嘴唇逐渐缩圆。

6. 延伸训练

家长可以自行设计多种含有音位 /ao/ 的图片，并用夸张的发音方法将 /ao/ 的发音特点展现给儿童，加强儿童的感知和识别能力。

八、前鼻韵母 an

单个音位训练

1. 适用情况

儿童可正确完成单韵母和非鼻复韵母的发音，但前鼻韵母发音错误或歪曲。

2. 目标

（1）能识别前鼻韵母发音与非鼻韵母发音，如 /an/ 与 /ai/。

（2）能正确发出前鼻韵尾 /–n/。

（3）能正确发出前鼻韵母 /an/。

3. 材料与工具

（1）镜子。

（2）/an/ 与 /ai/ 的听觉识别卡片。

（3）/a/、/–n/、/an/ 的发音卡片 / 视频。

4. 步骤与方法

（1）康复师出示 /an/ 与 /ai/ 的听觉识别卡片，对儿童进行听觉识别训练，加强儿童对有无鼻音的区别的识别，明确 /an/ 的声音特征。

（2）康复师出示 /an/ 与 /ai/ 的发音卡片 / 视频，进而强化 /an/ 的发音特征。发 /an/ 音时，起点是前低不圆唇元音 a，口自然打开，舌位降到最低，舌尖抵下齿背，发音时，舌面逐渐升高，舌面前部贴近上齿龈，直到舌面前部与硬腭前部贴合形成鼻音 /–n/；发 /ai/ 音时，口自然张开，舌尖抵下齿背，舌面前部隆起与硬腭相对，舌位向 /i/ 的方向滑动抬高，双唇由半开至半关。

（3）康复师向儿童示范发音，让儿童对着镜子尝试发音。如果儿童不能正确发音，康复师则根据儿童的情况继续进行下面的训练。

（4）康复师向儿童示范前鼻韵尾 /–n/ 发音时的舌位，口微张，舌尖抵在上齿龈内侧。如果儿童不能完成，康复师则在儿童的上齿龈内侧抹上蜂蜜，让儿童张大嘴巴，并用舌尖来回舔蜂蜜，从而掌握 /–n/ 的发音部位。如果儿童仍不能完成，康复师则用压舌板或戴上手套后用手指帮助儿童将舌尖抵在上齿龈内侧，保持 5 秒后放下，反复练习，直至儿童能自己完成此动作。

（5）康复师让儿童闭上嘴巴练习用鼻音哼鸣。康复师让儿童将一只手的食指指腹置于康复师的鼻翼处，同时另一只手的食指指腹置于儿童自己的鼻翼处，康复师先发音，让儿童用指腹体会鼻翼的振动，再让儿童发音，要求儿童哼鸣的时候同样有鼻翼的振动，或者康复师将儿童的手指或镜子置于儿童的鼻子下方，儿童在哼鸣时体会气流或白雾的出现。练习熟练后，康复师可以让儿童将舌抵在上齿龈内侧，嘴微微张开，发鼻音 /–n/。

（6）康复师先让儿童张大嘴巴持续发 /a/ 音，再逐渐抬高舌尖至上齿龈内侧，然后打开软腭，让气流从鼻腔流出，发出 /–n/ 音。如果儿童不能正确发音，康复师则使用拼读法。康复师先出示 /a/ 的发音卡片，让儿童发音，再出示 /–n/ 的发音卡片，让儿童发音，然后让儿童重复先后发 /a/ 和 /–n/ 音进行拼读，逐渐减少两者间隔，直至发出 /an/ 音。儿童在此基础上反复练习。

5. 注意事项

如果儿童舌的肌力及运动欠佳，康复师则可参照"/a/ 单个音位训练②"进行舌的刺激、舌肌力量练习和伸缩舌练习。

6. 延伸训练

家长可以自行设计多种含有音位 /an/ 的图片，并用夸张的发音方法将 /an/ 的发音特点展现给儿童，加强儿童的感知和识别能力。

九、后鼻韵母 ang

单个音位训练

1. 适用情况

儿童可正确完成单韵母和非鼻复韵母的发音，但后鼻韵母发音错误或歪曲。

2. 目标

（1）能识别前鼻韵母发音与后鼻韵母发音，如 /an/ 与 /ang/。

（2）能正确发出后鼻韵尾 /–ng/。

（3）能正确发出后鼻韵母 /ang/。

3. 材料与工具

（1）镜子。

（2）/an/ 与 /ang/ 的听觉识别卡片。

（3）/a/、/–ng/、/ang/ 发音卡片 / 视频。

4. 步骤与方法

（1）康复师出示 /a/、/an/ 与 /ang/ 的听觉识别卡片，对儿童进行听觉识别训练，加强儿童对有无鼻音及前后鼻音的识别，明确 /ang/ 的声音特征。

（2）康复师出示 /a/、/an/ 与 /ang/ 的发音卡片 / 视频、进而强化 /ang/ 的发音特征。发 /ang/ 音时，起点元音是后低不圆唇元音 a，口大开，舌后缩，舌尖离开下齿背。发音时，舌面后部抬起，贴向软腭，直到舌根与软腭接触，形成鼻音 /–ng/；发 /a/ 音时，口自然张开，舌放松，位于口腔最低处居中央，舌面中部略隆起，舌尖微离或微触下齿龈；发 /an/ 音时，起点是前低不圆唇元音 a，口自然打开，舌位降到最低，舌尖抵下齿背，发音时，舌面逐渐升高，舌前部贴近上齿龈，直到舌面前部与硬腭前部贴合形成鼻音 /–n/。

（3）康复师向儿童示范发音，让儿童对着镜子尝试发音。如果儿童不能正确发音，康复师则根据儿童的情况继续进行下面的训练。

（4）康复师对儿童进行舌位练习。康复师向儿童示范 /ang/ 正确发音时的舌位，张大嘴，舌面后部抬起，贴向软腭，直到舌面后部与软腭接触。如果儿童不能完成，康复师则用压舌板轻轻拍打儿童的舌面后部，让儿童体会发音位置，然后将压舌板放在儿童的舌面后部，稍用力按压，让儿童抬起舌面后部抵抗压舌板的力量。如果儿童舌面后部抬起还是有困难，康复师则让儿童打开嘴巴，用压舌板抵住舌面前部向后推，帮助儿童将舌面后部拱起，保持5秒。康复师也可以在儿童软腭上贴一小片海苔，让儿童用舌面后部将海苔舔下来，增强舌根力量。

（5）康复师让儿童闭上嘴巴练习用鼻子哼鸣。康复师可以将儿童的食指指腹轻轻置于儿童的鼻翼处，让儿童练习哼鸣的时候体会鼻翼的振动，或者将儿童的手指或镜子置于儿童的鼻子下方，让儿童在哼鸣时体会气流或白雾的出现。练习熟练后，康复师可以让儿童抬起舌面后部，抵住软腭，闭上嘴巴，发鼻音 /–ng/；也可以让儿童张大嘴巴发 /a/ 音，保持舌位不动，然后慢慢闭上嘴巴，将气流从鼻腔送出，发鼻音 /–ng/。

（6）康复师先让儿童张大嘴巴持续发 /a/ 音，然后打开软腭，让气流从鼻腔流出，发出 /–ng/ 音。如果儿童不能正确发音，康复师则使用拼读法。康复师先让儿童发 /a/ 音，再发 /–ng/ 音，然后重复先后发 /a/ 和 /–ng/ 音进行拼读，逐渐减少两者间隔，直至发出 /ang/ 音。儿童在此基础上反复练习。

5. 注意事项

使用拼读法时，不同音位间注意平滑过渡，音位之间不能断开。

6. 延伸训练

（1）家长清洗双手或戴上手套后，将一只手的食指放在儿童舌面后部，稍用力下压，同时让儿童用力向上做抵抗，反复数次，然后让儿童自己完成这个动作，体会舌面后部是如何用力的。

（2）家长清洗双手或戴上手套后，用一只手的食指抵住儿童舌面前部并向后推，帮助儿童将舌面后部拱起，然后让儿童自己完成这个动作，体会舌面后部是如何主动上抬的。

（3）家长可以自行设计多种含有音位 /ang/ 的图片，并用夸张的发音方法将 /ang/ 的发音特点展现给儿童，加强儿童的感知和识别能力。

第二节 声母构音训练

一、b

（一）单个音位训练

1. 适用情况

儿童双唇无力，唇闭合差且完全不能发出 /b/ 相关音，导致声母遗漏（如 /bɑ/ → /ɑ/）、声母替代（如 /bɑ/ → /mɑ/）或声母歪曲的发音错误。

2. 目标

（1）增强儿童双唇的感知觉，并提高儿童的唇闭合能力。

（2）能识别目标音与错发音，如 /bɑ/ 与 /ɑ/，/b/ 与 /m/。

（3）诱导发 /bɑ/ 音。

3. 材料与工具

（1）/bɑ/ 与 /ɑ/ 或 /b/ 与 /m/ 的听觉识别卡片。

（2）/bɑ/ 与 /ɑ/ 或 /b/ 与 /m/ 的发音卡片/视频。

（3）乳胶手套。

（4）压舌板。

（5）冰棉棒。

（6）系线的纽扣（图 1-4）。

（7）镜子。

图 1-4 系线的纽扣

4. 步骤与方法

（1）康复师根据儿童的发音情况，出示目标音和错发音的听觉识别卡片，如 /ba/ 与 /a/（八—啊）或 /b/ 与 /m/（包—猫）的听觉识别卡片。康复师先分别教儿童进行指认，待儿童熟悉后，再进行识别练习。

以"包—猫"听觉识别卡片（图 1-5）为例，康复师拉着儿童的手一起先指"包"的卡片，让儿童跟读"包"，再指"猫"的卡片，让儿童跟读"猫"，然后康复师随机读其中一个音，要求儿童指认，如果儿童指错，康复师则在指卡片的同时多次给出正确的目标音，加强儿童对目标音的识别，如此循环，直至儿童能够正确听辨"包、猫"，明确 /b/ 的声音特性。

图 1-5 "包—猫"听觉识别卡片

（2）康复师根据儿童的发音情况，出示目标音 /b/ 和错发音 /m/ 或 /a/ 的发音卡片/视频，进而强化 /b/ 的发音特征。发 /b/ 音时，双唇紧闭，软腭积极上抬，挡住鼻腔，气流在双唇后积聚，发音时双唇打开，少量的气流突然从口中释放；发 /m/ 音时，双唇紧闭，声音和气息向上送入鼻腔，双唇打开，气流从鼻腔而出，声带颤动；发 /a/ 音时，口自然张开，舌放松，位于口腔最低处居中央，舌面中部略隆起，舌尖微离或微触下齿龈，声带振动。

（3）康复师向儿童示范发 /b/ 音，然后让儿童对着镜子尝试发音。如果儿童不能正确发音，康复师则根据儿童的情况继续进行下面的训练。

（4）针对出现 /b/ 遗漏问题（如 /ba/ → /a/）的儿童，康复师需要先根据儿童出现发音错误的原因，一般为唇闭合功能低下，对这类儿童进行唇的刺激和唇闭合的针对性训练，再诱导发音。

康复师戴上手套后对儿童进行唇的刺激，详见 "/o/ 单个音位训练②"。

康复师对儿童进行唇闭合的针对性训练。①康复师将压舌板横放于儿童双唇之间，让儿童用力夹住，保持 5 秒以上，反复数次。根据儿童肌力情况，康复师可以对儿童进行抵抗练习，即康复师稍用力向外拉压舌板，儿童仍用力夹住，与康复师向外的拉力做抵抗，反复数次。②康复师将系线的纽扣置于儿童唇齿之间的空隙中，让儿童闭合双唇将纽扣包住，然后康复师稍用力向外拉纽扣，儿童仍然用力双唇包住纽扣，与康复师向外的拉力做抵抗，反复数次。

康复师可以用自己的拇指和食指帮助儿童闭合双唇，之后突然放开，诱导儿童发 /ba/ 音。儿童在此基础上反复练习。

（5）针对出现 /b/ 替代问题（如 /ba/ → /ma/）的儿童，康复师需要根据儿童出现发音错误的两个原因，即软腭功能运动不良和无法控制气流从口腔呼出，分别进行训练。

经过软腭功能检查，如果儿童存在软腭功能运动不良的问题，康复师则需要对儿童进行软腭功能的训练，促使儿童在发 /b/ 音时，软腭能够积极上抬，进而使气流不能从鼻腔溢出。康复师可以先用压舌板或冰棉棒刺激儿童的软腭，增强软腭的感知觉；然后采用鼓腮吹气法，即让儿童闭住嘴巴，捏住鼻子，鼓腮不要漏气，增大口腔的气压，从而促使软腭上抬。

如果儿童不存在软腭功能运动不良的问题，康复师则对儿童进行口鼻呼吸分离的训练，训练重点是让儿童有意识地控制气流从口腔呼出。首先，康复师遮住儿童的嘴巴，此时儿童只能被动地用鼻子吸气和呼气，康复师要及时提醒儿童当前是吸气还是呼气，让儿童意识到用鼻子吸气和呼气的不同过程；然后，康复师不再遮住儿童的嘴巴，让儿童自主用鼻子呼吸；接着，在儿童用鼻子吸气后，康复师马上捏住儿童的鼻子，使儿童只能用嘴巴呼气，重复多次后，康复师逐渐不再捏住儿童的鼻子，让儿童自主控制用鼻子吸气，用嘴巴呼气，儿童在此基础上反复练习直至熟练掌握；最后，康复师可以在发音的时候捏住儿童的鼻子，迫使气流只能从儿童的嘴巴呼出，从而使儿童能够正确发出 /ba/ 音。

5. 注意事项

（1）非一次性工具须在消毒后使用。

（2）康复师须注意儿童是否有乳胶过敏现象。

6. 延伸训练

（1）家长可以用冰棉棒等，沿着儿童口周方向顺时针刺激口轮匝肌数次，促进口轮匝肌收缩，提高唇的感知觉。

（2）家长在勺子上放一些酸奶，让儿童用双唇抵住勺子后慢慢将酸奶吸入口中，反复数次，提高唇的闭合能力。

（3）家长可以自行设计多种含有音位 /b/ 的卡片，并用夸张的发音方法将 /b/ 的发音特点展现给儿童，加强儿童对 /b/ 的感知和识别能力。

（二）扩展训练：单音节词

1. 适用情况

儿童能正确发 /ba/，须进行单音节词扩展训练。

2. 目标

儿童能在所有声韵调组合下正确发 /b/ 单音节词。

3. 材料与工具

与 /b/ 相关的单音节词发音卡片。

4. 步骤与方法

康复师依次出示与 /b/ 相关的所有声韵调组合的单音节词发音卡片（表 1-6），逐一按照卡片发音读词，并让儿童一起复述。若儿童能够自主发音则更好。

表 1-6　/b/ 单音节词训练材料示例

声调	韵母					
	a	i	ai	iao	en	ing
一声	巴	逼	掰	标	奔	冰
二声	拔	鼻	白	—	—	—
三声	把	比	摆	表	本	饼
四声	爸	币	拜	鳔	笨	病

注：仅以 a、i、ai、en、iao、ing 六个韵母举例。

5. 注意事项

根据发音的难易程度，康复师可以按照从"b+ 单韵母"到"b+ 非鼻复韵母"，再到"b+ 鼻韵母"的顺序进行发音训练。

（三）扩展训练：双音节词

1. 适用情况

儿童能正确发与 /b/ 相关的单音节词，须进行双音节词扩展训练。

2. 目标

儿童能在双音节词的词首、词尾正确发 /b/ 相关音。

3. 材料与工具

与 /b/ 相关的双音节词发音卡片。

4. 步骤与方法

康复师依次出示 /b/ 相关的双音节词发音卡片（表 1–7），逐一按照卡片发音读词，并让儿童一起复述。若儿童能够自主发音则更好。

表 1–7 /b/ 双音节词训练材料示例

目标音位置	双音节词					
词首	波浪	鼻子	帮忙	白色	报纸	冰棍
词尾	铅笔	溜冰	方便	黑板	胳膊	书包

注：仅部分举例。

5. 注意事项

康复师须重点注意目标音的发音情况。

6. 延伸训练

家长在日常生活中碰到 /b/ 相关音的双音节词时，可以让儿童练习主动发音。例如，家长可以指着手表问儿童："这是什么？"儿童主动回答："手表。"

（四）扩展训练：三音节词

1. 适用情况

儿童能正确发与 /b/ 相关的单音节词、双音节词，须进行三音节词扩展训练。

2. 目标

儿童能在三音节词的词首、词中和词尾正确发 /b/ 相关音。

3. 材料与工具

与 /b/ 相关的三音节词发音卡片。

4. 步骤与方法

康复师依次出示与 /b/ 相关的三音节词发音卡片（表 1–8），逐一按照卡片发音读词，并让儿童一起复述。若儿童能够自主发音则更好。

表 1-8 /b/ 三音节词训练材料示例

目标音位置	三音节词				
词首	变魔术	保龄球	棒球帽	包装袋	爆米花
词中	溜冰鞋	看比赛	长辫子	电冰箱	放鞭炮
词尾	小书包	大木棒	吹喇叭	跷跷板	水彩笔

注：仅部分举例。

5. 注意事项

康复师须重点注意目标音的发音情况。

（五）扩展训练：短句

1. 适用情况

儿童能正确发与 /b/ 相关的单音节词、双音节词、三音节词，但须进行短句扩展训练。

2. 目标

儿童能在短句中正确发 /b/ 相关音。

3. 材料与工具

与 /b/ 相关的短句发音卡片。

4. 步骤与方法

康复师依次出示与 /b/ 相关的短句发音卡片（表 1-9），逐一按照卡片发音，并让儿童一起复述。若儿童能够自主发音则更好。

表 1-9 /b/ 短句训练材料示例

声母音位	短句	
/b/	我要吃饼干。 小朋友背书包。 爸爸抱宝宝。	我吃饱了。 小兔子蹦蹦跳。 我不要生病。

5. 注意事项

康复师须重点注意目标音的发音情况。

6. 延伸训练

家长在日常生活中可以围绕与 /b/ 相关的句子与儿童一同进行发音训练。

（六）扩展训练：自然对话

1. 适用情况

儿童能正确发与 /b/ 相关的单音节词、双音节词、三音节词和短句，须进行自然对话扩展训练。

2. 目标

儿童能在自然对话中正确发 /b/ 相关音。

3. 材料与工具

与 /b/ 相关的儿歌及情景对话卡片。

4. 步骤与方法

康复师依次出示与 /b/ 相关的自然对话卡片（表 1–10），逐一按照卡片与儿童进行对话练习。

表 1–10　/b/ 自然对话训练材料示例

声母音位		自然对话
/b/	儿歌	糖宝宝 红纸包，绿纸包， 剥开糖纸瞧一瞧， 里面藏着糖宝宝。
	情景对话	康复师：这是谁啊？ 儿童：这是爸爸。 康复师：爸爸在做什么呢？ 儿童：爸爸抱着小宝宝。

5. 注意事项

康复师须重点注意目标音的发音情况。

6. 延伸训练

自然对话训练应在日常生活中展开，因此家长要多准备一些朗朗上口的儿歌，并且要经常同儿童一同围绕 /b/ 进行发音训练。

二、p

单个音位训练

1. 适用情况

儿童能正确发 /b/ 相关音，但发 /p/ 音时出现声母替代（如 /po/ → /bo/）的发音错误。

2. 目标

（1）能识别 /b/ 与 /p/。

（2）诱导在声带不振动的情况下发本音 /p/。

（3）诱导在声带振动的情况下发呼读音 /po/。

3. 材料与工具

（1）/b/ 与 /p/ 的听觉识别卡片。

（2）/b/ 与 /p/ 的发音卡片 / 视频。

（3）吸管和肥皂水。

（4）纸条。

4. 步骤与方法

（1）康复师根据儿童的发音情况，出示目标音和错发音的听觉识别卡片，如 /b/ 与 /p/ 的听觉识别卡片，对儿童进行听觉识别训练，帮助儿童体会送气音与不送气音的区别，加强儿童对目标音 /p/ 的识别，明确 /p/ 的声音特性。

（2）康复师根据儿童的发音情况，出示目标音 /p/ 和错发音 /b/ 的发音卡片 / 视频，进而强化 /p/ 的发音特征。发 /p/ 音时，双唇紧闭，气流在双唇后积聚，发音时双唇突然打开，明显有大量的气流从口中释放；而发 /b/ 音时，仅有少量气流从口中释放。

（3）康复师向儿童示范发 /p/ 音，然后让儿童对着镜子尝试发音。如果儿童不能正确发音，康复师则根据儿童的情况继续进行下面的训练。

（4）康复师可以将一张纸条放在儿童的嘴巴前面，让儿童观察发 /p/ 音时纸条会明显被吹动；也可以让儿童将自己的手背放在嘴巴前面，让儿童体会发 /p/ 音时的气流释放。

（5）康复师做鼓腮动作，让儿童模仿，并提醒儿童一定要在嘴巴里面包住很多气，两腮要鼓鼓的。

（6）康复师和儿童一起玩吹肥皂泡的游戏。康复师先用吸管蘸取少量肥皂水吹肥皂泡，然后让儿童模仿尝试吹肥皂泡。如果儿童不能吹肥皂泡，康复师则可以换成吹纸条的游戏。

（7）康复师可以用纸条诱导儿童在声带不振动的情况下试着发 /p/ 音，并提醒儿童发 /p/ 音时，嘴巴里会呼出气体吹动纸条；也可以让儿童将自己的手放在嘴边，让儿童体会发音时呼出的气体。

（8）如果儿童能发出本音 /p/，康复师则慢慢诱导儿童振动声带发呼读音 /po/。

5. 注意事项

（1）康复师在进行吹肥皂泡训练时，可以采用进阶式的吹肥皂泡方式以更适合儿童的吹气能力，比如，让吹出的肥皂泡停在吸管上，让肥皂泡从吸管中被吹走，让肥皂泡从吸管中被吹出一定距离等。康复师需要仔细观察儿童所处的阶段，并在此基础上慢慢提高要求。

（2）虽然儿童容易将 /p/ 发成 /b/，但因为 /p/、/b/ 的发音部位都是双唇，所以在本活动中未对双唇闭合的运动做单独的训练。不过，康复师如果发现儿童在吹气发音的过程中唇闭合不够，导致 /p/ 的气流声听感上较弱，则可酌情增加对唇的刺激和双唇闭合训练，详见 "/b/ 单个音位训练"。

6. 延伸训练

（1）家长可以设计更多让儿童练习鼓腮吹气的活动，如吹碎纸条、哨子和气球等。

（2）家长可以自行设计多种含有音位 /p/ 的卡片，并用夸张的发音方法将 /p/ 的发音特点展现给儿童，加强儿童对 /p/ 的感知和识别能力。

三、m

单个音位训练

1. 适用情况

儿童能正确发 /b/ 相关音，但出现声母替代（如 /ma/ → /ba/）的发音错误。

2. 目标

（1）能识别 /b/ 与 /m/。

（2）诱导鼻音哼鸣。

（3）诱导发 /ma/ 音。

3. 材料与工具

（1）/b/ 与 /m/ 的听觉识别卡片。

（2）/b/ 与 /m/ 的发音卡片/视频。

（3）镜子。

4. 步骤与方法

（1）康复师根据儿童的发音情况，出示目标音和错发音的听觉识别卡片，如 /b/ 与 /m/ 的听觉识别卡片，对儿童进行听觉识别训练，帮助儿童体会鼻音与非鼻音的差别，加强儿童对目标音 /m/ 的识别，明确 /m/ 的声音特性。

（2）康复师根据儿童的发音情况，出示目标音 /m/ 和错发音 /b/ 的发音卡片/视频，进而强化 /m/ 的发音特征。发 /m/ 音时，双唇紧闭，发音时，软腭和悬雍垂下垂，声音和气息向上送入鼻腔，双唇打开，气流从鼻腔而出，声带颤动；而发 /b/ 音时，软腭积极上抬，挡住鼻腔，气流从口腔呼出。

（3）康复师向儿童示范发 /m/ 音，然后让儿童对着镜子尝试发音。如果儿童不能正确发音，康复师则根据儿童的情况继续进行下面的训练。

（4）康复师示范用鼻子深吸气、深呼气，然后让儿童模仿，帮助儿童进一步体会鼻腔共鸣发音的感觉。

（5）如果儿童不会自主用鼻子呼气，康复师则可以对儿童进行口鼻呼吸分离训练。康复师先捏住儿童的鼻子，此时儿童只能被动地用嘴巴进行吸气和呼气，康复师要及时提醒儿童当前是吸气还是呼气，让儿童意识到用嘴巴吸气和呼气的不同过程，而后康复师不再捏住儿童的鼻子，让儿童自行地用嘴巴吸气、呼气；接着，在儿童用嘴巴吸气后，康复师马上遮住儿童的嘴巴，使儿童只能用鼻子呼气，重复多次后，康复师逐渐不再遮住儿童的嘴巴，让儿童自主控制用嘴巴吸气，用鼻子呼气，儿童在此基础上反复练习直至熟练掌握。

（6）康复师将镜子放在自己的鼻子下面，闭嘴做鼻音哼鸣，提示儿童注意镜子会出现白雾，或者将儿童的食指放在康复师的鼻翼两侧，让儿童体会鼻音哼鸣时的鼻翼振动。

（7）康复师与儿童一起做鼻音哼鸣练习。

（8）如果儿童能做鼻音哼鸣，康复师则帮助儿童在鼻音哼鸣的基础上过渡到发 /ma/ 音。

5. 注意事项

康复师指导儿童做鼻音哼鸣训练时，应提醒儿童闭紧嘴巴，使气流从鼻腔溢出，此时食指放在儿童的鼻翼两侧能感受到鼻翼的振动。如果鼻翼没有振动，儿童则须继续学习正确的鼻音哼鸣方式。

6. 延伸训练

家长可以自行设计多种含有音位 /m/ 的卡片，并用夸张的发音方法将 /m/ 的发音特点展现给儿童，加强儿童对 /m/ 的感知和识别能力。

四、f

单个音位训练

1. 适用情况

儿童未建立唇齿模式，或者在唇齿模式下不能送气，而且完全不能发出 /f/ 相关音，出现声母遗漏（如 /fu/ → /u/）、声母替代（如 /f/ → /b/、/f/ → /w/）或声母歪曲等发音错误。

2. 目标

（1）能识别 /fu/ 与 /u/、/f/ 与 /b/ 或 /f/ 与 /w/。

（2）建立唇齿模式。

（3）能在唇齿模式下送气。

（4）诱导在声带不振动的情况下发本音 /f/。

（5）诱导在声带振动的情况下发呼读音 /fu/。

3. 材料与工具

（1）/fu/ 与 /u/、/f/ 与 /b/ 或 /f/ 与 /w/ 的听觉识别卡片。

（2）/fu/ 与 /u/、/f/ 与 /b/ 或 /f/ 与 /w/ 的发音卡片/视频。

（3）乳胶手套。

（4）镜子。

（5）纸条。

（6）蜂蜜。

4. 步骤与方法

（1）康复师根据儿童的发音情况，出示目标音和错发音的听觉识别卡片，如 /fu/ 与 /u/、/f/ 与 /b/ 或 /f/ 与 /w/ 的听觉识别卡片，对儿童进行听觉识别训练，帮助儿童体会送气音与不送气音的差别，加强儿童对目标音 /f/ 的识别，明确 /f/ 的声音特性。

（2）康复师根据儿童的发音情况，出示目标音 /f/ 和错发音 /b/ 的发音卡片/视频，进而强化 /f/ 的发音特征。发 /f/ 音时，上齿轻轻置于下唇上，上齿与下唇间保持一条缝隙，发音时气流从中持续释放；发 /b/ 音时，双唇紧闭，而后双唇打开发音；发 /u/ 或 /w/ 音时，双唇收缩成圆形，向前突出，中间留一个小孔，舌后缩，舌面后部上升接近软腭，声带振动。

（3）康复师向儿童示范发音，然后让儿童对着镜子尝试发音。如果儿童不能发音，康复师则根据儿童的情况继续进行下面的训练。

（4）康复师对儿童进行唇的刺激，大约10分钟，详见"/o/的单个音位训练②"。

（5）康复师可以对儿童说"来，我们一起笑一笑"，并露齿微笑，让儿童模仿。康复师也可以先让儿童对着镜子微笑，再帮助儿童露齿。

（6）康复师在儿童下唇抹上蜂蜜，指导儿童用上齿轻轻地去接触蜂蜜，帮助儿童建立唇齿模式。

（7）康复师引导儿童不要用上齿咬紧下唇，而是在上齿与下唇之间保留一条缝隙。

（8）康复师向儿童示范在唇齿模式下送气，此时发出的声音即为在声带不振动的情况下发本音 /f/。在发音的时候，康复师可以把纸条或手背分别放在自己和儿童的嘴边，提示儿童送气。

（9）如果儿童能发出本音 /f/，康复师则慢慢诱导儿童振动声带发呼读音 /fu/。

5. 注意事项

（1）非一次性工具须在消毒后使用。

（2）康复师须注意儿童是否有乳胶过敏现象。

（3）康复师引导儿童建立唇齿模式时，一定要提醒儿童上唇内收，保持微笑，注意露出上齿。

（4）康复师提醒儿童在发音时，要在上齿与下唇之间保留有一条缝隙。

（5）康复师提醒儿童持续呼出气流。

6. 延伸训练

（1）家长可以根据儿童的喜好，用酸奶、果酱等代替蜂蜜抹在下唇上，帮助儿童建立唇齿模式。

（2）家长可以自行设计多种含有音位 /f/ 的卡片，并用夸张的发音方法将 /f/ 的发音特点展现给儿童，加强儿童对 /f/ 的感知和识别能力。

五、d

单个音位训练

1. 适用情况

儿童发 /d/ 音时，舌尖无力，马蹄形模式不明显，出现声母遗漏（如 /da/ → /a/）、声母替代（如 /da/ → /ga/）或声母歪曲的发音错误。

2. 目标

（1）能识别 /da/ 与 /a/ 或 /d/ 与 /g/。

（2）增强舌的感知觉，提高舌尖力量。

（3）建立马蹄形模式。

（4）诱导发 /da/ 音。

3. 材料与工具

（1）/da/ 与 /a/ 或 /d/ 与 /g/ 的听觉识别卡片。

（2）/da/ 与 /a/ 或 /d/ 与 /g/ 的发音卡片/视频。

（3）乳胶手套。

（4）压舌板或舌肌刺激器。

（5）蜂蜜。

4. 步骤与方法

（1）康复师根据儿童的发音情况，出示目标音和错发音的听觉识别卡片，如 /da/ 与 /a/ 或 /d/ 与 /g/ 的听觉识别卡片，对儿童进行听觉识别训练，加强儿童对目标音 /d/ 的识别，明确 /d/ 的声音特性。

（2）康复师根据儿童的发音情况，出示目标音 /d/ 和错发音 /g/、/a/ 的发音卡片/视频，进而强化 /d/ 的发音特征。发 /d/ 音时，嘴微张，舌尖抵在上齿龈内侧形成阻塞，气息蓄积在舌与硬腭之间，发音时舌尖用力从上齿龈处弹开，少量气流随之而出；发 /g/ 音时，嘴微张，舌面后部隆起抵在软腭处形成阻塞；发 /a/ 音时，口自然张开，舌放松，位于口腔最低处居中央，舌面中部略隆起，舌尖微离或微触下齿龈，声带振动。

（3）康复师向儿童示范发音，然后让儿童对着镜子尝试发音。如果儿童不能发音，康复师则根据儿童的情况继续进行下面的训练。

（4）康复师先让儿童将舌尽量伸出口外，然后用压舌板或舌肌刺激器进行向前、向后刷舌，向前刷舌侧缘、舌尖，以及进行舌的拍打，各四八拍。

（5）康复师让儿童将舌平伸出口外，尽量保持水平，然后用压舌板向后推舌尖，让儿童仍旧保持舌向前伸，与康复师向后的推力做抵抗，重复数次。

（6）康复师在儿童的上齿龈内侧抹上蜂蜜（图 1-6），让儿童张大嘴巴固定不动并用舌尖来回舔蜂蜜，从而帮助儿童掌握舌尖中音的发音部位。

图 1-6　舔蜂蜜

（7）康复师诱导儿童的舌进行马蹄形上抬。康复师可以让儿童练习用舌吸吮上齿龈：首先将舌尖抵住上齿龈，然后用力回吸，最好能发出响声，重复数次。由于勺子的形状和马蹄的形状相似，康复师可以将勺底放在舌面上向下压舌，使儿童的舌被动做出马蹄形，帮助儿童体会马蹄形模式。

（8）康复师要求儿童的舌尖用力抵住上齿龈，然后舌尖突然放开，诱导儿童发 /da/ 音。

（9）如果儿童仍将 /d/ 错发为 /g/，说明儿童舌面后部上抬仍比舌尖上抬强，康复师则须对儿童的舌面后部进行放松，缓解儿童舌后缩或舌面后部较高、较紧的情况。康复师先用压舌板拍打儿童的舌面后部进行放松，再从舌面后部向前刷舌，然后用拇指按住儿童下颌处的舌根部，同时向前上方推动舌向前伸展。在此基础上，康复师继续诱导儿童发 /d/ 音。

5. 注意事项

（1）非一次性工具须在消毒后使用。

（2）康复师须注意儿童是否有乳胶过敏现象。

（3）康复师从舌面后部向前刷舌时，压舌板不要一下子进入太深，防止儿童出现强烈的呕吐反射，导致儿童出现抵抗情绪。康复师应在儿童可以容忍的范围内，慢慢将压舌板深入以帮助儿童慢慢适应。

6. 延伸训练

（1）家长和儿童一起玩舔冰激凌的游戏，让儿童用舌尖从下往上舔冰激凌，练习舌尖上抬。

（2）家长可以自行设计多种含有音位 /d/ 的卡片，并用夸张的发音方法将 /d/ 的发音特点展现给儿童，加强儿童对 /d/ 的感知和识别能力。

六、t

单个音位训练

1. 适用情况

儿童能正确发 /d/ 相关音，但发 /t/ 音时出现声母替代（如 /ta/ → /da/、/ta/ → /ka/）的发音错误。

2. 目标

（1）能识别 /t/ 与 /d/ 或 /t/ 与 /k/。

（2）诱导发本音 /t/。

（3）诱导发呼读音 /te/。

3. 材料与工具

（1）/t/ 与 /d/ 或 /t/ 与 /k/ 的听觉识别卡片。

（2）/t/ 与 /d/ 或 /t/ 与 /k/ 的发音卡片 / 视频。

（3）纸条。

（4）乳胶手套。

（5）压舌板或舌肌刺激器。

（6）蜂蜜。

4. 步骤与方法

（1）康复师根据儿童的发音情况，出示目标音和错发音的听觉识别卡片，如 /t/ 与 /d/、/t/ 与 /k/ 的听觉识别卡片，对儿童进行听觉识别训练，加强儿童对目标音 /t/ 的识别，明确 /t/ 的声音特性。

（2）康复师根据儿童的发音情况，出示目标音 /t/ 和错发音 /d/、/k/ 的发音卡片 / 视频，进而强化 /t/ 的发音特征。发 /t/ 音时，舌尖抵在上齿龈内侧形成阻塞，发音时明显有大量气流从口中释放；发 /d/ 音时，阻塞部位与发 /t/ 音的相同，但发音时仅有少量气流从口中释放；发 /k/ 音则为舌面后部抬起抵在软腭处形成阻塞。

（3）康复师向儿童示范发音，然后让儿童对着镜子尝试发音。如果儿童不能正确发音，康复师则根据儿童的情况继续进行下面的训练。

（4）针对出现 /t/ → /d/ 发音错误的儿童，康复师的训练重点在于引导儿童送气，可以用纸条诱导儿童在声带不振动的情况下尝试发本音 /t/。康复师须提醒儿童，发 /t/ 音时，嘴巴会呼出气体吹动纸条；也可以让儿童将手放在嘴边，体会发音时呼出的气体。如果儿童能发出本音 /t/，康复师则慢慢诱导儿童声带振动发呼读音 /te/。

（5）针对出现 /t/ → /k/ 发音错误的儿童，康复师的训练重点与将 /d/ 错发为 /g/ 的相似，仍须对儿童的舌面后部进行放松，缓解舌面后部上抬，增强舌尖上抬，具体方法祥见"/d/ 的单个音位训练"。

5. 注意事项

（1）非一次性工具须在消毒后使用。

（2）康复师须注意儿童是否有乳胶过敏现象。

（3）儿童在发音时，虽然会出现 /t/ → /d/ 的发音错误，但因为 /t/、/d/ 的发音部位都是舌尖，所以在本活动中未对舌尖的运动做单独的训练。但是，如果康复师发现儿童在呼气发音的过程中，/t/ 的气流声在听感上较弱，可酌情增加对舌的刺激和力量训练，详见"/d/ 单个音位训练"。

6. 延伸训练

家长可以自行设计多种含有音位 /t/ 的卡片，并用夸张的发音方法将 /t/ 的发音特点展现给儿童，加强儿童对 /t/ 的感知和识别能力。

七、n

单个音位训练

1. 适用情况

儿童能够发 /d/ 音，但发 /n/ 音时，出现声母歪曲或声母替代（如 /na/ → /da/、/na/ → /la/）的发音错误。

2. 目标

（1）能识别 /n/ 与 /d/ 或 /n/ 与 /l/。

（2）诱导鼻音哼鸣。

（3）诱导发呼读音 /ne/。

3. 材料与工具

（1）/n/ 与 /d/ 或 /n/ 与 /l/ 的听觉识别卡片。

（2）/n/ 与 /d/ 或 /n/ 与 /l/ 的发音卡片/视频。

（3）镜子。

4. 步骤与方法

（1）康复师根据儿童的发音情况，出示目标音和错发音的听觉识别卡片，如 /n/ 与 /d/ 或 /n/ 与 /l/ 的听觉识别卡片，对儿童进行听觉识别训练，加强儿童对目标音 /n/ 的识别，明确 /n/ 的声音特性。

（2）康复师根据儿童的发音情况，出示目标音 /n/ 和错发音 /d/、/l/ 的发音卡片 / 视频，进而强化 /n/ 的发音特征。发 /n/ 音时，嘴微张，舌尖抬起，贴在上齿龈内侧形成阻塞，发音时，舌尖从上齿龈处弹开，气流和声音随着舌的动作向上，从鼻腔而出，声带振动；发 /d/、/l/ 音时，软腭积极上抬，挡住鼻腔，气流从口腔呼出。

（3）康复师向儿童示范发音，然后让儿童对着镜子尝试发音。如果儿童不能正确发音，康复师则根据儿童的情况继续进行下面的训练。

（4）针对出现 /n/ 歪曲错误的儿童，康复师首先需要帮助儿童掌握 /n/ 的发音部位，再重点加强儿童的舌尖肌力。具体方法详见"/d/ 单个音位训练"。在发音部位训练的基础上，康复师进行下面的发音方法训练，即鼻音特征的训练。

（5）康复师示范用鼻子深吸气、深呼气，并让儿童模仿，帮助儿童进一步体会鼻腔共鸣发音的感觉。

（6）如果儿童不能自主控制用鼻子吸气和呼气，康复师则需要指导儿童进行用鼻子呼吸的训练：康复师先遮住儿童的嘴巴，将一面镜子或儿童的手指放在儿童的鼻子下面，此时儿童只能被动地用鼻子吸气和呼气，康复师让儿童注意镜面起雾或者感受从鼻腔呼到手指上的气流，使儿童意识到用鼻子吸气和呼气的两个过程，而后康复师不再遮住儿童的嘴巴，让儿童自主用鼻子吸气和呼气，多次练习，直至儿童熟练掌握。

（7）康复师可以将镜子放在自己的鼻子下面，用舌尖顶住齿龈做鼻音哼鸣，声带振动，发 /n——/ 音，提示儿童注意镜子上会出现白雾；也可以将儿童的手放在康复师的鼻翼两侧，让儿童体会鼻音哼鸣时的鼻翼振动。

（8）康复师与儿童一起做鼻音哼鸣，发 /n——/ 音。

（9）如果儿童能掌握发 /n——/ 音后，康复师可以让儿童从延长发 /n——/ 过渡至呼读音 /ne/。

5. 注意事项

进行鼻音哼鸣练习时，康复师应仔细辨别儿童是否真正发出了鼻音哼鸣。有的儿童哼鸣出的声音和鼻音哼鸣非常相似，但如果捏鼻和不捏鼻发出的声音无差别，则说明上述哼鸣声不是鼻音哼鸣。

6. 延伸训练

（1）康复师可以设计其他简单活动帮助儿童体会鼻音和非鼻音的差别，比如康复师发 /n/ 音时捏鼻，在听感上有明显变化，而儿童发 /n/ 音时捏鼻，在听感上无明显变化。

（2）家长可以自行设计多种含有音位 /n/ 的卡片，并用夸张的发音方法将 /n/ 的发音特点展现给儿童，加强儿童对 /n/ 的感知和识别能力。

八、l

单个音位训练

1. 适用情况

儿童发 /l/ 音时，出现声母歪曲或声母替代（如 /la/→/na/）的发音错误。

2. 目标

（1）能识别 /l/ 与 /n/。

（2）舌尖能独立上抬顶住上齿龈。

（3）诱导发 /la/ 音。

3. 材料与工具

（1）/l/ 与 /n/ 的听觉识别卡片。

（2）/l/ 与 /n/ 的发音卡片/视频。

（3）压舌板。

（4）镜子。

（5）蜂蜜。

4. 步骤与方法

（1）康复师根据儿童的发音情况，出示目标音和错发音的听觉识别卡片，如 /l/ 与 /n/ 的听觉识别卡片，对儿童进行听觉识别训练，加强儿童对目标音 /l/ 的识别，明确 /l/ 的声音特性，体会鼻音与非鼻音的差别。

（2）康复师根据儿童的发音情况，出示目标音 /l/ 和错发音 /n/ 的发音卡片/视频，进而强化 /l/ 的发音特征。发 /l/ 音时，舌尖须先上抬顶住上齿龈，发音时，舌尖从上向前下方落下，气息和声音从舌的两侧溢出，气流从口腔呼出；发 /n/ 音时，气流从鼻腔而出。

（3）康复师向儿童示范发音，然后让儿童对着镜子尝试发音。如果儿童不能正确发音，康复师则根据儿童的情况继续进行下面的训练。

（4）康复师设计活动引导儿童明白边音 /l/ 与鼻音 /n/ 的区别：在鼻子下面放一面镜子，康复师发 /l/ 音时，镜面没有产生雾气；儿童在发 /l/ 音时，错将 /l/ 发成 /n/，导致镜面产生了雾气。通过这种方式让儿童意识到在错误发 /l/ 音时，气流是从鼻腔溢出，而不是从口腔呼出的。

（5）康复师在儿童的上齿龈抹上蜂蜜，让儿童张大嘴巴固定不动并用舌尖来回舔蜂蜜，从而帮助儿童掌握舌尖中音的发音部位。

（6）康复师采用抵抗法，用压舌板向下压儿童的舌尖或舌侧，并要求儿童舌尖或舌侧用力向上顶压舌板，重复数次。

（7）康复师让儿童张开嘴巴，帮助儿童将下颌固定，然后让儿童将舌尖向上抵住上齿龈内侧，接着向下运动抵住下齿龈内侧，上下交替运动，重复数次。

（8）康复师让儿童张大嘴巴，打开下颌，并将舌尖上抬顶住上齿龈，在舌与下颌间形成一定的空间，然后诱导儿童发 /la/ 音，在此基础上反复进行练习。

5. 注意事项

（1）非一次性工具须在消毒后使用。

（2）在儿童能熟练掌握舌尖独立上抬发 /l/ 音后，康复师可以提示儿童逐渐缩小发 /l/ 音时下颌打开的幅度，使发音更加自然。

6. 延伸训练

（1）家长可以让儿童用舌尖从下向上舔棒棒糖、冰激凌等，从而提高舌尖的上抬能力。

（2）家长可以自行设计多种含有音位 /l/ 的卡片，并用夸张的发音方法将 /l/ 的发音特点展现给儿童，加强儿童对 /l/ 的感知和识别能力。

九、g

单个音位训练

1. 适用情况

儿童发 /g/ 音时，出现声母替代（如 /ga/ → /da/）或声母遗漏（如 /ga/ → /a/）的发音错误。

2. 目标

（1）能识别 /g/ 与 /d/ 或 /ga/ 与 /a/。

（2）舌面后部有独立上抬意识。

（3）诱导发 /ga/ 音。

3. 材料与工具

（1）/g/ 与 /d/ 或 /ga/ 与 /a/ 的听觉识别卡片。

（2）/g/ 与 /d/ 或 /ga/ 与 /a/ 的发音卡片/视频。

（3）乳胶手套。

（4）压舌板。

（5）镜子。

4. 步骤与方法

（1）康复师根据儿童的发音情况，出示目标音和错发音的听觉识别卡片，如 /g/ 与 /d/ 或 /ga/ 与 /a/ 的听觉识别卡片，对儿童进行听觉识别训练，加强儿童对目标音 /g/ 的识别，明确 /g/ 的声音特性。

（2）康复师根据儿童的发音情况，出示目标音 /g/ 和错发音 /d/、/a/ 的发音卡片 / 视频，进而强化 /g/ 的发音特征。发 /g/ 音时，嘴微张，舌面后部隆起抵在软腭处形成阻塞，发音时，舌面后部用力弹开；发 /d/ 音时，舌尖抵在上齿龈内侧形成阻塞；发 /a/ 音时，口自然张开，舌放松，位于口腔最低处居中央，舌面中部略隆起，舌尖微离或微触下齿龈，声带振动。

（3）康复师向儿童示范发音，然后让儿童对着镜子尝试发音。如果儿童不能正确发音，康复师则根据儿童的情况继续进行下面的训练。

（4）康复师用食指（戴手套）、压舌板或棒棒糖等刺激或拍打儿童的舌面后部及对应的软腭部分，帮助儿童体会舌根音的发音部位。

（5）康复师将食指放在儿童的舌面后部，稍用力下压，并让儿童用力向上做抵抗，重复数次。

（6）康复师让儿童打开嘴巴，用食指抵住儿童的舌面前部并向后推，帮助儿童将舌面后部拱起。

（7）康复师让儿童把嘴巴打开，帮助儿童将舌尖抵住下齿背，此时舌面前部向下，只有舌面后部拱起顶住硬腭，让儿童保持这个姿势，舌面前部不动，仅有舌面后部下降，夸张地发 /ga/ 音。

（8）如果儿童仍旧将 /ga/ 发成 /da/，说明儿童对舌面后部上抬的控制力欠佳。因此在诱导发音的过程中，康复师可以先用压舌板或手指压住儿童的舌面前部，使舌面前部不能上抬，而仅舌面后部能上抬，从而帮助儿童发音，待儿童在压舌板或手指的帮助下能正确发音后，康复师再慢慢撤出压舌板。然后，康复师要求儿童将舌尖抵住下齿背，防止儿童习惯性上抬舌尖，同时让儿童对着镜子进行发音练习，监控舌尖和舌面后部的运动，加强对舌的控制。

5. 注意事项

（1）非一次性工具须在消毒后使用。

（2）康复师须注意儿童是否有乳胶过敏现象。

（3）康复师在下压儿童的舌面后部时，要注意掌握力度和幅度，防止引起儿童呕吐。如果儿童的舌面后部比较敏感，排斥手指或压舌板，康复师则可以先用扁棒棒糖替代，再慢慢过渡到手指或压舌板。

6. 延伸训练

（1）家长可以在家里指导儿童进行漱口活动，即让儿童含住一口水，头上仰进行漱口，体会舌根音的发音部位，从而掌握舌根音的发音部位。

（2）家长可以自行设计多种含有音位 /g/ 的卡片，并用夸张的发音方法将 /g/ 的发音特点展现给儿童，加强儿童对 /g/ 的感知和识别能力。

十、k

单个音位训练

1. 适用情况

儿童能正确发 /g/ 相关音，但发 /k/ 音时出现声母替代（如 /ka/ → /ta/、/ka/ → /ha/、/ka/ → /ga/）或声母遗漏（如 /ke/ → /e/）的发音错误。

2. 目标

（1）能识别 /k/ 与 /t/、/k/ 与 /h/、/k/ 与 /g/ 或 /ke/ 与 /e/。

（2）舌面后部有独立上抬意识。

（3）诱导发 /ke/ 音。

3. 材料与工具

（1）/k/ 与 /t/、/k/ 与 /g/、/k/ 与 /h/ 或 /ke/ 与 /e/ 的听觉识别卡片。

（2）/k/ 与 /t/、/k/ 与 /g/、/k/ 与 /h/ 或 /ke/ 与 /e/ 的发音卡片/视频。

（3）乳胶手套。

（4）压舌板。

（5）镜子。

（6）纸条。

4. 步骤与方法

（1）康复师根据儿童的发音情况，出示目标音和错发音的听觉识别卡片，如 /k/ 与 /t/、/k/ 与 /g/、/k/ 与 /h/ 或 /ke/ 与 /e/ 的听觉识别卡片，对儿童进行听觉识别训练，加强儿童对目标音 /k/ 的识别，明确 /k/ 的声音特性。

（2）康复师根据儿童的发音情况，出示目标音 /k/ 和错发音 /g/、/h/、/t/、/e/ 的发音卡片/视频，进而强化 /k/ 的发音特征。发 /k/ 音时，嘴微张，舌面后部抬起抵在软腭处形成阻塞，发音时，舌面后部用力弹开，有一股较强气流随之冲破阻碍；发 /g/ 音时，舌面后部抬起抵在软腭处形成阻塞，但发音时没有较强气流；发 /h/ 音时，舌面后部隆起与软腭处靠近形成缝隙，但发音时，舌基本不动，气流从缝隙间摩擦通过；发 /t/ 音时，舌尖抵在上齿龈内侧形成阻塞后送气发音；发 /e/ 音时，口半开，舌向后缩，嘴角往两边展开，唇的形状不圆，声带振动。

（3）康复师向儿童示范发音，然后让儿童对着镜子尝试发音。如果儿童不能正确发音，康复师则根据儿童的情况继续进行下面的训练。

（4）针对出现 /k/ → /t/、/ke/ → /e/ 发音错误的儿童，康复师的训练重点在于增强舌面后部的肌力，促进舌面后部主动上抬，具体方法详见"/g/ 单个音位训练"。

（5）针对出现 /k/ → /g/、/k/ → /h/ 发音错误的儿童，康复师需要帮助儿童理解不送气塞音、送气塞音和擦音三种发音方法的不同。在诱导发音时，康复师可以在自己的嘴前放一张纸条。发 /k/ 音时，纸条先是不动，随后出现片刻晃动；发 /g/ 音时，纸条基本不动；发 /h/ 音时，纸条则出现持续晃动。当儿童理解三种发音方法的不同后，康复师再多次诱导儿童发音。如果儿童仍然出现声母替代的发音错误，康复师则须继续加强前述舌面后部上抬的训练。

5. 注意事项

（1）非一次性工具须在消毒后使用。

（2）康复师须注意儿童是否有乳胶过敏现象。

6. 延伸训练

（1）家长可以通过演示咳嗽，帮助儿童体会 /k/ 音的发音部位和发音方法。

（2）家长可以自行设计多种含有音位 /k/ 的卡片，并用夸张的发音方法将 /k/ 的发音特点展现给儿童，加强儿童对 /k/ 的感知和识别能力。

十一、h

单个音位训练

1. 适用情况

儿童发 /h/ 音时，出现声母遗漏（如 /he/ → /e/）的发音错误。

2. 目标

（1）能识别 /he/ 与 /e/。

（2）诱导在声带不振动的情况下发本音 /h/。

（3）诱导在声带振动的情况下发呼读音 /he/。

3. 材料与工具

（1）/he/ 与 /e/ 的听觉识别卡片。

（2）/he/ 与 /e/ 的发音卡片/视频。

（3）压舌板。

（4）镜子。

（5）纸条。

4. 步骤与方法

（1）康复师根据儿童的发音情况，出示目标音和错发音的听觉识别卡片，如 /h/ 与 /e/ 的听觉识别卡片，对儿童进行听觉识别训练，加强儿童对目标音 /h/ 的识别，明确 /h/ 的声音特性。

（2）康复师根据儿童的发音情况，出示目标音 /h/ 和错发音 /e/ 的发音卡片/视频，进而强化 /h/ 的发音特征。发 /h/ 音时，嘴微张，舌面后部隆起与软腭处靠近形成缝隙，发音时，舌基本不动，气流从缝隙间摩擦通过；发 /e/ 音时，口半开，舌向后缩，嘴角往两边展开，唇的形状不圆，声带振动，无气流送出。

（3）康复师向儿童示范发 /h/ 音，然后让儿童对着镜子尝试发音。如果儿童不能正确发音，康复师则根据儿童的情况继续进行下面的训练。

（4）康复师用压舌板轻轻拍打儿童的舌面后部，帮助儿童理解 /h/ 的发音位置。

（5）康复师用夸张的口型，在声带不振动的情况下发本音 /h/。康复师可以在嘴前放一张纸条，发音时，纸条会明显被吹动；也可以将儿童的手背放在康复师的嘴巴前面，让儿童体会发音时气流的释放；还可以将一面小镜子放在康复师的嘴巴前面，让儿童观察发音时镜面上会出现明显的起雾现象。

（6）如果儿童能发出本音 /h/，康复师则慢慢诱导儿童声带振动发呼读音 /he/。

5. 注意事项

（1）非一次性工具须在消毒后使用。

（2）经过上述训练，如果儿童仍将 /h/ 遗漏，康复师则需要增强儿童舌面后部的感知觉，可以反复用压舌板拍打儿童的舌面后部，或者使用按摩刷刺激舌面后部。在此基础上，康复师能够比较容易诱导儿童发出 /h/ 音。

6. 延伸训练

（1）家长可以在儿童打哈欠的时候进行诱导，促使儿童自然地发出 /h/ 的气流声，再慢慢过渡到发 /he/ 音。

（2）家长可以自行设计多种含有音位 /h/ 的卡片，并用夸张的发音方法将 /h/ 的发音特点展现给儿童，加强儿童对 /h/ 的感知和识别能力。

十二、j

单个音位训练

1. 适用情况

儿童发 /j/ 音时，出现声母遗漏（如 /ji/ → /i/）或声母替代（如 /jia/ → /dia/、/jia/ → /qia/、/jia/ → /xia/）的发音错误。

2. 目标

（1）能识别 /ji/ 与 /i/、/j/ 与 /d/、/j/ 与 /q/ 或 /j/ 与 /x/。

（2）增强舌面的感知觉，提高舌面上抬力量。

（3）诱导发 /ji/ 音。

3. 材料与工具

（1）/ji/ 与 /i/、/j/ 与 /d/、/j/ 与 /q/ 或 /j/ 与 /x/ 的听觉识别卡片。

（2）/ji/ 与 /i/、/j/ 与 /d/、/j/ 与 /q/ 或 /j/ 与 /x/ 的发音卡片 / 视频。

（3）乳胶手套。

（4）压舌板或舌肌刺激器。

（5）蜂蜜。

（6）葡萄干。

4. 步骤与方法

（1）康复师根据儿童的发音情况，出示目标音和错发音的听觉识别卡片，如 /ji/ 与 /i/、/j/ 与 /d/、/j/ 与 /q/ 或 /j/ 与 /x/ 的听觉识别卡片，对儿童进行听觉识别训练，加强儿童对目标音 /j/ 的识别，明确 /j/ 的声音特性。

（2）康复师根据儿童的发音情况，出示目标音 /j/ 和错发音 /q/、/x/、/d/、/i/ 的发音卡片 / 视频，进而强化 /j/ 的发音特征。发 /j/ 音时，嘴微张，舌尖抵在下齿背后，舌面前部拱起与硬腭前部接触形成阻塞，发音时舌面向下闪出一条窄缝，气流从窄缝中摩擦通过；发 /q/ 音时，嘴微张，舌尖抵在下齿背后，舌面前部拱起与硬腭前部接触形成阻塞，发音时舌面弹开一条窄缝，有一股较强气流从窄缝中摩擦通过；发 /x/ 音时，嘴微张，舌尖抵在下齿背后，舌面前部拱起与硬腭前部接近形成一条缝隙，发音时气从缝隙中摩擦通过；发 /d/ 音时，嘴微张，舌尖抵在上齿龈内侧形成阻塞，气息蓄积在舌与硬腭之间，发音时舌尖用力从上齿龈处弹开，少量的气流随之而出；发 /i/ 音时，嘴微张，嘴角展开，双唇呈扁平形，上下齿相对，舌前伸，舌面前部隆起，舌尖触下齿背。

（3）康复师向儿童示范发音，然后让儿童对着镜子尝试发音。如果儿童不能正确发音，康复师则根据儿童的情况继续进行下面的训练。

（4）康复师首先让儿童将舌尽量伸出口外，然后用压舌板或舌肌刺激器进行向前、向后刷舌，向前刷舌侧缘、舌尖，以及进行舌的拍打，各四八拍。

（5）儿童将舌尖顶在下齿背，康复师用压舌板或舌肌刺激器刷舌面部分，重复数次。

（6）康复师将压舌板放在儿童的舌面上，下压儿童舌面，让儿童将舌面用力上抬做抵抗运动，重复数次。

（7）康复师在儿童的硬腭前部抹上蜂蜜，让儿童张大嘴巴固定不动并用舌面来回舔蜂蜜，从而帮助儿童掌握舌面音的发音部位。

（8）康复师可以让儿童看着镜子练习主动将舌面上抬抵住硬腭前部，而后放下，再上抬，做舌面升降交替动作，重复数次。

（9）儿童用舌尖顶下齿背、舌面用力抵住硬腭前部，康复师用压舌板顶住儿童上下齿间露出的舌的部分，要求儿童在发音时向前用力顶压舌板，诱导儿童发 /ji/ 音。儿童反复练习，直至熟练掌握，康复师再慢慢撤出压舌板的辅助。

（10）针对出现 /j/ → /q/ 或 /j/ → /x/ 发音错误的儿童，康复师需要帮助儿童理解不送气塞擦音、送气塞擦音和擦音三种发音方法的不同。在诱导发音时，康复师可以在自己的嘴巴前面放一张纸条。发 /j/ 音时，纸条基本不动；发 /q/ 音时，纸条先是不动，随后出现片刻晃动；发 /x/ 音时，纸条出现持续晃动。当儿童理解三种发音方法的不同后，康复师再多次诱导儿童发音。如果儿童仍然出现声母替代的发音错误，康复师则须继续加强前述舌面上抬的训练。

5. 注意事项

（1）非一次性工具须在消毒后使用。

（2）康复师须注意儿童是否有乳胶过敏现象。

（3）如果儿童一开始不能将舌尖顶住下齿背使舌面隆起，康复师则可以让儿童看着镜子，并将葡萄干放在儿童的下齿背处，让儿童用舌尖将葡萄干顶在下齿背。

6. 延伸训练

（1）家长可以诱导儿童做硬腭刮舌面的运动，帮助儿童增强舌面主动上抬与硬腭前部接触的能力。具体方法为：家长在儿童面前放一面镜子，让儿童看着镜子，儿童将舌尖顶在下齿背，用硬腭接触舌面后部，然后沿舌面向舌叶方向滑动，使舌面能逐渐上挺隆起，并保持与硬腭前部接触。

（2）家长可以自行设计多种含有音位 /j/ 的卡片，并用夸张的发音方法将 /j/ 的发音特点展现给儿童，加强儿童对 /j/ 的感知和识别能力。

十三、q

单个音位训练

1. 适用情况

儿童能发 /j/ 相关音，但发 /q/ 音时出现声母遗漏（如 /qi/ → /i/）、声母替代（如 /qi/ → /ji/、/qi/ → /xi/、/qi/ → /ti/）或声母歪曲的发音错误。

2. 目标

（1）能识别 /qi/ 与 /i/、/q/ 与 /j/、/q/ 与 /x/ 或 /q/ 与 /t/。

（2）诱导发本音 /q/。

（3）诱导发呼读音 /qi/。

3. 材料与工具

（1）/qi/ 与 /i/、/q/ 与 /j/、/q/ 与 /x/ 或 /q/ 与 /t/ 的听觉识别卡片。

（2）/qi/ 与 /i/、/q/ 与 /j/、/q/ 与 /x/ 或 /q/ 与 /t/ 的发音卡片 / 视频。

（3）乳胶手套。

（4）压舌板。

（5）镜子。

（6）纸条。

4. 步骤与方法

（1）康复师根据儿童的发音情况，出示目标音和错发音的听觉识别卡片，如 /qi/ 与 /i/、/q/ 与 /j/、/q/ 与 /x/ 或 /q/ 与 /t/ 的听觉识别卡片，对儿童进行听觉识别训练，加强儿童对目标音 /q/ 的识别，明确 /q/ 的声音特性。

（2）康复师根据儿童的发音情况，出示目标音 /q/ 和错发音 /j/、/x/、/t/、/i/ 的发音卡片/视频，进而强化 /j/ 的发音特征。发 /q/ 音时，嘴微张，舌尖抵在下齿背后，舌面前部拱起与硬腭前部接触形成阻塞，发音时舌面弹开一条窄缝，有一股较强气流从窄缝中摩擦通过；发 /j/ 音时，嘴微张，舌尖抵在下齿背后，舌面前部拱起与硬腭前部接触形成阻塞，发音时舌面向下闪出一条窄缝，气流从窄缝中摩擦通过；发 /x/ 音时，嘴微张，舌尖抵在下齿背后，舌面前部拱起与硬腭前部接近形成一条缝隙，发音时气从缝隙中摩擦通过；发 /t/ 音时，嘴微张，舌尖抵在上齿龈内侧形成阻塞，气息蓄积在舌与硬腭之间，发音时舌尖用力从上齿龈处弹开，有一股较为明显的气流随之而出；发 /i/ 音时，嘴微张，嘴角展开，双唇呈扁平形，上下齿相对，舌前伸，舌面前部隆起，舌尖触下齿背。

（3）康复师向儿童示范发音，然后让儿童对着镜子尝试发音。如果儿童不能正确发音，康复师则根据儿童的情况继续进行下面的训练。

（4）针对出现 /q/ → /t/、/qi/ → /i/ 发音错误的儿童，康复师的训练重点在于增强儿童舌面前部的肌力，提高舌面前部主动上抬的能力，让舌面前部与硬腭前部形成阻塞，具体方法详见"/j/ 单个音位训练"。

（5）针对出现 /q/ → /j/、/q/ → /x/ 发音错误的儿童，康复师需要通过纸条帮助儿童理解不送气塞擦音、送气塞擦音和擦音三种发音方法的不同（具体方法详见"/j/ 单个音位训练"），使儿童意识到发 /q/ 时，纸条先是不动，随后有片刻晃动。

（6）儿童能够将舌面主动上抬至硬腭前部，而且明白送气塞擦音的发音方法后，康复师可以要求儿童将舌尖置于下齿背，主动将舌面前微微上抬，顶住硬腭前部，诱导儿童发出本音 /q/（一般来说，儿童都能发出 /q/ 的本音），再过渡至发呼读音 /qi/。

5. 注意事项

（1）非一次性工具须在消毒后使用。

（2）康复师须注意儿童是否有乳胶过敏现象。

6. 延伸训练

（1）家长可以和儿童一起模仿气球放气时的声音，帮助儿童在声带不振动的情况下发本音 /q/，再慢慢过渡到呼读音 /qi/。

（2）家长可以自行设计多种含有音位 /q/ 的卡片，并用夸张的发音方法将 /q/ 的发音特点展现给儿童，加强儿童对 /q/ 的感知和识别能力。

十四、x

单个音位训练

1. 适用情况

儿童发 /x/ 音时，出现声母遗漏（如 /xi/ → /i/）、声母替代（如 /xi/ → /ji/、/xi/ → /qi/）或声母歪曲的发音错误。

2. 目标

（1）能识别 /xi/ 与 /i/、/x/ 与 /j/ 或 /x/ 与 /q/。

（2）诱导发本音 /x/。

（3）诱导发呼读音 /xi/。

3. 材料与工具

（1）/xi/ 与 /i/、/x/ 与 /j/、/x/ 与 /q/ 的听觉识别卡片。

（2）/xi/ 与 /i/、/x/ 与 /j/、/x/ 与 /q/ 的发音卡片 / 视频。

（3）压舌板。

（4）镜子。

（5）纸条。

4. 步骤与方法

（1）康复师根据儿童的发音情况，出示目标音和错发音的听觉识别卡片，如 /xi/ 与 /i/、/x/ 与 /j/ 或 /x/ 与 /q/ 的听觉识别卡片，对儿童进行听觉识别训练，加强儿童对目标音 /x/ 的识别，明确 /x/ 的声音特性。

（2）康复师根据儿童的发音情况，出示目标音 /x/ 和错发音 /j/、/q/、/i/ 的发音卡片 / 视频，进而强化 /x/ 的发音特征。发 /x/ 音时，嘴微张，舌尖抵在下齿背，舌面前部拱起与硬腭前部接近形成一条缝隙，发音时气流从缝隙中摩擦通过；发 /j/ 音和 /q/ 音时，舌面与硬腭完全接触形成阻塞，发音时弹开一个缝隙，发 /j/ 音不送气，发 /q/ 音需要在弹开的缝隙中送气；发 /i/ 时，嘴微张，嘴角展开，双唇呈扁平形，上下齿相对，舌前伸，舌面前部隆起，舌尖触下齿背，声带振动。

（3）康复师向儿童示范发 /x/ 音，然后让儿童对着镜子尝试发音。如果儿童不能正确发音，康复师则根据儿童的情况继续进行下面的训练。

（4）针对出现 /x/ 音遗漏错误的儿童，康复师的训练重点在于增强舌面的肌力，提高舌面后部上抬能力，具体方法详见 "/j/ 单个音位训练"。

（5）针对出现 /x/ → /j/、/x/ → /q/ 发音错误的儿童，康复师需要通过纸条帮助儿童理解不送气塞擦音、送气塞擦音和擦音三种发音方法的不同（具体方法详见"/j/ 单个音位训练"），使儿童意识到发 /x/ 音时，气流必须持续呼出。

（6）如果儿童仍然出现声母替代的发音错误，康复师则需要帮助儿童控制舌面不与硬腭前部形成接触，在二者间始终保持一条缝隙。这时，康复师可以将压舌板放于儿童硬腭前下方，与硬腭保持一条小小的缝隙，然后要求儿童用舌面顶住压舌板发 /x/ 的本音（声带不振动），康复师始终用压舌板向下压儿童舌面，从而阻碍舌面上抬接触硬腭，被动使舌面和硬腭前部之间留有缝隙。儿童反复练习直至正确发音，康复师再慢慢撤出压舌板的辅助，然后在儿童口前放一张纸条，诱导儿童送气，正确发本音 /x/，再过渡至呼读音 /xi/。

5. 注意事项

非一次性工具须在消毒后使用。

6. 延伸训练

（1）家长可以诱导儿童发 /xu/ 音，帮助儿童发 /xu/ 的气流声，让儿童体会在舌面上抬但不与硬腭前部接触的发音方式下发音的感觉。

（2）家长可以自行设计多种含有音位 /x/ 的卡片，并用夸张的发音方法将 /x/ 的发音特点展现给儿童，加强儿童对 /x/ 的感知和识别能力。

十五、zh

单个音位训练

1. 适用情况

儿童发 /zh/ 音时，出现声母遗漏（如 /zhi/ → /i/）、声母替代（如 /zhi/ → /di/、/zhi/ → /ji/、/zhi/ → /zi/）或声母歪曲的发音错误。

2. 目标

（1）能识别 /zhi/ 与 /i/、/zh/ 与 /d/、/zh/ 与 /j/ 或 /zh/ 与 /z/。

（2）舌尖能够自主上抬至硬腭前部。

（3）诱导发 /zhi/ 音。

3. 材料与工具

（1）/zh/ 与 /d/、/zh/ 与 /j/、/zh/ 与 /z/ 或 /zh/ 与 /i/ 的听觉识别卡片。

（2）/zh/ 与 /d/、/zh/ 与 /j/、/zh/ 与 /z/ 或 /zh/ 与 /i/ 的发音卡片/视频。

（3）乳胶手套。

(4)压舌板或舌肌刺激器。

(5)镜子。

(6)蜂蜜。

4. 步骤与方法

(1)康复师根据儿童的发音情况,出示目标音和错发音的识别卡片,如 /zh/ 与 /d/、/zh/ 与 /j/、/zh/ 与 /z/ 或 /zhi/ 与 /i/ 的听觉识别卡片,对儿童进行听觉识别训练,加强儿童对目标音 /zh/ 的识别,明确 /zh/ 的声音特性。

(2)康复师根据儿童的发音情况,出示目标音 /zh/ 和错发音 /d/、/j/、/z/、/i/ 的发音卡片/视频,进而强化 /zh/ 的发音特征。发 /zh/ 音时,嘴微张,舌尖抬起抵在硬腭前部形成阻塞,发音时舌尖微弹形成一条小缝,气流声从缝隙中摩擦通过;发 /d/ 音时,舌尖顶住上齿龈形成阻塞;发 /j/ 音时,舌面与硬腭前部形成阻塞;发 /z/ 音时,舌尖前端抵在上齿背,其稍后部位隆起与上齿龈接触形成阻塞;发 /i/ 音时,嘴微张,嘴角展开,双唇呈扁平形,上下齿相对,舌前伸,舌面前部隆起,舌尖触下齿背,声带振动。

(3)康复师向儿童示范发音,然后让儿童对着镜子尝试发音。如果儿童不能正确发音,康复师则根据儿童的情况继续进行下面的训练。

(4)康复师首先让儿童将舌尽量伸出口外,然后用压舌板或舌肌刺激器向前、向后刷舌,向前刷舌侧缘、舌尖,以及进行舌的拍打,各四八拍。

(5)康复师让儿童将舌伸出口外,然后诱导儿童将舌体集中,向上尽力伸展,重复数次。

(6)康复师在儿童的上齿龈至硬腭前部抹上蜂蜜,让儿童张大嘴巴固定不动,用舌尖从齿龈向硬腭前部方向舔蜂蜜,从而帮助儿童掌握舌尖后音的发音部位,并体会舌尖是如何与硬腭前部接触的。

(7)康复师让儿童练习在没有蜂蜜的帮助下,舌尖从上齿龈向硬腭前部滑动。儿童反复练习直至熟练掌握,康复师再在儿童面前放一面镜子,要求儿童看着镜子准确地将舌尖上抬至硬腭前部,而后放下,再上抬,做舌尖升降交替动作,重复数次。

(8)儿童将舌卷起放在硬腭前部,康复师用压舌板或手指(戴手套)向后推儿童舌的下面,让儿童仍然保持卷舌姿势,与康复师向后的推力做抵抗,加强儿童卷舌的力量,重复数次。

(9)康复师要求儿童舌尖顶住硬腭前部,诱导儿童发 /zhi/ 音。

5. 注意事项

（1）非一次性工具须在消毒后使用。

（2）康复师须注意儿童是否有乳胶过敏现象。

（3）在对儿童进行卷舌力量训练时，建议康复师先用手指推儿童舌的下面，防止因不能掌握压舌板力度，用力过猛，造成舌的疼痛，引起儿童反感。

6. 延伸训练

（1）家长可以用葡萄干或者海苔代替蜂蜜放在儿童的上齿龈处，辅助儿童进行卷舌训练。

（2）家长可以自行设计多种含有音位 /zh/ 的卡片，用夸张的发音方法将 /zh/ 的发音特点展现给儿童，加强儿童对 /zh/ 的感知和识别。

十六、ch

单个音位训练

1. 适用情况

儿童能发 /zh/ 相关音，但发 /ch/ 音时出现声母遗漏（如 /chi/ → /i/）、声母替代（如 /chi/ → /qi/、/chi/ → /ti/、/chi/ → /ci/、/chi/ → /shi/）或声母歪曲的发音错误。

2. 目标

（1）能识别 /chi/ 与 /i/、/ch/ 与 /q/、/ch/ 与 /t/、/ch/ 与 /c/ 或 /ch/ 与 /sh/。

（2）诱导发本音 /ch/。

（3）诱导发呼读音 /chi/。

3. 材料与工具

（1）/chi/ 与 /i/、/ch/ 与 /q/、/ch/ 与 /t/、/ch/ 与 /c/ 或 /ch/ 与 /sh/ 的听觉识别卡片。

（2）/chi/ 与 /i/、/ch/ 与 /q/、/ch/ 与 /t/、/ch/ 与 /c/ 或 /ch/ 与 /sh/ 的发音卡片/视频。

（3）乳胶手套。

（4）压舌板。

（5）镜子。

（6）纸条。

4. 步骤与方法

（1）康复师根据儿童的发音情况，出示目标音和错发音的听觉识别卡片，如 /chi/ 与 /i/、/ch/ 与 /q/、/ch/ 与 /t/、/ch/ 与 /c/ 或 /ch/ 与 /sh/ 的听觉识别卡片，对儿童进行听觉识别训练，加强儿童对目标音 /ch/ 的识别，明确 /ch/ 的声音特性。

（2）康复师根据儿童的发音情况，出示目标音 /ch/ 和错发音 /t/、/q/、/c/、/sh/、/i/ 的发音卡片/视频，进而强化 /ch/ 的发音特征。发 /ch/ 音时，嘴微张，舌尖抬起抵在硬腭前部形成阻塞，发音时舌尖弹开，与硬腭之间形成一条窄缝，同时一股较强的气流从中擦过；发 /t/ 音时，舌尖顶住上齿龈形成阻塞；发 /q/ 音时，舌面与硬腭前部形成阻塞；发 /c/ 音时，舌尖前端抵在上齿背，其后部隆起与上齿龈接触形成阻塞；发 /sh/ 音时，舌尖向硬腭前部靠近形成一条缝隙，发音时持续送气；发 /i/ 音时，嘴微张，嘴角展开，双唇呈扁平形，上下齿相对，舌前伸，舌面前部隆起，舌尖触下齿背，声带振动。

（3）康复师向儿童示范发音，然后让儿童对着镜子尝试发音。如果儿童不能正确发音，康复师则根据儿童的情况继续进行下面的训练。

（4）针对出现 /ch/ → /sh/ 发音错误的儿童，康复师需要通过纸条帮助儿童理解不送气塞擦音和擦音两种发音方法的不同，使儿童意识到发 /ch/ 音时，纸条先是保持不动，随后有片刻晃动，发 /sh/ 音时，纸条持续晃动。儿童如果仍不能正确发音，则和出现其他错误发音的儿童一样进行下面的训练。

（5）康复师指导儿童练习舌尖主动上抬顶住硬腭前部，然后稍向下移形成一条窄的缝隙，具体方法详见"/zh/ 的单个音位训练"。

（6）儿童能够将舌尖主动上抬至硬腭前部，而且明白送气塞擦音的发音方法后，康复师将一张纸条或儿童的手放在儿童的嘴巴前面，提醒儿童送气，诱导儿童发 /ch/ 的本音（一般来说，儿童都能发出本音 /ch/），再过渡至发呼读音 /chi/。

5. 注意事项

（1）非一次性工具须在消毒后使用。

（2）康复师须注意儿童是否有乳胶过敏现象。

6. 延伸训练

（1）家长可以设计简单的游戏，如和儿童一起玩吃东西的游戏，帮助儿童巩固 /ch/ 音。

（2）家长可以自行设计多种含有音位 /ch/ 的卡片，并用夸张的发音方法将 /ch/ 的发音特点展现给儿童，加强儿童对 /ch/ 的感知和识别能力。

十七、sh

单个音位训练

1. 适用情况

儿童发 /sh/ 音时，出现声母遗漏（如 /shi/ → /i/）、声母替代（如 /shi/ → /xi/）或声母歪曲的发音错误。

2. 目标

（1）能识别 /shi/ 与 /i/ 或 /sh/ 与 /x/。

（2）诱导发本音 /sh/。

（3）诱导发呼读音 /shi/。

3. 材料与工具

（1）/shi/ 与 /i/ 或 /sh/ 与 /x/ 的听觉识别卡片。

（2）/shi/ 与 /i/ 或 /sh/ 与 /x/ 的发音卡片/视频。

（3）压舌板。

（4）镜子。

（5）纸条。

4. 步骤与方法

（1）康复师根据儿童的发音情况，出示目标音和错发音的听觉识别卡片，如 /shi/ 与 /i/ 或 /sh/ 与 /x/ 的听觉识别卡片，对儿童进行听觉识别训练，加强儿童对目标音 /sh/ 的识别，明确 /sh/ 的声音特性。

（2）康复师根据儿童的发音情况，出示目标音 /sh/ 和错发音 /x/、/i/ 的发音卡片/视频，进而强化 /sh/ 的发音特征。发 /sh/ 音时，嘴微张，舌尖抬起与硬腭前部形成一条窄的缝隙，发音时气流从缝隙中摩擦通过；发 /x/ 音时，舌面抬起与硬腭前部形成缝隙；发 /i/ 音时，嘴微张，嘴角展开，双唇呈扁平形，上下齿相对，舌前伸，舌面前部隆起，舌尖触下齿背，声带振动。

（3）康复师向儿童示范发 /sh/ 音，然后让儿童对着镜子尝试发音。如果儿童不能正确发音，康复师则根据儿童的情况继续进行下面的训练。

（4）康复师帮助儿童促进舌尖上抬与硬腭前部形成缝隙（具体方法详见"/zh/ 单个音位训练"），并通过纸条使儿童意识到发 /sh/ 音时，气流必须持续呼出。

（5）如果儿童仍然出现发音错误，康复师则需要帮助儿童控制舌尖不与硬腭前部形成接触，二者间始终保持有一条缝隙。这时，康复师可以将压舌板放于儿童硬腭前下方，与硬腭保持一条小小的缝隙，然后要求儿童用舌尖顶住压舌板发 /sh/ 的本音（声带不振动），康复师始终用压舌板向下压舌尖，从而阻碍儿童舌尖上抬接触硬腭，被动使舌尖和硬腭前部之间留有缝隙。儿童反复练习直至能正确发音，康复师再慢慢撤出压舌板的辅助。然后，康复师在儿童嘴前放一张纸条，诱导儿童正确发本音 /sh/，再过渡至呼读音 /shi/。

5. 注意事项

非一次性工具须在消毒后使用。

6. 延伸训练

家长可以自行设计多种含有音位 /sh/ 的卡片，并用夸张的发音方法将 /sh/ 的发音特点展现给儿童，加强儿童对 /sh/ 的感知和识别能力。

十八、r

单个音位训练

1. 适用情况

儿童发 /r/ 音时，出现声母遗漏（如 /ri/ → /i/）、声母替代（如 /ru/ → /lu/、/ru/ → /nu/）或声母歪曲的发音错误。

2. 目标

（1）能识别 /ri/ 与 /i/、/r/ 与 /l/ 或 /r/ 与 /n/。

（2）诱导发呼读音 /ri/。

3. 材料与工具

（1）/ri/ 与 /i/、/r/ 与 /l/ 或 /r/ 与 /n/ 的听觉识别卡片。

（2）/ri/ 与 /i/、/r/ 与 /l/ 或 /r/ 与 /n/ 的发音卡片 / 视频。

（3）乳胶手套。

（4）压舌板。

（5）镜子。

4. 步骤与方法

（1）康复师根据儿童的发音情况，出示目标音和错发音的听觉识别卡片，如 /ri/ 与 /i/、/r/ 与 /l/ 或 /r/ 与 /n/ 的听觉识别卡片，对儿童进行听觉识别训练，加强儿童对目标音 /r/ 的识别，明确 /r/ 的声音特性。

（2）康复师根据儿童的发音情况，出示目标音 /r/ 和错发音 /l/、/n/、/i/ 的发音卡片/视频，进而强化 /r/ 的发音特征。发 /r/ 音时，嘴微张，舌尖抬起略卷并接近硬腭前部形成一条缝隙，发音时，声带振动，气流从缝隙中摩擦通过；发 /l/ 音时，舌尖上抬顶住上齿龈内侧，气流从口腔呼出；发 /n/ 音时，舌尖抬起贴在上齿龈内侧形成阻塞，气流从鼻腔而出；发 /i/ 音时，嘴微张，嘴角展开，双唇呈扁平形，上下齿相对，舌前伸，舌面前部隆起，舌尖触下齿背。

（3）康复师向儿童示范发 /r/ 音，然后让儿童对着镜子尝试发音。如果儿童不能正确发音，康复师则根据儿童的情况继续进行下面的训练。

（4）康复师帮助儿童促进舌尖上抬与硬腭前部形成缝隙（具体方法详见"/zh/ 单个音位训练"），发音时舌尖不与硬腭前部接触，声带振动，并通过纸条使儿童意识到发 /r/ 音时，纸条应保持不动，即发音不送气，避免与 /sh/ 混淆。

（5）如果儿童仍然出现 /r/ → /l/ 发音错误，说明儿童在发音过程中，舌尖向前移动，未保持卷舌状态，康复师则可以用压舌板或手指（戴手套）顶住儿童的舌面底部，帮助儿童保持卷舌。反复练习，待儿童掌握后，康复师再慢慢撤出压舌板。

（6）针对出现 /r/ → /n/ 发音错误的儿童，除上述训练外，康复师还需要对儿童进行鼻音和非鼻音的区别练习。康复师可以在儿童的鼻子下面放一面镜子，提示儿童发 /r/ 音时镜面不能起雾；也可以捏住儿童的鼻子，使儿童只能发口腔音。反复练习，待儿童掌握后，康复师再慢慢撤出辅助。

5. 注意事项

（1）非一次性工具须在消毒后使用。

（2）康复师须注意儿童是否有乳胶过敏现象。

（3）康复师在诱导发音的时候，可以将儿童的手放在康复师的颈部，帮助儿童体会 /r/ 的发音方法。

6. 延伸训练

家长可以自行设计多种含有音位 /r/ 的卡片，并用夸张的发音方法将 /r/ 的发音特点展现给儿童，加强儿童对 /r/ 的感知和识别能力。

十九、z

单个音位训练

1. 适用情况

儿童发 /z/ 音时，出现声母遗漏（如 /zi/ → /i/）、声母替代（如 /zi/ → /di/、/zi/ →

/ji/）或声母歪曲的发音错误。

2. 目标

（1）能识别 /zi/ 与 /i/、/z/ 与 /d/ 或 /z/ 与 /j/。

（2）增强舌尖感知觉，提高舌尖前伸力量。

（3）诱导发 /zi/ 音。

3. 材料与工具

（1）/z/ 与 /d/、/z/ 与 /j/ 或 /zi/ 与 /i/ 的听觉识别卡片。

（2）/z/ 与 /d/、/z/ 与 /j/ 或 /zi/ 与 /i/ 的发音卡片 / 视频。

（3）乳胶手套。

（4）镜子。

（5）压舌板或舌肌刺激器。

（6）蜂蜜。

（7）葡萄干。

4. 步骤与方法

（1）康复师根据儿童的发音情况，出示目标音和错发音的听觉识别卡片，如 /z/ 与 /d/、/z/ 与 /j/ 或 /zi/ 与 /i/ 的听觉识别卡片，对儿童进行听觉识别训练，加强儿童对目标音 /z/ 的识别，明确 /z/ 的声音特性。

（2）康复师根据儿童的发音情况，出示目标音 /z/ 和错发音 /d/、/j/、/i/ 的发音卡片 / 视频，进而强化 /z/ 的发音特征。发 /z/ 音时，舌尖平伸抵住上齿背，舌叶隆起与上齿龈接触形成阻塞，发音时，舌尖快速松开一条窄缝，气流从中摩擦通过；发 /d/ 音时，舌尖与上齿龈形成阻塞，发音时阻塞部分完全打开；发 /j/ 音时，舌面与硬腭前部接触形成阻塞；发 /i/ 音时，嘴微张，嘴角展开，双唇呈扁平形，上下齿相对，舌前伸，舌面前部隆起，舌尖触下齿背，声带振动。

（3）康复师向儿童示范发 /z/ 音，然后让儿童对着镜子尝试发音。如果儿童不能正确发音，康复师则根据儿童的情况继续进行下面的训练。

（4）康复师让儿童将舌尽量伸出口外，然后用压舌板或舌肌刺激器向前、向后刷舌，向前刷舌侧缘、舌尖，以及进行舌的拍打，重复数次。

（5）康复师让儿童将舌伸出口外，然后诱导儿童将舌体集中，舌尖向前、向左、向右、向上、向下尽力伸展，各保持 5 秒。

（6）康复师让儿童将舌平伸出口外，尽量保持水平，然后用压舌板向后推舌尖，儿童仍旧保持舌向前伸，与康复师向后的推力做抵抗，重复 5 次。

（7）康复师在儿童的下齿背抹上蜂蜜，让儿童张大嘴巴固定不动，并用舌尖来回舔蜂蜜，帮助儿童将舌尖固定在下齿背。

（8）康复师将葡萄干放在儿童的下齿背，让儿童用舌尖将葡萄干顶在下齿背，并尽量将舌叶拱起。

（9）儿童将舌尖顶在下齿背后，康复师用压舌板或舌肌刺激器刷儿童的舌叶，重复数次。

（10）儿童将舌尖顶在下齿背后，康复师用压舌板或手指（戴手套）向后推儿童的舌叶，重复数次。

（11）康复师要求儿童用舌尖顶下齿背，再用舌叶用力抵住上齿龈后，诱导儿童发 /zi/ 音，并提醒儿童在发音过程中舌尽量保持前伸。

5. 注意事项

（1）非一次性工具须在消毒后使用。

（2）康复师须注意儿童是否有乳胶过敏现象。

（3）由于发 /z/ 音的可视性差，而且对舌叶的力量和运动的精确性要求比较高，许多儿童不能很快掌握正确发音。因此，康复师在初始训练时可以让儿童用上下齿轻咬舌尖，在发音过程中仅松开一点，并尽量保持舌尖向前用力。在此方式下，儿童一般都能正确发音。

6. 延伸训练

（1）家长可以先帮助儿童将舌尖固定在上齿背，然后和儿童一起玩舌尖刷齿背的游戏。

（2）家长可以自行设计多种含有音位 /z/ 的卡片，并用夸张的发音方法将 /z/ 的发音特点展现给儿童，加强儿童对 /z/ 的感知和识别能力。

二十、c

单个音位训练

1. 适用情况

儿童能发 /z/ 相关音，但发 /c/ 音时出现声母遗漏（如 /ci/ → /i/）、声母替代（如 /ci/ → /ti/、/ci/ → /qi/、/ci/ → /xi/）或声母歪曲的发音错误。

2. 目标

（1）能识别 /ci/ 与 /i/、/c/ 与 /t/、/c/ 与 /q/ 或 /c/ 与 /x/。

（2）诱导发本音 /c/。

（3）诱导发呼读音 /ci/。

3. 材料与工具

（1）/ci/ 与 /i/、/c/ 与 /t/、/c/ 与 /q/ 或 /c/ 与 /x/ 的听觉识别卡片。

（2）/ci/ 与 /i/、/c/ 与 /t/、/c/ 与 /q/ 或 /c/ 与 /x/ 的发音卡片 / 视频。

（3）乳胶手套。

（4）压舌板。

（5）镜子。

（6）纸条。

4. 步骤与方法

（1）康复师根据儿童的发音情况，出示目标音和错发音的听觉识别卡片，如 /ci/ 与 /i/、/c/ 与 /t/、/c/ 与 /q/ 或 /c/ 与 /x/ 的听觉识别卡片，对儿童进行听觉识别训练，加强儿童对目标音 /c/ 的识别，明确 /c/ 的声音特性。

（2）康复师根据儿童的发音情况，出示目标音 /c/ 和错发音 /t/、/q/、/x/、/i/ 的发音卡片 / 视频，进而强化 /c/ 的发音特征。发 /c/ 音时，舌尖平伸抵住上齿背，舌叶隆起与上齿龈接触形成阻塞，发音时，舌尖快速松开一条窄缝，一股较强气流从中摩擦通过；发 /t/ 音时，舌尖与上齿龈形成阻塞；发 /q/ 音或 /x/ 音时，舌面与硬腭前部形成阻塞；发 /i/ 音时，嘴微张，嘴角展开，双唇呈扁平形，上下齿相对，舌前伸，舌面前部隆起，舌尖触下齿背，声带振动。

（3）康复师向儿童示范发音，然后让儿童对着镜子尝试发音。如果儿童不能正确发音，康复师则根据儿童的情况继续进行下面的训练。

（4）康复师指导儿童练习舌尖前端抵在上齿背，舌叶隆起与上齿龈接触形成阻塞，具体方法详见"/z/ 单个音位训练"。

（5）康复师要求儿童将舌尖置于上齿背，并主动将舌叶微微上抬，然后康复师将一张纸条放在儿童的嘴巴前面，诱导儿童发出 /c/ 的本音（一般来说，儿童都能发出本音 /c/），再过渡至呼读音 /ci/。

5. 注意事项

（1）非一次性工具须在消毒后使用。

（2）康复师须注意儿童是否有乳胶过敏现象。

6. 延伸训练

家长可以自行设计多种含有音位 /c/ 的卡片，并用夸张的发音方法将 /c/ 的发音特点展现给儿童，加强儿童对 /c/ 的感知和识别能力。

二十一、s

单个音位训练

1. 适用情况

儿童发 /s/ 音时，出现声母遗漏（如 /si/ → /i/）、声母替代（如 /si/ → /xi/、/si/ → /shi/）或声母歪曲的发音错误。

2. 目标

（1）能识别 /si/ 与 /i/、/s/ 与 /x/ 或 /s/ 与 /sh/。

（2）诱导发本音 /s/。

（3）诱导发呼读音 /si/。

3. 材料与工具

（1）/si/ 与 /i/、/s/ 与 /x/ 或 /s/ 与 /sh/ 的听觉识别卡片。

（2）/si/ 与 /i/、/s/ 与 /x/ 或 /s/ 与 /sh/ 的发音卡片 / 视频。

（3）压舌板。

（4）镜子。

（5）纸条。

4. 步骤与方法

（1）康复师根据儿童的发音情况，出示目标音和错发音的听觉识别卡片，如 /si/ 与 /i/、/s/ 与 /x/ 或 /s/ 与 /sh/ 的听觉识别卡片，对儿童进行听觉识别训练，加强儿童对目标音 /s/ 的识别，明确 /s/ 的声音特性。

（2）康复师根据儿童的发音情况，出示目标音 /s/ 和错发音 /x/、/sh/、/i/ 的发音卡片 / 视频，进而强化 /s/ 的发音特征。发 /s/ 音时，舌尖平伸抵住上齿背，舌叶隆起与上齿龈接近形成缝隙，发音时，气流从缝隙中摩擦通过；发 /x/ 音时，舌面与硬腭前部形成缝隙；发 /sh/ 音时，舌尖与硬腭前部形成缝隙；发 /i/ 音时，嘴微张，嘴角展开，双唇呈扁平形，上下齿相对，舌前伸，舌面前部隆起，舌尖触下齿背，声带振动。

（3）康复师向儿童示范发 /s/ 音，然后让儿童对着镜子尝试发音。如果儿童不能正确发音，康复师则根据儿童的情况继续进行下面的训练。

（4）康复师帮助儿童将舌叶上抬与上齿龈形成缝隙（具体方法详见 "/z/ 单个音位训练"），并通过纸条让儿童意识到发 /s/ 音时，气流必须持续呼出。

（5）如果儿童在控制舌叶上抬与上齿龈形成缝隙的过程中出现 /s/ → /c/ 的发音错误，说明儿童不能控制舌叶是与上齿龈形成接触还是在二者间始终保持一条缝隙。这时，康复师可以将压舌板放于上齿龈，与上齿龈保持一条小小的缝隙，然后要求儿童用舌叶顶住压舌板发 /s/ 的本音（声带不振动），康复师始终用压舌板向下压舌叶，从而阻碍儿童舌叶的上抬，被动使舌叶和上齿龈之间留有缝隙。儿童反复练习，直至能正确发音后，康复师再慢慢撤出压舌板的辅助。康复师可以在儿童嘴前放一个纸条，诱导儿童正确发本音 /s/，再过渡至呼读音 /si/。

5. 注意事项

非一次性工具须在消毒后使用。

6. 延伸训练

（1）家长可以和儿童玩模仿蛇吐信子的声音，一起模仿发 /s——/。

（2）家长可以自行设计多种含有音位 /s/ 的卡片，并用夸张的发音方法将 /s/ 的发音特点展现给儿童，加强儿童对 /s/ 的感知和识别能力。

第三节　声调的训练

一、声调的感知训练

1. 适用情况

儿童不明确四个声调的音调走向趋势。

2. 目标

了解普通话四个声调的音调走向趋势，提高对四个声调的感知能力。

3. 材料与工具

（1）白纸。

（2）笔。

4. 步骤与方法

（1）康复师在纸上画四个声调给儿童看（图 1-7），并对声调的走向趋势进行讲解，即一声为平调，二声为升调，三声为降升调，四声则为降调，使儿童明白四个声调的变化趋势。

图 1-7　声调图

（2）在儿童学习四个声调发音的同时，康复师可以教儿童按照普通话的调型用手比画着进行训练，这样可以起到一定的引导提示作用。发一声调音节时，用手比画 ―，发二声调音节时，用手比画 ╱；发三声调音节时，用手比画 ∨；发四声调音节时，用手比画 ╲。

5. 注意事项

在训练过程中，康复师要特别注意提醒儿童手势起伏和声调之间的关系。

6. 延伸训练

康复师可以让儿童一边用手势比画，一边发声，加强儿童对声调走势的感受。

二、声调的对比训练

1. 适用情况

儿童不明确四个声调间的差异区分。

2. 目标

加强儿童对不同声调走势的感受。

3. 材料与工具

一声、二声、三声、四声的卡片。

4. 步骤与方法

（1）康复师将所有声调进行组合（表 1-11），对儿童进行基础性听辨训练，帮助儿童加深对不同声调差异的体会。

表 1-11　单音节声调听辨对比

声调	二声	三声	四声
一声	对比	对比	对比
二声	—	对比	对比
三声	—	—	对比

（2）康复师根据儿童的情况，对儿童发错的声调和目标声调进行针对性听辨训练。例如，儿童总是将三声发成一声，康复师可以专门就三声和一声两个声调对儿童进行深入的听辨训练。

5. 注意事项

声调对比训练需要在单维度差异中进行，即声母、韵母保持一致，只有声调的差异。

6. 延伸训练

康复师可以更换不同的声韵母进行声调对比训练，保证儿童在任何声韵母情况下都能分辨不同的声调。

三、一声的训练

1. 适用情况

一声调发音错误，对声带保持均衡紧张的控制不足。

2. 目标

正确发出一声调。

3. 步骤与方法

（1）发一声时，康复师可以提醒儿童将气息微微紧绷，即由始至终绷着一口气，并且保持气息平稳，基本无变化。

（2）在儿童发音时，康复师可以让儿童将五指放在儿童自己的喉部，感受发音过程中喉的位置变化。发一声时，喉部基本保持不动，不能有太大的起伏。

4. 注意事项

（1）康复师可以让儿童借助手势进行发音，提醒儿童将音调保持在一个水平。

（2）康复师可以选择使用"一声＋一声"的词组组合，帮助儿童将音调恒定保持在较高水平。

5. 延伸训练

在儿童单字调发音准确后，康复师可以设计不同的语料进行词语、句子或短文水平的泛化。

四、二声的训练

1. 适用情况

二声调发音错误，对声带保持由松到紧的控制不足。

2. 目标

正确发出二声调。

3. 步骤与方法

（1）发二声时，康复师可以提醒儿童起音时气息要松，然后越来越紧，发二声是一个由松到紧的变化过程。

（2）在儿童发音时，康复师可以让儿童将五指放在儿童自己的喉部，感受发音过程中喉位置的变化。发二声时，喉部有一个明显上升的过程。

（3）如果儿童不能正确发音，康复师可以采用手指辅助的方式帮助儿童发音。康复师将五指放在儿童的喉部，在儿童发音时向上提喉部。康复师也可以通过颈部的动作变化帮助儿童发音。康复师先辅助儿童低头准备，发音时再让儿童抬头，带动声带由松到紧。

4. 注意事项

（1）康复师可以让儿童借助手势进行发音，提醒儿童将音调升高。

（2）四声调的末尾音调较低，容易使声带松弛，并能与二声调的尾部形成较明显的音调差异，有助于帮助听障儿童习得二声调。因此，在训练材料的选择上康复师可以在二声调音节前面加一个四声调音节来引导发音，如放羊、剃头等。

5. 延伸训练

在儿童单字调发音准确后，康复师可以设计不同的语料进行词语、句子或短文水平的泛化。

五、三声的训练

1. 适用情况

三声调发音错误，对声带保持由紧到松再到紧的控制不足。

2. 目标

正确发出三声调。

3. 步骤与方法

（1）发三声时，康复师可以提醒儿童控制气息，即气息由紧到松再到紧。

（2）在儿童发音时，康复师可以让儿童将五指放在儿童自己的喉部，感受发音过程中喉位置的变化。发三声时，喉部有一个轻微下降而后上升的过程。

（3）如果儿童不能正确发音，康复师可以采用手指辅助的方式帮助儿童发音。康复师将五指放在儿童的喉部，在儿童发音时五指先轻微向下再向上。康复师也可以通过颈部的动作变化帮助儿童发音。发音时康复师先辅助儿童轻轻低头再抬头，带动声带由紧到松再到紧。

4. 注意事项

（1）康复师可以让儿童借助手势进行发音，提醒儿童将音调先降低再升高。

（2）三声的发音要领在于起调要较低，因此康复师可以选择一些三声调单音节词，并在前面加一个四声调单音节词来引导儿童发音，即通过四声调音节将调降下来，从而帮助儿童习得三声调，如字母、电影等。

5. 延伸训练

在儿童单字调发音准确后，康复师可以设计不同的语料进行词语、句子或短文水平的泛化。

六、四声的训练

1. 适用情况

四声调发音错误，对声带由紧到松的控制不足。

2. 目标

正确发出四声。

3. 步骤与方法

（1）发四声时，康复师可以提醒儿童起音时气息要紧，然后越来越松，发四声是一个由紧到松的变化过程。

（2）在儿童发音时，康复师可以让儿童将五指放在儿童自己的喉部，感受发音过程中喉位置的变化。发四声时，喉部有一个明显下降的过程。

（3）如果儿童不能正确发音，康复师可以采用手指辅助的方式帮助儿童发音。康复师将五指放在儿童的喉部,在儿童发音时向上提喉部。康复师也可以用颈部的动作变化帮助儿童发音。发音时康复师辅助儿童低头,带动声带由紧到松。

4. 注意事项

(1)康复师可以让儿童借助手势进行发音,提醒儿童将音调降低。

(2)由于一声调音节起音时音调较高,容易自然过渡到较高的调值,能够帮助儿童习得四声调。因此,康复师可以在四声调单音节词前面加一个一声调音节,如花瓣、医院等。

5. 延伸训练

在儿童单字调发音准确后,康复师可以设计不同的语料进行词语、句子或短文水平的泛化。

七、重读训练

1. 适用情况

儿童对音调(汉语为声调语言,除单字的节调外还包括语调)高低起伏控制不佳。

2. 目标

提高儿童的音调控制和音调变化能力。

3. 步骤与方法

(1)康复师对儿童进行慢板节奏二训练(图1-8)。训练时,儿童与康复师的节奏一致,每个元音的发音都伴随音乐节奏,开始时以低强度发音,中间以高强度发音,结束时回到低强度发音。

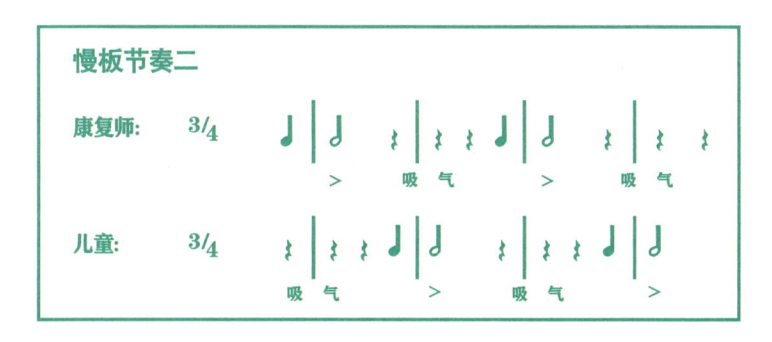

图1-8 慢板节奏二

(2)康复师对儿童进行行板节奏一训练(图1-9)。儿童快速深吸气(占八分之一拍),紧接着发一个八分之一弱拍音,三个四分之三强拍音(三个重音拍必须等长、等强)。

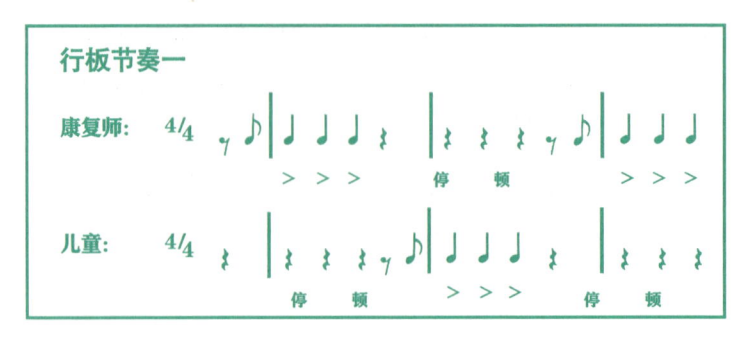

图 1-9　行板节奏一

4. 注意事项

康复师可以让儿童借助手势或颈部的动作变化进行发音，以提醒儿童音调的起伏。

5. 延伸训练

开始时康复师一般先采用高元音进行训练，待儿童熟练后过渡到所有元音的训练。

八、综合训练

1. 适用情况

儿童已经掌握单字调发音，需要进行泛化。

2. 目标

提高声调连续变化的能力。

3. 步骤与方法

（1）康复师在前面训练的基础上，将不同声调的单字组合在一起，训练儿童连续变化声调的能力。训练时，康复师先训练两个字连续变化声调的能力，再训练三个及多个字连续变化声调的能力。

三字调：扔垃圾（一声）、猕猴桃（二声）、找导演（三声）、圣诞树（四声）；很多人（三声＋一声＋二声）、邮递员（二声＋四声＋二声）、放鞭炮（四声＋一声＋四声）、溜冰场（一声＋一声＋三声）。

四字调：①逆序四声（四声＋三声＋二声＋一声），如碧海蓝天、万里晴空、寿比南山、耀武扬威；②顺序四声（一声＋二声＋三声＋四声），如酸甜苦辣、山明水秀、花红柳绿、光明磊落；③四声交错：伟大中国、公共汽车、万马奔腾、画龙点睛。

（2）康复师可以利用不同语气的句子对儿童进行语调的训练，同时也是进行声调的应用训练。例如，疑问句：你好吗？他行吗？吃饭了吗？她是你同学吗？

4. 注意事项

康复师可以让儿童借助手势或颈部的动作变化进行发音,以提醒儿童声调的起伏。

5. 延伸训练

康复师或家长可以设计不同字调组成的儿歌,提高儿童练习的趣味性。

第四节 鼻音功能异常的训练

一、听辨训练

1. 适用情况

儿童因听不清而发音错误,把非鼻音发成鼻音。

2. 目标

(1)听辨难度较大、易混淆的鼻音与非鼻音。

(2)提高听觉的灵敏度。

3. 材料与工具

(1)拼音卡片。

(2)词卡。

4. 步骤与方法

(1)康复师对儿童进行听辨拼音卡片的训练。康复师与儿童面对面坐好,康复师一边读一边出示准备好的拼音卡片,并指导儿童进行认读,此时可以加入视觉参与。确认儿童可以认读卡片后,康复师与儿童由面对面坐改为并排坐,康复师按组出示卡片,告知儿童要认真听,康复师可以说:"听一听老师读的是哪张卡片,然后指认出来。"每组拼音卡片都要有一个鼻音和一个非鼻音,如 a—ng、b—m、u—m、d—n、l—n、a—an、ai—an。儿童可以反复练习,直到分辨正确。

(2)康复师对儿童进行听辨词卡的训练,训练方法与听辨拼音卡片的训练方法相同,儿童先分别认读词卡内容再进行听辨。例如,鼻—泥、拿—刺、泥—梨、怒—鹿、大—蛋、搬—掰、弹—带。

5. 注意事项

(1)针对有听力障碍的儿童,康复师要确保其助听器或人工耳蜗为正常工作状态。

（2）在安静、没有混响的环境中进行听辨训练。

（3）康复师在读拼音卡片/词卡时声音不要过大，音量控制在 65～70 dB SPL。

6. 延伸训练

康复师根据儿童的错误发音，对儿童进行听辨目标音和错发音的练习，练习方法参照本活动。

二、下颌上下运动训练

1. 适用情况

儿童的共鸣肌群紧张、下颌上下运动受限。

2. 目标

（1）促进下颌肌群的协调运动。

（2）建立正确的下颌上下运动模式。

3. 材料与工具

（1）乳胶手套。

（2）能张开嘴的河马手偶玩具。

（3）咀嚼器。

（4）三种不同张力的下颌运+动训练器（图 1–10）。

（5）冰棉棒（图 1–11）。

（6）镜子。

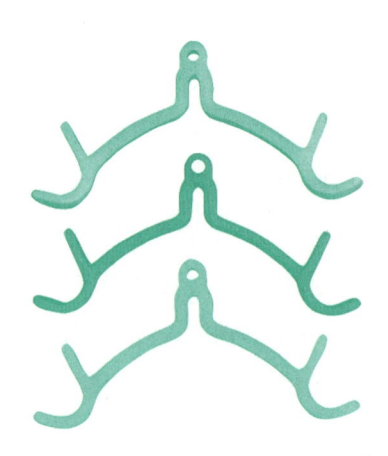

图 1–10　下颌运动训练器

图 1-11 冰棉棒

4.步骤与方法

（1）康复师对儿童进行感知下颌上下运动的训练。康复师与儿童面对面坐好，康复师先示范下颌的上下运动，然后将儿童的双手分别放到康复师两侧的颞颌关节处，让儿童体会颞颌关节的开合运动。之后康复师指导儿童将双手拇指指腹放在儿童自己的下颌下缘，其余四指放在颞颌关节处，嘴巴做一张一合的动作，通过手指体会颞颌关节的开合运动，反复数次。

（2）康复师对儿童进行咬肌的刺激，详见"/ɑ/ 单个音位训练①"。

（3）康复师对儿童进行提高咬肌肌力的训练，详见"/ɑ/ 单个音位训练①"。

（4）康复师对儿童进行下颌放松练习。康复师让儿童张开嘴做咀嚼运动，如好像在咀嚼一大块面包，或者张大嘴巴像是要把整个煮鸡蛋放到嘴里，使下颌尽量大幅度地运动，必要时可咀嚼食物（如一大块馒头或不易融化的糕点）。

（5）康复师对儿童进行下颌的打开练习。①康复师用冰棉棒给儿童做牵张下颌关节的练习。康复师在用冰棉棒按摩儿童颊部之前要告知儿童冰棉棒有点儿凉，然后用冰棉棒接触儿童双唇周围，再把冰棉棒放入儿童口内，从上至下按摩颊部，逐渐牵张儿童下颌关节使其张大嘴巴。②康复师和儿童玩"比一比谁的嘴巴大"游戏，康复师拿出河马手偶玩具引导儿童把嘴巴张到最大，和河马手偶玩具比一比谁的嘴巴大，该动作保持一会儿，反复练习几次。③康复师利用下颌运动训练器对儿童进行下颌肌群的综合运动训练。康复师先选择张力较低的训练器，让儿童观察训练器，并告知儿童训练过程中如有不适可以举手示意，然后将儿童的上牙卡在训练器的上牙槽中，将下牙卡在下牙槽中，指导儿童做下颌闭合运动。康复师可轻柔地上推儿童下颌辅助儿童完成动作，待儿童完全掌握后让儿童自行做抵抗弹力的下颌闭合运动和开合交替运动，重复数次。康复师可以根据儿童的完成情况依次选择不同张力的下颌运动训练器进行训练。

5. 注意事项

（1）在进行训练之前康复师要先征得儿童的同意，然后才能开始训练，不能强行将训练工具放入儿童口中。

（2）非一次性工具须在消毒后使用。

6. 延伸训练

（1）家长可以和孩子一起咀嚼饼干，家长先对着镜子示范，如大幅度夸张地咀嚼，然后让孩子模仿。

（2）家长可以陪孩子玩模仿老虎吃东西的游戏，家长拿着食物（如面包、苹果、梨）诱导孩子张大嘴巴学老虎叫，"嗷——"然后让孩子咬一大口食物并夸张地咀嚼。

三、下颌分级控制训练

1. 适用情况

儿童共鸣肌群紧张、下颌分级运动障碍。

2. 目标

（1）促进下颌肌群的协调运动。

（2）促进下颌完成在闭合位、全开位、半开位或更精细的分级运动。

3. 材料与工具

（1）乳胶手套。

（2）硬质（厚度较厚）和软质（厚度较薄）咀嚼器。

（3）镜子。

4. 步骤与方法

（1）康复师对儿童进行下颌低位控制练习。康复师戴好乳胶手套后与儿童面对面坐着，并告知儿童要将咀嚼器放入他的口中，如有不适可以举手示意。然后，康复师指导儿童将嘴巴打开到最大，将硬质咀嚼器竖向放置在儿童的上下齿之间，让儿童发 /ɑ/ 音，保持 10 秒，同时让儿童用手指触摸颞颌关节的位置，增强儿童对下颌低位时的感知觉，并让儿童对着镜子观察下颌位置，重复数次。

（2）康复师对儿童进行下颌高位抵抗练习。康复师戴好乳胶手套后与儿童面对面坐着，先将拇指指腹放在儿童的下颌缘上侧，食指弯曲放在儿童的下颌缘下侧，然后食指用力，力度以儿童没有痛感为宜，向上提儿童的下颌，同时让儿童用力向下抵抗，重复数次。

（3）康复师对儿童进行大半开位控制训练。康复师让儿童用磨牙咬住竖放的压舌板保持10秒，同时发/o/音，并让儿童用手指触摸此时颞颌关节的位置，增加儿童对下颌在大半开位时的感知觉，重复数次。康复师也可以用其他物品代替压舌板，如粗口径的吸管等。

（4）康复师对儿童进行小半开位控制训练。康复师与儿童面对面坐着，让儿童张开嘴巴用磨牙咬住软质咀嚼器，保持10秒，同时发/e/音，并让儿童用手指触摸此时颞颌关节的位置，增强儿童对下颌在小半开位时的感知觉，重复数次。儿童可对着镜子进行练习。

（5）康复师对儿童进行高位控制训练。康复师与儿童面对面坐着，让儿童张开嘴巴，康复师把压舌板横放在儿童的上下牙齿间，然后让儿童轻轻咬住压舌板，保持10秒，同时发/i/音，并让儿童用手指触摸此时颞颌关节的位置，增强儿童对下颌在高位时的感知觉，重复数次。儿童可对着镜子进行练习。

5. 注意事项

（1）非一次性工具须在消毒后使用。

（2）康复师须注意儿童是否有乳胶过敏现象。

四、减少舌后缩

1. 适用情况

发音时儿童舌面后部过高使软腭收缩下降产生鼻音功能亢进。

2. 目标

阻断舌的异常运动模式，发低元音/ɑ/时舌能够自然平放于口内。

3. 材料与工具

（1）乳胶手套。

（2）舌肌刺激器。

（3）镜子。

（4）果酱（或花生酱）。

4. 步骤与方法

（1）康复师对儿童进行舌的刺激，详见"/ɑ/单个音位训练②"。

（2）康复师对儿童进行舌向前伸运动训练。康复师戴好乳胶手套后与儿童面对面坐着，让儿童张开嘴巴，康复师用压舌板或舌肌刺激器从儿童的舌中央稍用力缓缓刷向舌尖，促使舌体向前伸展，待舌伸展后继续用压舌板压舌，保持5秒，重复数次。训练过程中儿童可对着镜子进行观察，增强感知觉。

（3）康复师对儿童进行舌尖向下伸展运动训练。康复师可将果酱（或花生酱）涂抹在儿童的下唇下方，让儿童尽量舔食果酱（或花生酱），使舌尖尽量向下伸展，重复数次。

（4）康复师对儿童进行舌肌的力量练习。康复师让儿童将舌平伸出口外，尽量保持水平，然后康复师用压舌板或舌肌刺激器向后推儿童舌尖，让儿童仍旧保持舌向前伸的状态，与康复师向后的推力做抵抗，重复数次。

（5）康复师让儿童张开嘴巴，尽量将舌伸出口外，然后缓缓移向口内放平（中央低位），发 /ɑ/ 音并保持5秒，重复数次。

5. 注意事项

康复师在训练过程中要始终让儿童的情绪、身体保持放松，避免儿童因情绪紧张而出现构音器官肌张力过高的问题。

6. 延伸训练

（1）家长可用手指饼干代替压舌板从孩子的舌中央稍用力缓缓刷向舌尖，促使舌体向前伸展，然后用饼干压一会儿，保持5秒，做完后可让孩子把饼干吃掉，增加孩子的兴趣。

（2）家长在轻松的氛围中和孩子玩"看病"的游戏。家长模仿医生拿着手电，让孩子张大嘴巴发 /ɑ/ 音检查喉咙，然后让孩子当医生给家长检查喉咙，这时家长要示范：夸张地张大嘴巴，舌自然平放在口腔中发 /ɑ/ 音。所有家庭成员都可参加游戏，注意增加游戏次数及趣味性。

五、口鼻呼吸训练

1. 适用情况

儿童不能有意识地进行鼻吸口呼。

2. 目标

儿童能有意识地进行鼻吸口呼。

3. 材料与工具

（1）有香味的纸条。

（2）口哨。

4. 步骤与方法

（1）康复师先示范用鼻子吸气，再用嘴巴呼气，然后让儿童模仿。如果儿童不能模仿，康复师则可以先让儿童用鼻子吸气后，再用手捏住儿童的鼻子，使气流缓缓从口中呼出。儿童可反复练习体会。

（2）康复师先示范闻纸条、吹纸条，然后让儿童模仿。康复师先闭上嘴巴，用鼻子深深地闻纸条上的香味（使气体充满整个腹腔），再用嘴巴缓缓地吹动纸条，使纸条飘起来，吹气尽量延长纸条飘动的时间，体会气流缓缓地从口中呼出。

（3）康复师先示范吹口哨，然后让儿童模仿。康复师先用嘴巴含住口哨的吹嘴，并闭紧双唇，然后用鼻子深深吸气后再吹响口哨。

5. 注意事项

（1）如果儿童采用胸式呼吸，康复师则应先对儿童进行腹式呼吸训练，具体方法详见"口吃的腹式呼吸训练"。

（2）在吹气练习初期康复师可用手捏住儿童的鼻子进行辅助，但在练习的进程中应逐渐撤出。

（3）非一次性工具须在消毒后使用。

6. 延伸训练

（1）家长先用泡泡棒蘸适量的泡泡液，放到距孩子口部 3～5 厘米的位置，指导孩子先用鼻吸气再用口轻轻呼气，控制气流，缓缓吹出泡泡。

（2）家长用一个小的纸盒当足球门，用餐巾纸揉成的小纸团当足球，"足球门"和"足球"之间距离为 30 厘米，然后家长指导孩子在距"足球" 3～5 厘米的位置把"足球"吹进"足球门"。家长可根据孩子完成动作的情况对"足球"的大小及"足球"和"足球门"之间的距离进行调整，原则上"足球"需逐渐加大（重）。

（3）家长在纸上滴上彩色的墨水，指导儿童用吸管把墨水吹开，吹成不同的形状，反复数次，直到整张纸变成一幅图画。

六、腭咽闭合功能训练

1. 适用情况

儿童软腭运动功能欠佳。

2. 目标

提高软腭的运动功能，建立正确的口腔共鸣。

3. 材料与工具

（1）腭咽运动的演示动画或腭咽运动的示意图。

（2）镜子。

（3）压舌板。

（4）婴儿软毛牙刷。

（5）乳胶手套。

4. 步骤与方法

（1）康复师先对照腭咽运动的示意图或演示动画给儿童讲解软腭和悬雍垂在口腔中的位置，然后张大嘴巴发 /ɑ/ 音，同时让儿童观察康复师的软腭和悬雍垂的所在位置。待儿童观察完后，康复师指导儿童对着镜子模仿康复师张大嘴巴发 /ɑ/ 音，同时让儿童通过镜子观察自己的软腭和悬雍垂。康复师也可让儿童张大嘴巴打个大哈欠，通过镜子看口腔的后部，观察软腭、悬雍垂的形状及运动。如果儿童的软腭运动功能欠佳，康复师则可以在儿童发音时，用一只手捏住儿童的鼻子，用另一只手的食指和拇指轻轻捏住儿童的喉部并轻微上下运动，使儿童感知声音从喉部发出，然后让儿童放松口腔，并抬软腭进行发音。

（2）康复师可戴上乳胶手套，用食指指腹按摩或用软毛刷轻拭儿童软腭；也可用压舌板轻触软腭，改善软腭的感知觉。

（3）康复师用压舌板或手指按压儿童的舌面后部，引起儿童的呕吐反射，迫使儿童的软腭上抬，刺激软腭活动。

（4）儿童张大嘴巴，断续发 3～5 个 /ɑ/ 音，每次发音之间停顿 1～2 秒。儿童可通过镜子观察软腭及悬雍垂在发音时上抬、在停顿时下垂的情况。如果儿童的软腭及悬雍垂在发音时没有上抬的动作而出现过度鼻音，康复师则可以用压舌板轻触儿童软腭，并用语言提示儿童上抬软腭，使气流从口腔发出，让儿童感知正确的发音方法。

5. 注意事项

（1）康复师在刺激软腭之前一定要告知儿童刺激的部位，让儿童有心理准备。

（2）康复师在对儿童进行辅助吞咽运动和刺激软腭时动作一定要轻柔，如果儿童出现不适要及时停止，让儿童休息一下再进行刺激，不能强行刺激。

（3）康复师须注意儿童是否有乳胶过敏现象。

6.延伸训练

康复师或家长可通过诱导儿童大笑促进儿童的软腭上抬，比如玩挠痒痒的游戏。

七、口腔共鸣练习

1.适用情况

儿童口腔共鸣不足。

2.目标

（1）通过听觉反馈感知正确的口腔共鸣。

（2）建立正确的口腔共鸣模式。

3.材料与工具

（1）发音卡片。

（2）镜子。

（3）压舌板。

（4）录音笔或其他录音设备。

4.步骤与方法

（1）康复师对儿童进行听觉感知的训练。康复师出示卡片，儿童和康复师分别先后朗读卡片内容（如阿姨、乌鸦、跑步、飞机、大地、鲤鱼、西瓜、浇花、蝌蚪、汽车、知识、树叶、游戏、刺刀、四季、嘴巴）并录音，康复师播放录音内容，让儿童听自己和康复师发音的区别，以此让儿童意识到发音时不应是鼻腔共鸣，而应是口腔共鸣。

（2）康复师对儿童进行下颌低位、高位控制的口腔共鸣练习（表1–12）。康复师根据儿童的发音水平选择儿童已掌握音位的词卡进行练习。开始练习时，康复师先向儿童说清楚下颌、软腭的位置，然后进行朗读示范，再让儿童练习朗读。

表 1-12　下颌低位、高位及高低位交替训练材料示例

下颌位置	单音节词	双音节词	三音节词
下颌低位	啊、八、爬、妈、大、塔、拿、蜡、哈、娃	阿爸、爸爸、妈妈、发芽、打蜡、娃娃、扒拉、喇叭、邋遢、画画	大娃娃、娃娃爬、娃娃家、娃哈哈、
下颌高位	衣、雨、鱼、五、鼻、布、皮、扑、弟、肚、踢、兔、梨、鹿、骨、鸡、棋、洗、织、猪、吃、出、狮、树、字、足、刺、醋、四、苏	雨衣、椅子、义务、鼻子、衣服、瀑布、皮衣、弟弟、肚子、踢土、兔子、轱辘、洗衣、嬉戏、戏剧、奇迹、蜘蛛、树枝、知足、狮子、字词、粗细、四季、注意、诗词、组词、积极	石狮子、粗树枝、洗衣机、鼓肚子、记笔记、洗皮衣
下颌高低位交替		阿姨、乌鸦、下雨、鱼虾、打鼓、打鱼、嘀嗒、大地、苦瓜、踏步、图画、大路	画图画、大兔子、大鸭梨、踢踏舞、大瀑布、枇杷树、弟弟爬、葫芦娃

（3）康复师对儿童进行送气与不送气的口腔共鸣词汇练习（表 1-13）。方法同上。

表 1-13　送气、不送气及送气不送气混合口腔共鸣训练材料示例

送气情况	单音节词	双音节词	三音节词
送气	哈、虎、爬、皮、扑、塔、踢、兔、卡、哭、七、西、吃、狮、洒、四、酥、擦、刺、粗	哈气、爬坡、跑步、葡萄、皮肤、獭兔、踢腿、咖啡、洗手、出差、石头、叔叔、休息、跑步、瀑布、婆婆	开汽车、画图画、下跳棋、吹气球、小灰兔、笑呵呵
不送气	屋、衣、鱼、爸、鼻、打、弟、嘎、鸡、家、拉、梨、鹿、砸、紫、足、炸、只、猪	娃娃、阿姨、爸爸、弟弟、哥哥、背包、大刀、钓鱼、鲤鱼、高楼、国家、辣椒、知了、坐椅	购物袋、倒垃圾、改作业
送气、不送气混合		乌鸦、壁布、义务、打鼓、老虎、浇花、老师、衣服	果皮箱、小白兔、下大雨

（4）康复师对儿童进行鼻音与非鼻音的对比练习（表 1-14）。康复师先示范朗读，再让儿童跟读并反复练习，体会软腭的上抬和下降。

表 1-14 鼻音与非鼻音对比训练材料举例

	训练材料
单音节词	鼻—泥、笔—你、八—妈、爸—拿、炮—闹、表—鸟、黑—妹
双音节词	木瓜—苦瓜、水牛—水流、面子—辫子
三音节词	吃杧果—吃糖果、女衬衫—绿衬衫、大馒头—大榔头

第二章 听力言语障碍

在听障儿童获得理想的听力补偿或重建后，康复师应尽早对儿童实施科学系统的训练，帮助儿童建立良好的聆听意识和技能，并在自然的环境下借助听觉学习获得语言、言语进行自然交流，为实现儿童的全面发展奠定基础。本章依据儿童听觉、言语、语言的发展规律，分别列举了典型的初级、中级、高级的示范方案。建议康复师在使用本示范方案的同时参考《听障儿童听觉口语教学示范教材》作为训练指导依据。

第一节　听觉训练

一、初级听觉训练

（一）感知声音有无的训练

1. 适用情况

儿童对声音尚无察觉能力。

2. 目标

通过聆听能判断声音的有无。

3. 材料与工具

交通工具的玩具，如小火车、轨道（可手绘），如图 2-1。

图 2-1　玩具火车和轨道

4. 步骤与方法

（1）康复师、家长和儿童一起玩游戏"开火车"。康复师播放《开火车》的音乐，然后进行语言输入："'火车'开来了，呜——呜——"家长听到音乐声就模仿开火车的动作向前走，观察儿童的反应。当音乐停止时，所有人蹲下，表示火车停了，家长进行语言输入："没有声音了，'火车'停了。"（康复师、家长把手放开，表示没有声音。）

（2）反复玩"开火车"游戏，帮助儿童建立感知声音的有无。

（3）游戏过程中，家长、儿童可以变换角色，分别扮演"火车司机"，康复师、家长随时引导，观察儿童对声音的反应。

（4）玩桌面游戏"'火车'开来了"。康复师拿出玩具火车、轨道，引导儿童仔细听（指指耳朵）："呜——呜——'火车'开来了，呜——呜——"观察儿童的反应。家长待康复师话音停止，接着进行语言输入："看，是'火车'，呜——呜——'火车'开来了。"

（5）当"火车"开到一半时，声音停止，"火车"也停止不动。家长马上引导儿童："没有声音了，'火车'停了。"（家长把手放开，表示没有声音。）

（6）停顿一会儿后，"火车"继续开动，当听到"呜——呜——"声后，家长引导儿童："有声音了，呜——呜——呜——'火车'开来了。"

（7）游戏中，儿童也可以操作"火车"（家长可手扶着儿童的手进行），当听到声音时"火车"向前开，当声音停止时，"火车"不动。如果儿童有意愿模仿发音，那么家长要及时给予鼓励和强化。

5. 注意事项

（1）游戏中先不要提供任何的视觉线索，只让儿童聆听声音。当儿童听到声音时，康复师或家长表现出高兴的样子："哦，听到了。"并手指一指耳朵表示听到了。当声音停止时，康复师或家长把手放开表示没有声音。

（2）游戏中，有声音时"火车"才向前开，声音停止时，"火车"一定不能动。

6. 延伸训练

（1）此游戏可以使用其他交通工具，如飞机、汽车、自行车等，重点是感知声音的有无。

（2）生活中，家长可以引导儿童感知环境声（如敲门声、电话声、洗衣机的声音、微波炉的声音等），乐器声（鼓声、蛙鸣筒的声音、三角铁的声音等）和言语声（妈妈、爸爸、爷爷、奶奶的声音等）。

（二）听声放物训练

1. 适用情况

（1）儿童须持续佩戴助听设备，保持持续优化的效果。

（2）儿童只能理解简单指令。

2. 目标

察觉、辨识林氏六音[①]。

3. 材料

（1）套圈玩具（图2-2）。

图 2-2 套圈玩具

（2）林氏六音的符号图卡。

（3）林氏六音的对应图片：/a/—医生给病人看嗓子张大嘴的图片；/i/—衣服的图片；/u/—火车的图片；/m/—冰激凌的图片；/sh/—狮子的图片；/s/—蛇的图片。

4. 步骤与方法

（1）康复师对儿童进行林氏六音的察觉训练。康复师让儿童听林氏六音中的某个音后做出反应，以了解儿童是否能听到声音。康复师告知家长、儿童一起玩"听声音"的游戏。康复师先请家长示范。家长拿起玩具（如套圈）放在自己脸颊边或耳朵旁

[①] 注：林氏六音测试是选用 /u/、/a/、/i/、/s/、/sh/、/m/ 六个音作为测试音，考察听障儿童的察觉或识别能力的听觉测试方法。

（注意玩具不能遮挡耳朵），康复师用手指一指耳朵，提示家长"注意听"。这时康复师回避视觉逐一发出六音中的某个音，家长可以做出反应并说"听到了"，也可以举起手中的套圈以表示听到声音了，同时把套圈套上。康复师再用相同的方式发音，请家长带领儿童模仿完成，如果儿童不能完成模仿，家长可协助儿童做出动作。反复示范后，康复师请家长不要做出反应，而是由儿童独立完成。康复师观察儿童听到声音后的表现，如果儿童听到声音后抬起眼睛、转头或做出放玩具的动作，康复师要马上给予鼓励，以增强儿童的信心。此训练不需要儿童仿说六音。

（2）康复师对儿童进行对林氏六音的辨识训练。在察觉训练的基础上，康复师可以让儿童听林氏六音中的某个音后指认或仿说该音，以了解儿童是否能辨识六音。康复师告知家长、儿童一起玩"听声音"的游戏，要求儿童听到声音后进行指认或仿说。康复师先请家长示范。康复师提示家长"注意听"，然后回避视觉逐一发出六音中的某个音，家长模仿发出该音，模仿正确后康复师及时给予鼓励。待儿童熟悉任务后，儿童独立完成仿说。

5. 注意事项

（1）这两种形式的训练，初期都需要由家长示范以帮助儿童熟悉任务。

（2）对于年龄较小的儿童，康复师可以将林氏六音分开进行穿插练习。

（3）发音者发音要准确，音量要适中（65～70 dB SPL），速度要适宜，以确保儿童听到、听清。

（4）根据儿童的听觉水平和补偿效果，康复师选择适宜的训练距离：0.5 m、1 m、2 m。

（5）每次训练前康复师需要分别测试儿童左右耳的听力情况，以确保双耳听力无波动及双耳助听设备工作正常。

（6）训练中，康复师要及时记录儿童的反应。

6. 延伸训练

（1）康复师帮助家长掌握正确的训练方法，鼓励家长在家中也要坚持林氏六音察觉和辨识的训练。

（2）家长在生活中多观察、记录儿童对林氏六音的反应情况。

（三）区分声音大小的训练

1. 适用情况

儿童能察觉声音的有无，但不能区分声音的大小。

2. 目标

（1）通过聆听区分声音的大小。

（2）通过聆听模仿声音的大小。

3. 材料与工具

（1）音乐《大猫和小猫》。

（2）手偶玩具：大猫、小猫。

（3）大和小的玩具跳圈。

（4）小鱼模型玩具。

4. 步骤与方法

（1）家长和儿童一起玩游戏"跳圈听声音"。康复师先示范，一边出示手偶大猫，一边唱："我是一只大猫，我的声音很大，喵喵喵喵，喵——"然后跳进大圈里；家长一边出示手偶小猫，一边唱："我是一只小猫，我的声音很小，喵喵喵喵，喵——"（声音明显比大猫的小），然后跳进小圈里。通过康复师和家长的示范，儿童感知声音大小的对比。

（2）家长带领儿童一起玩游戏"玩手偶"，鼓励儿童仔细聆听声音的大小。当听到家长模仿大猫的叫声时，儿童就拿出大猫的手偶；当听到家长模仿小猫的叫声时，儿童就拿出小猫的手偶。通过重复玩游戏，儿童感知和分辨声音的大小。

（3）康复师带着儿童听音乐《大猫和小猫》做游戏。康复师营造游戏氛围，请家长和儿童分别扮演大猫和小猫，当听到音乐中大猫的叫声时，"大猫"就要去捉小鱼；当听到音乐中小猫的叫声时，"小猫"就要去捉小鱼。家长和儿童可以变换角色进行游戏。康复师和家长随时引导，观察儿童对大小声音的反应。

5. 注意事项

（1）在儿童聆听声音时，不要提供任何视觉线索。

（2）声音的大小、跳圈的大小、手偶的大小要有明显的差异。

（3）音量不同的两个声音之间要有明显的时间间隔。

（4）可适当鼓励儿童模仿声音的大小。

6. 延伸训练

（1）家长在生活中利用情境引导儿童感知、分辨声音的大小。

（2）此游戏还可以用于其他声音大小的分辨，如鼓声的大小、拍手声音的大小、走路声音的大小、雨声的大小等。

（四）听觉记忆训练①

1. 适用情况

（1）儿童具备察觉和辨识能力。

（2）儿童具备一定的认知基础和经验。

2. 目标

完成听觉记忆一项：名词。

3. 材料与工具

（1）仿真玩具水果（苹果、梨、香蕉、西瓜等）。

（2）大盘子。

（3）手偶玩具：猴子。

4. 步骤与方法

（1）康复师出示玩具水果，让家长和儿童熟悉水果的名称，一起玩"给'小猴子'喂食"的游戏。

（2）康复师将猴子手偶戴在手上，假装肚子很饿的样子，家长在一旁引导儿童想想办法，最终得出喂猴子吃水果的结论。

（3）康复师和家长示范。康复师将猴子手偶戴在手上扮演猴子，家长问："你想吃什么？""猴子"说："我要吃苹果。"家长从玩具水果中拿出苹果，喂到"猴子"的大嘴巴里。"猴子"发出"ang—ang—ang"吃东西的声音，并表示感谢。

（4）家长和儿童做游戏。家长扮演猴子，说："我要吃梨。"儿童从玩具水果中拿出梨，喂到"猴子"的大嘴巴里。"猴子"发出"ang—ang—ang"吃东西的声音，并表示感谢。如果儿童拿错了，"猴子"就摇摇头说："不要不要，我要吃××。"然后换成其他水果继续游戏。

（5）如果儿童有表达的意愿，就让儿童模仿猴子，说："我要吃××。"家长找出相应的水果，以此激发儿童开口模仿的能力和兴趣。

5. 注意事项

（1）作为选项的玩具水果，一定要是儿童熟悉、认识的水果。

（2）作为选项的玩具水果，一定要多于目标要求。例如，一项记忆时，玩具水果应该准备3～4个。

（3）康复师要根据创设的情境使用完整句子。

（4）让儿童做反应时，康复师一定要说完再让儿童拿物品，不能边说边拿。

（5）训练初期，康复师可以多强调关键词。

6. 延伸训练

（1）在生活中，家长可以使用实物水果向儿童提出要求，帮助儿童进行听觉记忆一项（名词）的练习。

（2）利用生活中的场景进行听觉记忆一项（名词）的练习，如去超市买牛奶、面包、蛋糕等。

（3）如果儿童能力较好，家长可以根据儿童的听觉水平、语言能力和认知经验对其进行听觉记忆二项及以上不同词性组合的训练。

（五）听觉记忆训练②

1. 适用情况

（1）儿童具备听觉记忆一项水平。

（2）儿童有较为丰富的认知基础和经验。

2. 目标

完成听觉记忆两项：名词+方位词。

3. 材料与工具

（1）玩具动物：小兔、小鸟、小狗、小猫。

（2）玩具房子（图2–3）。

图 2-3　玩具房子

4. 步骤与方法

（1）康复师运用"听觉优先"的教学技巧，逐一出示玩具动物和房子，并与家长、儿童一起玩游戏"捉迷藏"，练习儿童听觉记忆两项（名词+方位词）的能力。康复师、家长、儿童一起确认词语，名词即动物名称，方位词即房子的前后、上下。

（2）康复师和家长示范。康复师说："小猫藏在房子的上面。"家长听到后，从玩具动物中拿出小猫，放在玩具房子的上面，并复述："小猫藏在房子的上面。"

（3）家长带领儿童做游戏，将不同的玩具动物藏在玩具房子不同的位置，以训练儿童的听觉记忆两项能力。

（4）互动游戏中，康复师可采取"听觉完型"的技巧，鼓励儿童进行简单的语言表达。

5. 注意事项

（1）完成此目标需要儿童具备稳定的听觉记忆一项水平。

（2）作为选项的名词和方位词玩具，一定要是儿童熟悉、认识并确定掌握的。

（3）准备选项时，名词可以是3~4个玩具动物，方位词可以是前后、上下。

（4）康复师要根据创设的情境使用完整句子。

（5）康复师在让儿童做出反应时，一定要说完再让儿童拿物品，不能边说边拿。

（6）训练初期，康复师可以多强调关键词。

6. 延伸训练

（1）在家庭中，家长可以结合实际情况，练习"名词+方位词"的听觉记忆。

（2）家长可以利用生活中的自然场景对儿童进行听觉记忆的练习，避免无意义的测试。

（3）当儿童具备听长句子的能力时，训练可以逐渐延伸至听觉记忆两项其他类型组合或两项以上组合的训练。例如，两项组合：名词+动词，数量词+名词，形容词+名词。三项组合：名词+名词+名词，名词+名词+动词，数量词+形容词+名词等。

（4）在儿童能够稳定掌握两项听觉记忆相关组合后，康复师就可以对儿童开展听觉描述闭锁式第一阶段、第二阶段的训练。

（六）听觉描述训练

1. 适用情况

（1）儿童具备稳定的听觉记忆两项水平。

（2）儿童具备初步的认知基础。

2. 目标

完成听觉描述闭锁式第一阶段：重复拟声词[①]。

3. 材料与工具

玩具：小兔、飞机、苹果、皮球等。

4. 步骤与方法

（1）康复师、家长和儿童一起玩练习儿童听觉描述能力的游戏。康复师、家长、儿童一起熟悉玩具，并把玩具摆放在桌面上。康复师说明游戏规则：家长先来听一听，根据听到的描述句，找到相应的玩具，儿童可以和家长一起参与游戏。

（2）康复师和家长示范。康复师说："听一听，帮忙找一找！它是一种动物，它有长长的耳朵，红红的眼睛，走起路来跳跳的。"家长听到后，重复康复师的话，拿出小兔，先模仿"跳"的拟声词，再模仿小兔跳的动作。

（3）家长带领儿童做游戏。家长描述其中一个玩具的拟声词，让儿童根据听到的信息，找到相应的玩具，然后玩一玩。

（4）互动游戏中，康复师或家长可根据儿童的兴趣与儿童互换角色，鼓励儿童用重复拟声词的形式进行表达。

5. 注意事项

（1）完成此目标需要儿童具备稳定的听觉记忆两项水平。

（2）闭锁式是提供视觉线索，即将选项中的玩具全部摆在儿童面前，康复师或家长用3～4句话描述玩具的主要特征，描述时把拟声词放在句末，帮助儿童判断并拿出相应玩具的方式。

（3）作为选项的玩具，一定要是儿童熟悉的。

（4）在该训练阶段，选项的差异性要大一些，以降低选择难度。

（5）如果儿童不能理解或回答，家长要示范并引导儿童理解任务。

（6）康复师和家长帮助儿童养成听完整句子的习惯，避免儿童没有听完句子就急于回答。

（7）儿童根据描述句拿出物品后，康复师和家长可鼓励儿童模仿发音。

6. 延伸训练

（1）在家庭中，家长可以使用真实的物品进行描述。

[①] 注：该训练所用的拟声词既可以是模拟声物声音的词，也可以是动作的叠词。例如，皮球——拍拍拍或嘭嘭嘭。

（2）家长可以利用生活中的自然场景对儿童进行听觉描述的练习，避免无意义的测试。

（3）训练初期，家长在描述句子时，要结合儿童的认知经验，不能太难，也不要过早出现拟声词。

（4）在儿童掌握闭锁式听觉描述第一阶段（重复拟声词）后，康复师就可以对儿童开展闭锁式听觉描述第二阶段（加入关键词）、第三阶段（两两相似）、第四阶段（相同属性），以及开放式听觉描述四个阶段的训练。

二、中级听觉训练

（一）听觉记忆训练

1. 适用情况

（1）儿童具备稳定的听觉记忆三项水平。

（2）儿童具备丰富的认知水平和经验。

2. 目标

完成听觉记忆四项：名词。

3. 材料与工具

（1）圣诞礼物卡片：铃铛、小熊、巧克力、花、雪橇、彩蛋、棒棒糖、银球等。

（2）圣诞袜子，小鹿玩偶。

4. 步骤与方法

（1）康复师运用"听觉优先"的教学技巧，引出圣诞节送礼物的情景，然后出示圣诞礼物卡片，请儿童逐一确认。

（2）康复师、家长和儿童一起玩游戏"送圣诞礼物"。康复师和家长示范，家长抽取圣诞卡，康复师读出卡片上礼物的名称："小鹿的圣诞礼物是铃铛、巧克力、花和棒棒糖"，然后家长说出听到的信息，并挑选出对应的礼物卡片放进圣诞袜子里，作为送给"小鹿"的礼物。

（3）家长带领儿童抽取卡片，家长读出卡片上礼物的名称，请儿童根据听到的名称从玩具中选出礼物卡片，并鼓励儿童复述听到的名称，然后把玩具放进圣诞袜子里。

（4）家长读第三张圣诞卡片信息后，直接用语言询问儿童卡片上礼物的名称，不需要儿童拿出玩具，以判断儿童是否可以完全靠聆听来记忆语言信息。

（5）互动游戏中，康复师可采取"听觉完型"的技巧，鼓励儿童进行语言表达。

5. 注意事项

（1）作为选项的玩具，一定要是儿童熟悉、认识并确定掌握的。

（2）玩具全部放在篮筐里，儿童听完描述后再选择。

（3）康复师或家长要根据创设的情境使用完整句子。

6. 延伸训练

（1）在家庭中，家长可以结合家中实际情况开展四项名词的听觉记忆训练。

（2）家长可以利用生活中自然场景对儿童进行听觉记忆的练习，避免无意义的测试。

（3）当儿童能稳定掌握听觉记忆四项水平，康复师就可以对儿童开展听觉记忆五项及五级以上水平的听觉训练。

（二）听觉描述训练

1. 适用情况

（1）儿童具备稳定的听觉记忆三项以上水平。

（2）具备丰富的认知水平和经验。

2. 目标

完成闭锁式听觉描述第四阶段：相同属性。

3. 材料与工具

（1）动物玩具：老虎、狮子、豹子、斑马。

（2）交通工具玩具：汽车、摩托车、公共汽车、自行车等。

（3）布置"动物园"和"停车场"情景。

4. 步骤与方法

（1）康复师、家长和儿童一起玩"动物园"和"停车场"主题的游戏。康复师、家长、儿童一起布置"动物园"场景，儿童熟悉动物的名称并将玩具摆放在里面。

（2）康复师和家长示范。康复师扮演饲养员角色，说："动物园里的动物都该吃饭了，我要先请一只动物吃饭！它有四条腿，会奔跑，它的身上有条纹，它是一种素食动物。"家长听到后，重复康复师所说的话，然后说出斑马的名称，再从"动物园"里拿出玩具斑马。

（3）家长带领儿童玩游戏"动物园"，家长、儿童分别进行角色扮演。

（4）家长带领儿童玩游戏"停车场"，家长、儿童分别进行角色扮演。例如，家长当管理员，儿童当司机，家长描述交通工具中其中一个交通工具的主要特征，请儿童按照听到的信息，猜出相应的交通工具。

（5）互动游戏中，康复师或家长可根据儿童的兴趣与儿童互换角色，鼓励儿童用简单的语言进行表达。

5. 注意事项

（1）完成此目标需要儿童具备稳定的听觉记忆三项以上水平。

（2）闭锁式是提供视觉线索，即将选项中的玩具全部摆在儿童面前，康复师或家长用3～4句话描述物品的主要特征，帮助儿童判断并猜出物品名称的方式。

（3）作为选项的玩具，一定要是儿童熟悉、认识并确定掌握的。

（4）在该训练阶段，同组呈现的物品要属于同类且具备较多的共同特点的，这样可以加大语言描述和理解的难度。

（5）如果儿童不能理解或回答，家长可以示范以引导儿童理解任务。

（6）康复师和家长帮助儿童养成听完整句子的习惯，避免儿童没有听完句子就急于回答。

（7）儿童根据描述句猜出物品名称后，康复师和家长可鼓励儿童说出他是通过哪些信息猜出来的。

6. 延伸训练

（1）在家庭中，家长可以使用真实的物品进行训练。

（2）家长可以利用生活中的自然场景对儿童进行听觉描述练习，避免无意义的测试。

（3）建议家长选择日常生活中常见的物品进行拓展练习，引导儿童多观察各种物品的特征，丰富认知经验。

（4）家长在描述句子时，要结合儿童的认知经验，使用的词汇和句式可以适当加大难度。

（三）短句中闭合式词语的辨识训练

1. 适用情况

（1）儿童具备稳定的听觉记忆三项水平和开放式听觉描述第二阶段或以上水平。

（2）儿童具备丰富的认知水平和经验。

（3）儿童掌握 /ɑo/ 的发音方法。

2. 目标

能辨识闭合式短句中声母不同、韵母相同的词语。

3. 材料与工具

（1）准备含有 /ɑo/ 音词汇的物品：帽子、小刀、桃子、书包、蛋糕、棉袄、小猫等。

（2）布置"超市"的情景（图 2-4）。

（3）角色胸卡：售货员、顾客。

图 2-4 "超市"情景

4. 步骤与方法

（1）康复师请家长和儿童一起布置"超市"情景，并一起玩游戏，帮助儿童练习对闭合式短句中声母不同、韵母相同词语的辨识。康复师引导家长和儿童一起熟悉物品的名称，并将物品摆放在"超市"里。

（2）康复师扮演售货员，家长和儿童扮演顾客，分别带上角色胸卡，家长先做示范。

售货员："你好，请问你要买什么？"

顾客："你好，我要买帽子。"

售货员听到后，拿出顾客要买的东西："哦，你要买帽子，对吗？"

顾客："对，谢谢！"

（3）康复师、家长、儿童互换角色，由儿童当售货员，康复师当顾客，练习重点是辨听声母不同、韵母相同的词语。

（4）互动游戏中，康复师或家长可根据儿童的兴趣与儿童互换角色，鼓励儿童用简单的语言进行表达。

5. 注意事项

（1）游戏中，如果儿童拿错物品，康复师不要直接指明儿童的错误，以免打击儿童的学习积极性。康复师可以强调："我要买帽子，不是小刀。"

（2）康复师输入的句子长度，应考虑儿童现有的听觉水平。

6. 延伸训练

家长可以收集关于 /ɑo/ 音的词汇，并把词汇放在句子中对儿童进行听辨训练，同时鼓励儿童用语言进行表达。

（四）聆听和理解简单故事内容训练

1. 适用情况

（1）儿童具备稳定的听觉记忆三项以上水平，开放式听觉描述第二阶段、第三阶段水平。

（2）儿童具备丰富的认知水平和经验。

（3）儿童了解相关动物的特征。

2. 目标

聆听和理解简单故事内容，并回答问题。

3. 材料与工具

（1）不同风格的圣诞贺卡。

（2）关于圣诞节的视频资料。

4. 步骤与方法

（1）康复师播放关于圣诞节的视频资料，引导家长和儿童一起观看视频，了解圣诞节的情况。

（2）康复师出示圣诞贺卡，和家长、儿童谈论圣诞贺卡的话题。大家分别挑选自己喜爱的圣诞贺卡，康复师和家长先示范，康复师朗读贺卡上的一段话，提示家长注意听，然后回答问题。例如，贺卡上的话是：圣诞节就要到了，小明要和妞妞一起去豆豆家做客，小明准备了巧克力、蛋糕和麋鹿的头饰，妞妞准备了圣诞袜子、糖果和饼干，他们两人准备在平安夜的晚上 8 点钟去豆豆家一起庆贺。康复师提问："什么节日要到了？""哪些小朋友要去豆豆家做客？""小明准备了什么礼物？""妞妞准备的礼物是什么？""他们计划哪天去呢？""几点钟去呢？"

（3）家长带领儿童挑选贺卡，家长以同样的方式朗读贺卡上的话并要求儿童回答问题。

5. 注意事项

（1）完成此目标需要儿童具备较好的聆听及理解能力。

（2）如果儿童不能正确回答问题，康复师或家长可以再完整地重复一遍问题。如果儿童仍然对某一部分信息产生错误的理解，康复师或家长则可以把相应的信息再重复一遍。

6. 延伸训练

（1）家长输入的语句长度，应随儿童的能力和程度逐渐加长。

（2）家长在生活中要多与儿童交流沟通，逐渐提高语言的复杂度，丰富儿童的认知经验和理解能力。

三、高级听觉训练

（一）听觉记忆训练

1. 适用情况

（1）儿童具备稳定的听觉记忆四项水平。

（2）儿童具备丰富的认知水平和经验。

2. 目标

完成听觉记忆五项以上。

3. 材料与工具

（1）不同类别的物品 7～8 对。

（2）背包、篮子 2 个，白板 1 个。

（3）印章。

4. 步骤与方法

（1）康复师运用"听觉优先"的教学技巧，请儿童逐一确认物品名称。

（2）康复师、家长和儿童一起玩游戏"去郊游"。康复师介绍游戏规则。康复师口头提示郊游所需要带的物品，家长和儿童把听到的物品分别放进篮子里。为防止偷看，康复师用白板将家长和儿童隔开。康复师说："去郊游的时候，我要带太阳镜、帽子、水壶、面包和苹果。"家长说出听到的信息，家长和儿童从所有物品中挑选出相应的物品，放进各自的篮子里。两人放好物品后，康复师撤掉白板看一看放的物品是否一样。如果儿童所选物品均为正确物品，康复师就奖励一个印章图案以示鼓励。

（3）家长带领儿童做游戏。家长说出郊游要带的物品，儿童从所有物品中选出听到的物品，并鼓励儿童复述听到的信息，然后把物品放进背包里。

（4）当儿童能完成两次任务时，康复师可以在口头提示郊游所需要带的物品后直接用语言询问儿童需要带什么物品，而不需要儿童拿出物品，以判断儿童是否可以完全靠聆听来记忆语言信息。

（5）互动游戏中，康复师可采取"听觉完型"的技巧，鼓励儿童用语言进行表达。

5. 注意事项

（1）作为选项的玩具，一定要是儿童熟悉、认识并确定掌握的。

（2）当儿童拿错物品或听错信息时，康复师或家长不要急于做出对与错的判断，可以提醒儿童再听一次，提供自主纠错的机会。如果儿童连续错误两次，康复师或家长可降低难度，减少项数至4个名词的组合。如果儿童连续正确两次，康复师或家长可尝试提升难度，增加项数至6个名词的组合。

（3）康复师或家长要根据创设的情境使用完整句子。

6. 延伸训练

（1）在家庭中，家长可以结合实际情况，除了练习五项名词的听觉记忆，还可尝试其他词性组合的听觉记忆训练。

（2）家长可以利用生活中自然场景对儿童进行听觉记忆的练习，避免无意义的测试。

（二）听觉描述训练①

1. 适用情况

（1）儿童具备稳定的开放式听觉描述第二阶段水平。

（2）儿童具备较为稳定的闭锁式听觉描述第三阶段、第四阶段水平。

2. 目标

完成开放式听觉描述第三阶段：复杂描述句。

3. 材料与工具

（1）仿真玩具：蜻蜓、樱桃、洒水车等。

（2）不透明纸盒、笔。

4. 步骤与方法

（1）康复师、家长和儿童一起玩游戏"戳戳乐"。康复师介绍游戏规则。康复师在不透明纸盒里装进玩具，然后描述玩具特征，家长和儿童在听完描述后，先说出名称，然后再戳开纸盒,看看自己是否猜对。

(2)康复师和家长示范。康复师说:"它是一种昆虫,它的头上有一对复眼,它细长的身体两侧有一对透明的翅膀,当它飞得很低的时候,天就会下雨。请猜猜这是什么昆虫?"家长听后可复述康复师的话,然后猜出名称,再用笔戳开纸盒,以确定是否正确。

(3)家长带领儿童做游戏,家长使用适合的描述性语言描述玩具特征,儿童猜出玩具名称后,用笔戳开纸盒查看是否已猜对。

(4)互动游戏中,康复师或家长可与有一定语言表述水平的儿童交换角色,即儿童描述物品特征,康复师或家长猜名称。

5. 注意事项

(1)在开放式训练阶段,康复师或家长一定要避免提供视觉线索,让儿童通过聆听描述的语句猜出物品名称。

(2)在此阶段,描述句中的词语、句式要有一定的难度,不要过早出现关键性的词语。

(3)作为选项的玩具,一定要是儿童熟悉、认识的,描述的句子不能超出儿童的认知经验。

(4)如果儿童不能正确回答问题,康复师或家长可采取"重复""选择"的技巧引导儿童完成任务。

(5)康复师或家长帮助儿童养成听完整句子的习惯,避免儿童没有听完句子就急于回答。

(6)儿童根据描述句猜出物品名称后,康复师或家长可鼓励儿童说出他是通过哪些信息猜出来的。

6. 延伸训练

(1)在家庭中,家长可以使用真实的物品来进行训练。

(2)家长可以利用生活中的自然场景对儿童进行听觉描述练习,避免无意义的测试。

(3)建议家长选择日常生活中常见的物品进行拓展练习,引导儿童多观察各种物品的特征,丰富儿童的认知经验。

（三）听觉描述训练②

1. 适用情况

（1）儿童具备较为稳定的听觉描述闭锁式、开放式训练基础。

（2）儿童具备良好的提问能力。

（3）儿童具备丰富的认知基础和经验。

2. 目标

（1）开放式听觉描述第四阶段：问问题，找答案。

（2）掌握问句的正确表达方式。

3. 材料与工具

（1）实物：口红、棒棒糖、小火车玩具。

（2）神秘袋、包装盒、礼品盒。

4. 步骤与方法

（1）康复师向家长、儿童介绍游戏规则。儿童通过提问的方式猜出袋子（盒子）里的东西，猜对就会获得礼物。

（2）康复师先指导家长进行提问的示范。家长分别从类别、主要特征、习性、用途等方面进行提问。

（3）互动游戏中，康复师或家长可与有一定语言表述能力的儿童交换角色，即儿童描述，家长或康复师猜名称。

5. 注意事项

（1）在此目标训练之前，康复师要确保儿童具备使用问句的能力。

（2）在此目标训练初期，康复师可根据儿童的程度提供相关信息或提出具体要求，例如，提4个问题猜出答案，或是采取半开放式，用排除法进行练习。

（3）要求儿童不能直接猜答案，例如，"它是老虎吗？"

（4）当儿童猜不出答案时，康复师或家长可适当缩小范围，提示物品特征，以激发儿童参与性。

（5）随时鼓励、肯定儿童使用问句的适合性。

（6）鼓励儿童主动使用问句，让儿童体会主动与他人交谈的快乐。

6. 延伸训练

（1）在家庭中，家长可以利用家里的物品巩固此项训练。

（2）在家庭中练习时，游戏不要一开始就太难，家长可在练习中逐渐增加难度。

（四）跨听训练

1. 适用情况

（1）儿童具备稳定的听觉记忆和听觉描述能力。

（2）儿童具备问句理解能力。

（3）儿童具备较好的语言能力。

（4）儿童具备丰富的认知基础及经验。

2. 目标

学会不经意聆听。

3. 材料与工具

玩具拼图。

4. 步骤与方法

（1）康复师告知家长"跨听"的目的和重要性，以及当天跨听训练的内容，如近距离聆听熟悉者的对话内容。

（2）康复师引导儿童拿出拼图，并向儿童提出要求："老师要和妈妈（爸爸）讨论去商场买东西的话题，你要一边拼拼图，一边聆听我们的对话，对话结束后，老师要问你几个问题。"

（3）康复师与家长设计一段对话。

> 康复师：××妈妈，下班后你要去哪儿？
>
> 家长：哦，我要去华堂商场买东西。你呢？
>
> 康复师：哦，这么巧，我也要去华堂商场买东西。
>
> 家长：你要买什么呢？
>
> 康复师：我妈妈过生日，我想给她买一件礼物。
>
> 家长：你想好买什么礼物了吗？
>
> 康复师：我想给她买一条围巾，你知道卖围巾的店在几楼吗？
>
> 家长：在一楼。
>
> 康复师：好的，谢谢你。

（4）对话结束后，康复师回到儿童身边，让儿童停下手中的活动，开始向儿童提问。

> 例如：下班后，谁要去华堂商场？

老师要去华堂商场买什么？
老师要给谁买礼物？
老师要买什么礼物？
商场几楼有卖围巾的店？

（5）如果儿童在回答问题的过程中没有听清楚问题，家长和康复师可引导儿童询问相关信息或证实部分信息。

5. 注意事项

（1）跨听初级阶段的训练内容可以选择简单、儿童熟悉的内容。

（2）跨听训练要求儿童一边听一边完成任务，因此康复师或家长提供的玩具不能让儿童过于专注，而忽略听信息。

6. 延伸训练

在家庭中，家长可以利用家庭情景练习提高儿童的跨听能力。

第二节　言语训练

一、单元音模仿训练

1. 适用情况

（1）儿童具备稳定的助听设备佩戴经验且助听效果良好。

（2）儿童具备模仿能力和发音基础。

2. 目标

（1）模仿发元音：/a/、/u/。

（2）了解交通工具的拟声词。

3. 材料与工具

玩具交通工具：飞机、火车。

4. 步骤与方法

（1）康复师拿出玩具飞机，模仿飞机的声音："飞机飞来了，a—a—a—。"随即模仿飞机飞的样子。

（2）当玩具飞机飞到家长面前时，家长模仿飞机的声音，然后接过玩具飞机，将玩具飞机举高模仿飞机飞的样子并再次发音 /a—a—a—/。

（3）当玩具飞机飞到儿童面前时，康复师和家长露出期待的眼神和表情，等待儿童进行模仿发音。如果儿童能够模仿发音，康复师或家长就将玩具飞机交给儿童，让儿童模仿飞机飞。如果儿童不理解任务，家长可以再示范，也可以把手放在儿童的嘴巴前面，示意儿童发音。

（4）康复师可以把玩具飞机飞到不同的地方，如儿童的手掌上、桌面上、窗台上，以增加儿童的兴趣，鼓励儿童发音。

（5）按照同样的游戏方式，康复师或家长可使用玩具火车让儿童练习发元音 /u/。

5. 注意事项

（1）康复师和家长要引导儿童做发音练习，激发儿童的学习兴趣。如果儿童不愿意配合，康复师就不要勉强，更不要强制儿童发音，可以通过变换玩具进行。

（2）训练初期儿童的发音不需要完全准确，只要儿童具有模仿发音的意识即可。随着训练水平的提高，康复师可逐步要求儿童发音准确后才玩玩具。

（3）训练选用的拟声词要根据儿童的发音水平来决定，发音难度要符合当前的目标。

（4）玩具要根据儿童的兴趣选择，以保证儿童能积极参与互动。

（5）康复师和家长要在表情和语言上对儿童的一些主动发音或语言表达意识，给予积极的回应和鼓励，让儿童了解发音和语言表达的意义，以提高说话的兴趣。

6. 延伸训练

（1）在家庭中，家长可以利用家里的一些声响玩具引导儿童发音，一旦儿童主动发音，就打开声响玩具，以增强儿童发音的意愿。

（2）在家中练习时，家长可以将相关玩具藏在神秘盒子里，每当儿童打开盒子看到玩具时，家长都发出感叹的语气"啊"，激发儿童对声音的感受。

二、声气结合训练

1. 适用情况

（1）儿童具备稳定的助听设备佩戴经验且助听效果良好。

（2）儿童具备模仿能力和发音基础。

2. 目标

达到声气结合的初级水平。

3. 材料与工具

纸条。

4. 步骤与方法

（1）康复师指导家长进行正确的腹式呼吸（吸气时腹部鼓起，呼气时腹部凹陷），然后让儿童把手放在家长的腹部，感受吸气和呼气时腹部的变化，再引导儿童练习吸气和呼气的动作，让儿童把手放在自己的肚子上，感受腹部的起伏变化。

（2）康复师通过吹纸条的活动让儿童练习对气流的控制。康复师先示范：吹纸条时要缓慢均匀地吹气，让纸条保持长时间飘动。家长再示范。最后儿童练习吹纸条。

（3）儿童在练习正确的腹式呼吸的同时，可结合开口音 /ɑ/ 进行练习，即先吸气，然后慢慢发出 /ɑ——/。

（4）儿童能够保持一口气均匀吹出后，练习吸气后发出长长的 /ɑ——/ 音，尽可能持续一口气，不停顿、不换气。

（5）康复师示范吸气后从 1 数到 10，中间不能停顿，不能换气。

5. 注意事项

（1）必须在正确的腹式呼吸的基础上完成声气结合练习。

（2）强调儿童控制气流的能力。

（3）儿童如果不能一口气完成从 1 数到 10，则可以中间停顿、换气，继续采用正确的腹式呼吸的方法至数数结束。

6. 延伸训练

（1）在家庭中，家长可以利用在纸盒子里吹乒乓球等多种方式巩固儿童持续均匀吹气的能力。

（2）儿童掌握声气结合能力需要一个循序渐进的过程，不能急于求成，以免变成胸式呼吸。

三、元音轮替训练

1. 适用情况

（1）儿童具备稳定的助听设备佩戴经验且助听效果良好。

（2）儿童具备模仿能力和发音基础。

2. 目标

学会单元音 /ɑ/、/u/ 轮替发音。

3. 材料与工具

（1）动物手偶玩具（嘴巴可张开）：兔子、狮子、小猫等。

（2）玩具模型：胡萝卜、肉、鱼等。

（3）两种颜色的方形或圆形积木。

4. 步骤与方法

（1）康复师带领家长和儿童活动口腔，做张大嘴巴和圆唇练习。

（2）儿童发单元音 /ɑ/、/u/。

（3）康复师示范。康复师说："今天老师请来了一些小动物，它们肚子饿了，想要吃东西，我们一起帮助它们吧！"康复师将狮子手偶摆在一边，把放肉的玩具模型摆在另一边，中间交叉摆放四五组不同颜色的积木。康复师将狮子手偶套在手上，说："现在，狮子要去吃肉了。看，路上有很多小石头，它要踩着过去，不能掉下来哦，小狮子还会说话，注意听。'/ɑ/、/u/、/ɑ/、/u/、/ɑ/、/u/。'吃到了，狮子吃到肉了。"康复师一边说，一边控制"狮子"张开嘴巴吃到"肉"。

（4）家长示范。康复师说："妈妈（爸爸），轮到你了，你想请谁来吃好吃的？"家长选一种动物来吃好吃的，再次示范 /ɑ/、/u/ 轮替发音。康复师根据家长的实际情况给予恰当指导。

（5）家长带领儿童练习。康复师指导家长鼓励儿童尝试发音，例如，家长可以问："宝宝，你想请谁吃好吃的呢？"

5. 注意事项

（1）手偶大小要易于儿童操作。

（2）手偶可多准备几个，便于儿童多次练习。

（3）轮替发音时速度要由慢到快。

（4）强调儿童利用听觉来纠正发音。

（5）康复师要随时指导家长使用言语领域的常用教学技巧。

6. 延伸训练

康复师或家长可把带图案的林氏六音卡片中 /ɑ/、/u/ 卡片分别拿在两只手上，交替举起并要求儿童跟随发音，开始时交替速度可稍慢，随儿童练习程度逐渐加快。

四、不同辅音的诱导训练

（一）舌尖中音 /d/

1. 适用情况

（1）儿童具备稳定的助听设备佩戴经验且助听效果良好。

（2）儿童具备模仿能力和发音基础。

（3）儿童处于音位习得第一阶段。

2. 目标

学会舌尖中音 /d/ 的发音。

3. 材料与工具

（1）玩具桌椅。

（2）玩具娃娃。

（3）玩具模型：大象、蝴蝶、袋鼠。

（4）铃铛。

（5）玩具电话。

（6）玩具蛋糕和刀（图2-5）。

图 2-5　玩具蛋糕和刀

4. 步骤与方法

（1）康复师带家长和儿童先练习活动舌尖，如用舌尖顶牙齿，将舌尖从上下牙齿缝隙中伸出并停留一段时间，再练习发 /d/ 音（发音时强调听觉运用）。

（2）康复师交代活动背景。康复师说："弟弟要过生日了，他邀请了很多小伙伴来家里做客。我们帮他把家里布置一下吧。"

(3)康复师示范。康复师说:"有人要来了,我们听一听。/dɑ/。妈妈(爸爸),你听到了什么?"妈妈(爸爸)发/dɑ/音,然后让儿童模仿发/dɑ/音。如果儿童模仿得不正确,康复师可采用"声学重点""听觉三明治"等教学技巧强化练习。康复师说:"看看是谁来了?"康复师出示大象玩具模型。大家轮流发"大象"音,康复师记录儿童的发音特点。康复师说:"看看大象带来了什么礼物呀?"随即打开礼物包装,先让儿童看看里面是什么,然后让儿童说出礼物名称,如铃铛。如果儿童发音较好,康复师可以尝试把这个词放在短语、句子及对话中让儿童练习,如"一个金色的铃铛""这个铃铛真漂亮!""你家里有铃铛么?"

(4)家长参与练习,带领儿童请出其他的动物客人,打开礼物,练习发音。

(5)大家一起唱生日歌,切蛋糕、吃蛋糕,活动结束。

5. 注意事项

(1)舌尖的力量及灵活性是发音的先备条件。

(2)强调听觉运用。

(3)练习时遵循音位、字词、短语、句子和对话的顺序练习目标音。

(4)目标音可以根据儿童的兴趣及参与情况酌情增减,但韵母要尽量丰富。

(5)如果儿童在某一阶段发音不够理想,训练可以适时停止,不必全部完成。剩下的步骤,如切蛋糕,可在咨商[①]时作为咨商玩具。

(6)康复师要记录儿童的发音特点,以便在课程结束时进行总结,并做出恰当的诊断,给出合理的练习建议。

(7)家长要注意观察儿童在日常生活中发的/d/音,若儿童发音有误,家长要及时提醒,或者辅以恰当的技巧帮助儿童正确发音。

6. 延伸训练

(1)儿童可通过用舌尖舔海苔、棒棒糖等活动增加舌尖的力量及灵活性。

(2)家长可以收集生活中常见的含/d/音的词汇图片,做成小书,编成故事,对儿童进行集中练习。

---

① 注:咨商指的是康复师通过与家长共同引导和商讨等方式,解答听障儿童父母或主要照顾者的问题与困惑,缓解其情绪和心理压力,调整或改变其态度与行为的过程。

（二）鼻音 /m/

1. 适用情况

（1）儿童具备稳定的助听设备佩戴经验且助听效果良好。

（2）儿童具备模仿能力及发音基础。

（3）儿童处于音位习得第一阶段。

2. 目标

学会鼻音 /m/ 的发音。

3. 材料与工具

（1）魔法盒（图 2-6），里面装有帽子、面包、马、蜜蜂、摩托车、猫等玩具。

（2）魔法棒。

图 2-6 魔法盒和魔法棒

4. 步骤与方法

（1）康复师先示范。康复师模仿魔法师的口吻，示范发音 /m–mɑ/，若发音正确就从魔法盒里摸出一个物品放在桌子上。然后家长示范跟学发音 /m–mɑ/，若发音正确，就从魔法盒里摸出一个物品放在桌子上。

（2）康复师引导儿童模仿发音。康复师可以把魔法棒放在儿童嘴前，示意儿童发音，如果儿童不能模仿，康复师再采取三人轮替发音的方式进行练习。

（3）在轮替发音的过程中，康复师可启发家长将 m 和其他单韵母结合发音，如 /mu/、/mi/，并创编双音节或三音节的"咒语"，以激发儿童学习兴趣。儿童只要发音正确就可以从魔法盒里摸出一个物品。

（4）康复师带领家长、儿童一起观察各自从魔法盒里摸出来的物品，逐一说名称。康复师说："我摸到了（玩具）马"。然后家长也用同样的方式说。儿童如果能用完整的句子表达更好，如果不能，就直接说物品的名称。重点是说出含 /m/ 的目标词，如猫、帽子、蜜蜂、面包、摩托车。

（5）在目标词的练习中，儿童如果能准确发音，就可以开始短语、句子的练习，例如，"小猫带着帽子。""小马骑摩托车。"儿童通过此练习巩固 /m/ 音，并进行强化和类化练习。

5. 注意事项

（1）在言语学习过程中，康复师可采取"听觉优先""听觉三明治""靠近麦克风说话"等教学技巧，强调让儿童通过听来学习。

（2）如果儿童发 /m/ 音没有鼻腔共鸣，康复师则可通过触觉感知的方式帮助儿童理解发音的特性，即把儿童手指放在鼻翼处感受发音时鼻翼的振动。

（3）儿童在音位、音节均发音正确后，要自然带入词汇、句子中练习。

6. 延伸训练

（1）在家庭中，家长可收集含 /m/ 音的其他词汇，以帮助儿童更好地学习。

（2）家长在日常教学中要注意使用"听觉优先"的技巧，强化儿童的听能。

（三）舌根音 /h/

1. 适用情况

（1）儿童具备稳定的助听设备佩戴经验且助听效果良好。

（2）儿童具备模仿能力和发音基础。

（3）处于音位习得第一阶段。

2. 目标

学会舌根音 /h/ 的发音。

3. 材料与工具

（1）椅子。

（2）竹竿。

（3）划船的视频、儿歌。

（4）花的贴纸。

4. 步骤与方法

（1）康复师示范发 /h/ 的本音，家长也用同样的方法正确地发 /h/ 音。康复师再靠近儿童助听器麦克风的位置发 /h/ 音，并把手放在儿童嘴巴前，示意儿童模仿发音。

（2）如果儿童不能模仿发音，康复师则采取三人轮替发音的方式让儿童练习。

（3）如果儿童仍不能正确发音，康复师则采取"听觉三明治"的技巧，引导儿童练习发音。康复师先让儿童听一听正确的发音，鼓励儿童仿说；儿童模仿有困难时，康复师引导儿童用眼睛看，并用手背感受气息，练习发音；再回到听觉，让儿童再听一听，然后进行发音。

（4）儿童能够发出 /h/ 的本音后，马上将 /h/ 与韵母结合，练习发出 /hɑ/、/hu/、/hɑ–hɑ/、/hu–hu/、/hɑ–hu/ 等音节，或者进行轮替练习，以巩固 /h/ 音。当儿童积极练习发音且发音正确时，康复师就奖励儿童花的贴纸，并让儿童练习 /huá/。

（5）康复师引导儿童观看划船的视频，学习儿歌《划船》。

（6）康复师和家长一起把椅子摆放成一条船的样式，每人拿一根竹竿当作船桨。大家一起体验划船，同时重点练习目标音 /huá/。

（7）康复师示范。康复师朗诵儿歌："划—划，划小船；妈妈划，宝宝划；爸爸划，宝宝划；划呀划，一起划，大家一起笑哈哈。"康复师朗诵一句，家长和儿童复诵一句，一边学习儿歌，一边模仿划船的动作。

5. 注意事项

（1）在言语学习过程中，康复师可采取"听觉优先""听觉三明治""靠近麦克风说话"等教学技巧，强调让儿童通过听来学习。

（2）康复师示范后，可指导家长带领儿童一边模仿划船，一边朗诵儿歌。

（3）学习儿歌可以让儿童感知语言的节奏和韵律，但学习重点要放在目标音上。

6. 延伸训练

（1）在家庭中，家长与儿童坐在床上，双腿弯曲，一边朗诵儿歌，一边做划船状。

（2）家长带儿童去公园划船，一边朗诵儿歌，一边划船。

（四）双唇音 /p/

1. 适用情况

（1）儿童具备稳定的助听设备佩戴经验且助听效果良好。

（2）儿童具备模仿能力及发音基础。

（3）儿童处于音位习得第二阶段。

2. 目标

学会双唇音 /p/ 的发音。

3. 材料与工具

（1）3寸透明塑封膜（上面用彩笔画泡泡，与塑封膜内卡片中的圆形图案重合）。

（2）卡片：葡萄、苹果、皮球、瓢虫、盘子等。

（3）白纸。

（4）魔法棒。

4. 步骤与方法

（1）康复师对儿童进行音位练习①。康复师提醒家长和儿童注意听，示范声带不振动发轻声 /p/，为了让家长和儿童能够听清楚，康复师可以重复一次。康复师提示家长运用"听觉优先"技巧，可以问："妈妈（爸爸），你听到了什么？"家长发相同的 /p/ 音作为回答，然后家长问儿童："宝宝听到了什么？"儿童模仿发音。

（2）康复师对儿童进行音位练习②。步骤同上，练习声带振动发 /p/ 音。

（3）康复师对儿童进行音节练习。康复师说："老师这里有一根魔法棒，它会教大家念'咒语'，请大家仔细听一听。"康复师示范发 /pɑ/ 音，让家长及儿童模仿。家长可以根据儿童的发音水平带领儿童发其他音节，如 /pu/、/pi/ 等。儿童如果可以发出单音节，则尝试发连续音节，如 /pɑ–pɑ/、/pɑ–pi/、/pɑ–pu/ 等。

（4）康复师对儿童进行词语、句子练习。康复师拿出事先准备的卡片，引导儿童观察塑封膜上画的泡泡，同时发"泡泡"音，然后抽出塑封膜下的白纸，问："看看泡泡变成了什么？"家长或儿童回答："葡萄"，引出音节 /pu–tao/。儿童如果发音清晰，有一定的表达能力，则可尝试说句子，如"变成了葡萄。""泡泡变成了葡萄。"其他目标音的练习可交由家长引导儿童练习。

5. 注意事项

（1）运用"听觉优先"的技巧，让儿童尽可能靠听来纠正发音。

（2）如果靠听不能解决儿童发音不当的问题，康复师或家长则可以采用看、摸等方法辅助，但最后要回归听觉，即运用"听觉三明治"的教学技巧。

（3）适当使用强化物。

（4）儿童如果无法发 /p/ 音和相关音节，则继续进行音位和音节练习，直至掌握后再进入词语阶段的练习。

（5）以诱导发音为主。

（6）为保持儿童注意力，音节练习与词语、句子练习可以穿插进行。儿童每发好一个音节，就可以进行相应的词语、句子练习。

（7）如果儿童有一定语言理解基础，康复师可以就发音方法给予儿童语言提示，如"小嘴巴先闭紧再发音"等。

6. 延伸训练

（1）家长与儿童玩提高双唇力量的游戏。家长将干净白纸剪成条，让儿童用双唇抿住，然后家长往外拉，两人可互换角色玩游戏。

（2）在吃饼干、面条时，儿童不用牙齿，只用唇抿住食物往嘴巴里送，提高双唇力量。

（3）家长可以收集含 /p/ 音的常见食物图片，做成小书，编成故事，经常念给儿童听。

（五）舌面音 /q/

1. 适用情况

（1）儿童具备稳定的助听设备佩戴经验且助听效果良好。

（2）儿童具备模仿能力及发音基础。

（3）儿童处于音位习得第二阶段。

2. 目标

学会舌面音 /q/ 的发音。

3. 材料与工具

（1）气球若干和打气工具。

（2）切切乐玩具。

（3）含 /q/ 音的卡片或实物：茄子、气球、曲奇饼、皮球、秋千等。

4. 步骤与方法

（1）康复师对儿童进行音位练习①。康复师、家长、儿童一起玩游戏"给气球打气"。康复师一边示范打气的动作，一边发出 /q/ 音，并提醒家长和儿童注意听，为了让家长和儿童能够听清楚，康复师可以重复一次。康复师提示家长运用"听觉优先"的技巧，问："妈妈（爸爸），你听到打气的声音了吗？"家长用相同的方式发音作为回答，然后家长问儿童："宝宝听到打气的声音了吗？"儿童模仿发音。

（2）康复师对儿童进行音位练习②。步骤同上，练习发 /q/ 的长短音。

（3）康复师对儿童进行音节练习。康复师说："老师这里有切切乐玩具，我们一起来切一切。"康复师介绍规则。康复师先发 /qie-qie/ 音，然后选择一样玩具来切。例如，康复师说："/qie-qie/，我要切曲奇饼。"然后康复师拿出曲奇饼在案板上切开。家长和儿童一起练习。家长可以根据儿童的发音水平让儿童发其他长短不同的音节。

（4）康复师对儿童进行词语、句子练习。康复师拿出事先准备的卡片或实物，引导儿童观察卡片上的内容并发音。例如，引出 /qie-zi/ 音节，康复师看到"茄子"和"青菜"，问："你想切什么？"儿童回答："茄子。"儿童如果发音清晰，有一定的表达句长能力，则可尝试说句子，如"切茄子。""我要切茄子。"其他目标音的练习可适当交由家长引导儿童练习。

5. 注意事项

（1）运用"听觉优先"的技巧，让儿童尽可能靠听来纠正发音。

（2）如果靠听不能解决儿童发音不当的问题，康复师或家长则可以采用看、摸等方法辅助，但最后要回归听觉，即运用"听觉三明治"的技巧教学。

（3）如果儿童把 /q/ 听成 /j/，康复师或家长可以采取对比教学法，先让儿童听 /q/ 和 /j/ 这两个音的区别，再模仿发音。

（4）儿童如果无法发出 /q/ 音和相关音节，则继续进行音位和音节练习，直至掌握后再进入词语阶段的练习。

（5）以诱导发音为主。

（6）为保持儿童注意力，音节练习与词语、句子练习可以穿插进行。儿童每发好一个音节，就可以进行相应的词语及句子练习。

6. 延伸训练

（1）要加强儿童对 /q/、/j/ 的对比听辨和发音练习。

（2）家长可以收集含 /q/ 音的常见物品图片，做成小书，编成故事，经常念给儿童听。

（六）唇齿音 /f/

1. 适用情况

（1）儿童具备稳定的助听设备佩戴经验且助听效果良好。

（2）儿童具备模仿能力及发音基础。

（3）儿童处于音位习得第三阶段的儿童。

2. 目标

学会唇齿音 /f/ 的发音。

3. 材料与工具

（1）玩具蜜蜂。

（2）含 /f/ 音的词汇图片：风婆婆、大蜜蜂、小蜜蜂。

4. 步骤与方法

（1）康复师带领家长和儿童练习发 /f/ 的本音：上齿轻咬下唇，延续送气发音。若儿童发音正确，康复师或家长就可以通过搓动杠杆让蜜蜂玩具飞起来，调动儿童学习仿说的积极性。康复师再带领儿童练习发 /f/ 和单韵母结合的音节，如 /fa/、/fu/、/fo/ 等。在练习过程中，康复师可使用"听觉三明治""五步正音法"等言语领域常用教学技巧。

（2）康复师将 /f/ 音放在词语、句子中带领儿童练习。大家一起玩游戏"刮风"。康复师出示图片，大家进行角色扮演。康复师扮演风婆婆，家长扮演大蜜蜂，儿童扮演小蜜蜂。康复师说："呜呜呜，刮风了。"家长说："呜呜呜，刮风了，蜜蜂妈妈要赶快飞回家了！"儿童说："呜呜呜，刮风了，小蜜蜂要找蜜蜂妈妈了。"

（3）大家交换角色，自由选择角色进行游戏，练习含 /f/ 音词汇的句子。

5. 注意事项

（1）发 /f/ 音时，上齿轻咬下唇，延续送气发 /f—/ 音，拉长发 /f——/ 音。

（2）儿童不会送气时，先练习上齿轻咬下唇的动作，放松发音。

（3）儿童音位、音节发音正确后，要将音节带入词语、句子中练习。儿童可以先完成含 /f/ 音的词语练习再进行句子练习，也可以穿插进行，康复师和家长可以根据儿童的实际情况决定。

6. 延伸训练

（1）发音时，儿童可以用手感知气息。

（2）家长可以收集生活中常见的含 /f/ 音的词汇图片，做成小书，编成故事，对儿童进行集中练习。

（七）舌尖前音 /z/

1. 适用情况

（1）儿童具备稳定的助听设备佩戴经验且助听效果良好。

（2）儿童具备模仿能力及发音基础。

（3）儿童处于音位习得第四阶段。

2. 目标

学会舌尖前音 /z/ 的发音。

3. 材料与工具

（1）标有不同数字的纸杯若干个。

（2）玩具：红枣、粽子、足球、钻石等。

4. 步骤与方法

（1）康复师带领家长和儿童练习发 /z/ 的本音。康复师说："今天我们要玩一个藏玩具的游戏。大家先跟我念'咒语'，念对了，就可以得到一个用来藏玩具的纸杯。"康复师发 /zi/ 音，告知大家发音时舌尖抵住上齿背，家长和儿童分别模仿，模仿对了，即可得到一个纸杯。

（2）康复师对儿童进行音节练习。康复师发 /za/ 音，提示家长和儿童注意听，请家长和儿童模仿。如果儿童能够主动表达但发音不够准确，康复师要告知儿童正确的发音部位，配合使用"听觉优先""声学强调""听觉三明治"等教学技巧。康复师向家长讲解引导儿童正确发音的技巧。之后家长带领儿童练习发 /z/ 和其他单韵母结合的音节，康复师观察并给予家长指导，酌情奖励给家长和儿童纸杯。

（3）康复师对儿童进行词汇练习。康复师出示玩具并将 /z/ 音放在词汇中练习，然后随机选出纸杯，把玩具藏在纸杯中。

（4）康复师对儿童进行句子及自主对话练习。康复师带领大家回忆不同玩具分别藏在几号纸杯中，并将 /z/ 音放在不同的句子中练习。康复师观察儿童在自主对话中 /c/ 音的发音状况，并结合实际情况给予指导。

5. 注意事项

（1）康复师可以用语言提示儿童 /z/ 音的发音部位及方法。

（2）儿童如果在某一阶段的发音不够理想，则继续进行该阶段的练习，不必进行后面的练习。

（3）玩具大小要合适，玩具要能够放在纸杯中。

（4）康复师要观察和总结儿童在整个练习过程中的发音状况，然后反馈给家长，并给出练习建议。

（5）康复师要提醒家长注意观察儿童在日常生活中发 /z/ 音的情况，若儿童发音有误，家长要及时提醒儿童，或者辅以恰当的技巧帮助儿童正确发音。

6. 延伸训练

（1）家长可以收集生活中常见的含 /z/ 音的词汇图片，做成小书，编成故事，对儿童进行集中练习。

（2）家长和儿童一起玩砸地鼠的游戏，练习发 /za/ 的音。

（八）舌尖后音 /zh/

1. 适用情况

（1）儿童具备稳定的助听设备佩戴经验且助听效果良好。

（2）儿童具备模仿能力和发音基础。

（3）儿童处于音位习得第五阶段。

2. 目标

学会舌尖后音 /zh/ 的发音。

3. 材料与工具

自制转盘玩具，转盘上贴有含 /zh/ 音常见物品图片，如竹子、手指、蜘蛛、旋转木马、大米粥等。

4. 步骤与方法

（1）康复师带领家长和儿童练习发 /zh/ 本音及 /zh/ 与不同韵母结合的音节等，如 /zha/、/zhu/、/zhe/ 等，注意教学节奏并适当使用言语领域的常用教学技巧。

（2）康复师将 /zh/ 音放在词语中练习。康复师说："老师这里有一个转盘。"然后停顿等待家长和儿童模仿"转盘"的发音，并根据儿童的发音情况进行适当练习。康复师说："转盘上有个指针。"然后指导儿童练习"针"的发音。康复师转动转盘，待转盘停止后观察指针指向的图片，指导儿童进行相应发音练习。儿童如果词汇练习完成得不错，就可以过渡到句子练习，如描述物品，"蜘蛛是昆虫。""我害怕蜘蛛。"。康复师可以通过对话观察儿童的自主发音状况，如"你见过蜘蛛么？""蜘蛛爱吃什么？"

（3）康复师向家长讲解步骤与方法，鼓励家长带领儿童完成剩余教学目标，康复师可进行适当指导。

5. 注意事项

（1）发 /zh/ 音的基础条件是儿童会卷舌、翘舌，因此康复师需要在训练前根据儿童的实际情况决定是否进行舌的活动练习。

（2）不要重活动、轻目标，训练中要时刻注意目标音的练习。

（3）词语、句子的练习内容可根据儿童的实际情况进行调整。儿童可以在含 /zh/ 音的全部词语都练习完成后再进行句子练习，也可以穿插进行。

（4）转盘上的卡片尽量选择 /zh/ 音与不同韵母结合的词语图案，以便于全面练习。

6. 延伸训练

（1）家长用手指点不同的含 /zh/ 的词语图片对儿童进行言语练习。

（2）家长可以收集生活中常见的含 /zh/ 音的词汇图片，做成小书，编成故事，对儿童进行集中练习。

第三节　语言训练

一、初级词汇训练

（一）名词的训练

1.适用情况

儿童年龄较小，认知经验有限，处于初级语言水平。

2.目标

学习名词：眼睛、耳朵、鼻子、嘴巴。

3.材料与工具

（1）完整娃娃脸大挂图。

（2）分别缺少眼睛、耳朵、鼻子、嘴巴的娃娃脸挂图。

（3）独立的五官图片。

（4）胶棒。

4.步骤与方法

（1）康复师面对家长和儿童，介绍"眼睛"："看看我的脸，我的脸上有眼睛，我有两只眼睛，眼睛可以看东西（带领大家东看看西看看），摸一摸你的眼睛，你的眼睛在哪里？"康复师依次介绍耳朵、鼻子、嘴巴，也可以让家长尝试介绍，对儿童进行语言输入。

（2）康复师出示完整的娃娃脸挂图，带大家看看平面图上的五官，说说名称。例如，"这是娃娃的眼睛，鼻子在哪里呢？""哦，这是娃娃的鼻子。""娃娃的耳朵呢？耳朵在这里……"

（3）康复师收起挂图，拿出一张缺少眼睛的娃娃脸挂图和独立的五官图片。康复师问："什么不见了？"家长可以指指自己的眼睛，引导儿童发现娃娃的眼睛不见了。康复师接着说："眼睛不见了。眼睛去哪里了？我们来找一找眼睛。"（带领儿童做寻找的动作。）

（4）家长说："找到眼睛啦！眼睛在这里，看，娃娃的眼睛圆圆的，我们来把眼睛图片贴到娃娃脸挂图上。"家长带着儿童用准备好的胶棒把眼睛贴好。"看，眼睛贴好了，娃娃有眼睛啦，我喜欢娃娃的眼睛。"

（5）康复师将其余任务交给家长，家长按照康复师的引导方法进行。康复师适时对家长进行指导。

（6）五官图片贴好后，康复师带领大家一起说说名称，可自编简单歌曲唱出来。

（7）康复师针对儿童的课堂表现给予家长反馈，并讨论课后延伸练习内容。

5. 注意事项

（1）介绍五官要先从实物即大家自己的五官开始。

（2）需要粘贴的五官图片的大小要适合儿童操作。

（3）康复师和家长对儿童进行语言输入时要使用完整句。

（4）康复师要多给家长参与机会。

（5）康复师在使用新的语言输入技巧时要及时告诉家长并让家长练习使用。

6. 延伸训练

（1）家长可以通过其他活动巩固儿童对五官的认识，如儿歌《小手拍拍》，手指指认五官、土豆先生拼插玩具等。

（2）洗脸时，家长可以带领儿童复习五官名称；吃饭时，家长可以向儿童输入学习五官的作用。

（3）康复师可在课堂上用粘贴游戏的形式对儿童进行其他身体部位的教学。

（二）动词的训练

1. 适用情况

儿童掌握初级词汇，有一定语言理解及表达能力。

2. 目标

学习动词：撕、贴。

3. 材料与工具

（1）棕色彩纸，黄色彩纸、绿色彩纸（图2-7）。

（2）胶棒。

（3）示范画。

图 2-7　各色彩纸

4. 步骤与方法

（1）康复师出示一幅关于秋天的图画，引导家长和儿童欣赏，激发儿童创作图画的意愿。

（2）康复师示范"撕树干"。康复师说："我要撕纸，我要从棕色的彩纸上撕下一条长长的纸当作'树干'。"康复师选择棕色彩纸，示范怎样撕出来一个"树干"。康复师采用"听觉优先""靠近麦克风说话"的技巧，强调目标词的听取和语言的输入。

（3）康复师指导家长练习"撕树叶"，家长带领儿童一起从黄色彩纸、绿色彩纸上"撕树叶"，根据儿童撕的"树叶"的大小，引导家长运用"平行谈话""自言自语"的技巧对儿童进行语言输入。例如，"宝宝撕的树叶大大的。""宝宝在撕黄色的树叶。""宝宝撕了一片绿色的树叶。"

（4）当儿童把"树叶"撕好以后，康复师引导大家一起把撕好的"树叶"贴在"树干"上。图画制作完毕，康复师让儿童告诉大家图画是怎么制作出来的。儿童需要回答出"撕"，康复师可以根据儿童的答案评估儿童对动词的理解及掌握情况。

5. 注意事项

（1）对于有一定语言表达能力的儿童，康复师和家长可以鼓励儿童使用完整的语句表达。例如，"我要用棕色的纸撕树干。""树叶是用黄色的纸撕出来的。"

（2）训练时不要急于让儿童表达，可多给予儿童一点时间理解词汇，突出语言的输入。

（3）撕纸的过程是有声音的，因此要遵循听觉优先的原则，避免撕纸的声音干扰语言的输入效果。

6.延伸训练

（1）家长在日常生活中可以巩固目标词并扩展新词。

（2）家长可以将教学技巧带入日常生活，语言要丰富自然。

（三）代名词的训练

1.适用情况

儿童已掌握初级词汇，有一定语言理解及表达能力。

2.目标

学习代名词：我的。

3.材料与工具

（1）康复师、家长、儿童的书包各1个。

（2）康复师的太阳镜、雨伞、手绢、帽子；儿童的水壶、饼干、果冻；家长的钱包、钥匙、手机、照相机等。

4.步骤与方法

（1）康复师营造"旅行"场景，引导家长和儿童思考"旅行需要带什么东西"。康复师出示3个书包，问："这是谁的书包？"引出对代名词"我的"的学习。

（2）康复师和家长示范。康复师问："这是谁的书包？"家长说："这是我的书包。这个书包是我的！"

（3）康复师指导家长带领儿童练习。家长指着儿童的书包，问康复师："这是谁的书包？"康复师说："这不是我的书包。"康复师拿起自己的书包，说："这个书包是我的。"康复师再转向儿童，指着儿童的书包问："这是谁的书包？"康复师面露期待的眼神，等待儿童说"我的"或"我的书包"。

（4）大家都找到各自的书包后，玩游戏"找物品"，一起练习代名词"我的"。康复师出示物品，要求大家把属于自己的物品找出来，放在自己的书包里。康复师、家长、儿童采用"轮替"的技巧，开始游戏。康复师拿出雨伞说："这把雨伞是我的。"家长拿出钱包说："这个钱包是我的。"儿童拿出儿童水壶说："我的水壶……"

（5）康复师可制造训练"陷阱"，在物品中放一个既不属于家长、儿童，也不属于自己的物品，借由问句"这是谁的××？"判断儿童是否理解问句和表达"××不是我的"。

5.注意事项

对于有一定语言表达能力的儿童，康复师和家长可以鼓励儿童使用完整的语句表达。例如，"××是我的。""这是我的××。"

6. 延伸训练

（1）家长可以在日常生活中巩固目标词，并扩展新词。

（2）家长可以将教学技巧带入日常生活，语言要丰富自然。

（3）儿童能够较好地理解和使用代名词"我的"后，可以进行代名词"你的"的学习。

二、中级词汇训练

（一）名词的训练

1. 适用情况

儿童已掌握中级词汇，有一定语言理解及表达能力。

2. 目标

学习名词：洗发水、沐浴露。

3. 材料与工具

（1）浴盆，毛巾，洗发水、沐浴露。

（2）脸上、身上脏了的男女娃娃各1个（图2-8）。

图 2-8 娃娃

4. 步骤与方法

（1）康复师出示一个"脏娃娃"，引导家长和儿童观察，并提问："娃娃头发脏了，怎么办？"家长按照康复师的指导，说："娃娃脏了，我们要帮娃娃洗一洗。"（声学强调目标词：洗。）

（2）康复师再次引导说："我们帮娃娃洗洗头，洗洗澡吧！"康复师逐一出示洗澡所需用品：浴盆、毛巾、洗发水和沐浴露，放在桌面上。

（3）康复师示范说"洗发水"和"洗"的相关词汇。"娃娃的头发脏了，我要给娃娃洗头发。我要用洗发水给娃娃洗头发。"康复师拿起洗发水。"洗发水装在圆形的瓶子里，瓶子里的洗发水闻起来香香的。"家长和儿童闻一闻。"哦，这是一瓶有花香味的洗发水，我把洗发水挤到手心里，再把洗发水抹在娃娃的头发上，洗呀，洗呀，洗发水变成许多的泡泡。"康复师演示洗头发的过程。洗好后，康复师用毛巾给娃娃擦头发，闻一闻，说："头发香香的。"康复师分别让家长和儿童也闻一闻，采用"自言自语"的教学技巧对儿童进行语言输入，并指导家长提供适当的帮助。

（4）家长带领儿童进行"给脏娃娃洗澡"的过程，家长根据康复师的示范，把目标词"沐浴露"放在不同的句式中对儿童进行语言输入。康复师指导家长采用"自言自语""声学强调""重复"等技巧输入语言。

（5）儿童一般对操作活动很感兴趣，康复师可以多准备一个脏娃娃，让儿童独立操作。操作过程中，康复师可以检查儿童对于目标词的理解和表达情况，例如，"给娃娃洗澡，要用洗发水还是沐浴露？""你给娃娃洗头发用的是什么？"康复师利用"听觉完型""选择问句"的技巧，鼓励儿童表达词汇，以评估儿童的掌握情况。

5. 注意事项

（1）对于有一定语言表达能力的儿童，康复师或家长可以让儿童选择是给娃娃洗头发还是洗澡，以激发儿童的参与意愿。

（2）康复师和家长要使用完整、丰富的语句，给儿童提供丰富的语言刺激。

（3）康复师在使用新的语言输入技巧时要及时告诉家长并让家长练习使用。

（4）注意耳蜗和助听器的防护。

6. 延伸训练

（1）家长可以在日常生活中巩固目标词，并扩展新词。

（2）家长将教学技巧带入日常生活，语言要丰富自然。

（二）动词的训练

1. 适用情况

儿童已掌握中级及以上词汇，有一定认知经验及语言基础。

2. 目标

学习动词：揪、搓、捏。

3. 材料与工具

不同颜色的橡皮泥。

4. 步骤与方法

（1）康复师采用"听觉优先"技巧引导家长和儿童练习。康复师说："老师今天带来了软软的橡皮泥，你们想不想玩橡皮泥？"然后康复师出示橡皮泥进行描述，例如，"老师有红色的橡皮泥，还有绿色的橡皮泥，橡皮泥捏起来软软的。妈妈（爸爸），你要不要捏一捏橡皮泥啊？"家长回答："我想要捏一捏橡皮泥。"家长可以问儿童："宝宝想不想捏一捏橡皮泥？"当儿童捏橡皮泥的时候，康复师可以引导家长再次对儿童进行语言输入，例如，"宝宝来捏一捏，橡皮泥捏起来软软的。"

（2）康复师问家长："妈妈（爸爸），你想不想要一块橡皮泥玩呢？"康复师揪一块橡皮泥给家长，然后问儿童："宝宝想不想要一块橡皮泥呢？"康复师揪一块橡皮泥给儿童。揪橡皮泥的过程中，康复师可输入语言，例如，"我要揪一大块橡皮泥给妈妈（爸爸）。哇，橡皮泥揪下来了，我再揪一块红色的橡皮泥给宝宝……"

（3）大家一起玩橡皮泥，康复师可让家长尝试对儿童输入目标词"搓"，并根据家长的实际情况给予指导。

5. 注意事项

（1）康复师提醒家长和儿童玩橡皮泥之后要洗手。

（2）年龄过小的儿童不建议进行此活动，避免儿童误吞橡皮泥。

（3）语言输入时要使用完整句。

（4）康复师要多给家长参与机会。

（5）康复师在使用新的语言输入技巧时要及时告诉家长并让家长练习使用。

6. 延伸训练

（1）家长可以把橡皮泥捏制成其他物品的形状。

（2）家长在制作面食，如包饺子或包包子时使用相关动词。

（三）形容词的训练

1. 适用情况

儿童已掌握中级及以上词汇，有一定语言理解及表达能力。

2. 活动目标

学习形容词：黑白的、彩色的。

3. 材料与工具

（1）两个信封（分别装有一张图片，图片图案相同，一张为黑白的，一张为彩色的）。

（2）两张图案相同的黑白图片，若干黑白和彩色的照片、图片和书。

（3）彩笔、油画棒、颜料、毛笔。

4. 步骤与方法

（1）康复师出示两个信封，说："老师这里有两个信封，你们可以拆开看一看里面是什么？"家长和儿童拆开信封之后，康复师引导儿童观察图片的差异，得出一张图片是黑白的，一张图片是彩色的。康复师观察不同的书、图片、照片，找出彩色及黑白的，进行相关语言输入，康复师指导家长使用语言输入技巧。例如，"这是一张黑白照片，黑白照片上是妈妈小时候和姥姥的照片，这是很久以前拍的黑白照片。"

（2）康复师问："怎么样才能把黑白的图片变成彩色的？"家长回答："给黑白图片涂色可以把它变成彩色的。"然后引导儿童观察信封中的彩色图片，进行语言输入，例如，"说一说能把黑白图片变成彩色的涂色工具。"康复师出示两张图案相同的黑白图片，家长和儿童分别选择自己喜欢的工具进行涂色，以帮助儿童理解彩色。

（3）涂色完成后，康复师把涂好的彩色图片与黑白图片放在一起比较，帮助儿童理解黑白和彩色。

5. 注意事项

（1）要涂色的图案不要太大、太难，避免占用太多时间。

（2）准备好纸巾、毛巾等，用来擦拭涂色时涂到手上或洒出的颜料等。

（3）活动中尽量多引导儿童观察思考，多给予儿童表达的机会。

（4）语言输入时使用完整句。

（5）多给家长参与机会。

（6）康复师在使用新的语言输入技巧时要及时告诉家长并让家长练习使用。

6. 延伸训练

（1）家长用手机分别拍摄黑白与彩色照片，让儿童观察。

（2）家长带领儿童寻找、观察生活中的黑白与彩色图片，延伸学习颜色的深浅（如深蓝色、浅蓝色）、各种色系中的不同颜色（如湖蓝色、藏蓝色、天蓝色等）。

（四）量词的训练

1. 适用情况

儿童已掌握中级词汇，有一定语言理解及表达能力。

2. 目标

学习量词：张、条。

3. 材料与工具

（1）与量词"张"有关的玩具物品：一张桌子、一张床、三张车票、两张卡片、一张照片等。

（2）跟量词"条"有关的玩具物品：一条皮带、一条围巾、两条鱼、三条裙子、一条裤子等。

（3）两个神秘袋子。

4. 步骤与方法

（1）康复师出示两个神秘袋子，让儿童根据袋子上的图案选择一个袋子，以此激发儿童的学习兴趣。

（2）康复师观察儿童选择的袋子里的物品，然后告知家长，里面的东西都是可以用量词"张"形容的，引导家长向儿童解释"张"的概念。

（3）康复师示范，从神秘袋中逐一拿出车票、照片和玩具桌子，并输入语言。康复师用"轮替"的技巧让家长和儿童分别拿出相应物品，并引导家长使用"平行谈话""自言自语"的技巧对儿童进行语言输入，例如，"我拿了两张卡片。""宝宝拿的是三张车票。"

（4）家长带领儿童拿出另一个神秘袋子，区别"张"和"条"。家长也可以使用"轮替"的技巧，互动参与游戏。

（5）康复师把所有物品逐一出示完毕后，引导家长和儿童分配角色玩游戏"买卖"，游戏通过让儿童表达"我要买几条××"或"我要买几张××"进行，以巩固儿童对量词的学习。

（6）在"买卖"游戏中，康复师可设计训练"陷阱"或"破坏性"行为，例如，"我要买一张皮带"，以评估儿童对目标词的理解和分辨的能力。

5. 注意事项

（1）对于有一定语言表达能力的儿童，康复师和家长可以鼓励儿童使用完整的语句表达，例如，"这是一张我和妈妈的照片。""这是一条长长的皮带。"

（2）训练时不要急于让儿童表达，可多给予儿童一点时间理解词汇，突出语言的输入。

（3）相同物品可以多准备几个，如车票准备三张、卡片准备两张，以帮助儿童将目标词加以类化。

6. 延伸训练

（1）家长可以在日常生活中巩固目标词，并扩展新词。

（2）家长可以将教学技巧带入日常生活，语言要丰富自然。

三、高级词汇训练

（一）名词的训练

1. 适用情况

儿童有一定的认知基础和语言表达能力，对于初级、中级词汇表中绝大部分内容能够理解并表达。

2. 目标

学习名词：毛笔、调色盘、水粉。

3. 材料与工具

（1）毛笔、调色盘、水粉（黄色、红色、蓝色）、矿泉水瓶。

（2）带有卡通水果的勾线白纸（苹果、樱桃、香蕉、桔子、蓝莓）。

4. 步骤与方法

（1）康复师将带有卡通水果的白纸交给儿童和家长，布置今天的小任务，例如，"今天，我们要一起给水果涂色，看看老师这里准备了什么物品？有毛笔和水粉，今天我们要做一幅水粉画，用水粉来涂色。"

（2）康复师可以使用"重复"的教学技巧，通过多次复现目标词"毛笔、水粉、调色盘"达到语言的教学目标。例如，目标词"毛笔"："小朋友，老师准备了毛笔，我们用毛笔沾一沾水粉，毛笔上有红色的水粉，我用毛笔在纸上涂色，毛笔把樱桃涂上了红色。"

（3）康复师可以将目标词"水粉""调色盘"交给家长，让家长参照康复师的教学技巧进行"水粉"和"调色盘"的目标训练。

5. 注意事项

（1）这一阶段的儿童有一定的语言基础，可能会将目标词"毛笔"表达为"笔"，康复师可以复述目标词,引导儿童再次进行准确表达。

(2)注意家长的参与,康复师给家长做完示范以后,观察家长对于教学技巧的使用情况,给予家长鼓励和指导。

(3)语言输入的时候要使用完整句。

(4)针对家长使用教学技巧的情况及时给予家长反馈。

6. 延伸训练

(1)家长可以学习音乐律动《颜色歌》,激发儿童对颜色的兴趣。

(2)家长可以参照康复师的教学技巧,巩固目标词的呈现方式。

(3)与目标学习用品相关联的词汇很多,家长可以用相似的方法对儿童进行语言输入的教学。

(二)形容词的训练

1. 适用情况

儿童有一定的认知基础和语言表达能力,对于初级、中级词汇表中绝大部分内容能够理解并表达。

2. 目标

学习形容词:毛茸茸、亮晶晶。

3. 材料与工具

(1)空白贺卡。

(2)各色软毛球,亮亮的纸碎。

(3)胶棒。

4. 步骤与方法

(1)康复师向家长和儿童展示活动内容和材料,并输入目标词"毛茸茸","马上要圣诞节了,我们一起来做一张贺卡吧。看看老师准备了什么材料?有毛茸茸的小球,小球软软的,摸起来毛茸茸的,我把胶棒涂抹到毛茸茸的小球上,我把毛茸茸的小球贴在贺卡上,小球贴好了,它摸起来真舒服呀,毛茸茸的。"

(2)康复师让家长带着儿童完成目标词"亮晶晶"的输入,由家长进行语言输入,引导儿童表达。

(3)活动结束后,康复师询问儿童今天的活动内容,了解目标词的完成情况,并针对儿童的课上表现和家长对目标词的表达情况,给予家长具体的反馈。

5. 注意事项

（1）游戏活动是目标呈现的一种形式，康复师和家长要谨记目标词的内容，注意目标词的复现率。

（2）在活动中，多引导儿童对目标词的表达。

（3）康复师给家长做出明确的示范，让家长了解到康复师使用的训练技巧。

6. 延伸训练

（1）家长可以将教学目标词延伸到更多的情景，如毛茸茸的衣服、亮晶晶的图案等。

（2）家长可以顺着游戏名称的思路，延伸和扩展更多 ABB 的词汇，如黏糊糊、湿漉漉、滑溜溜、硬邦邦、软绵绵等。

（三）连词的训练

1. 适用情况

儿童已掌握高级词汇，有一定语言理解及表达能力。

2. 目标

学习连词：假如。

3. 材料与工具

（1）装有蝴蝶、花、鱼、大树、蘑菇等玩具的神秘盒子。

（2）骰子，康复师自制的迷宫棋。

（3）猴子爬树的玩具。

4. 步骤与方法

（1）康复师出示各种各样的神秘盒子，让儿童根据自己的意愿选择盒子，激发儿童参与学习的兴趣。

（2）康复师说明游戏规则：儿童先从神秘盒子中拿出物品，然后用物品名称和连词"假如"造句，说得好就可以得到一只"猴子"，让猴子去爬树。康复师示范，从神秘盒子中取出"大树"，造句："假如我是一棵大树，我就请小鸟们到大树上安家。"

（3）家长示范，从神秘盒子中拿出物品，用连词"假如"造句。

（4）大家用猜拳的方式进行练习，谁赢了，就优先选盒子造句，以提高游戏的互动性。

（5）康复师出示自制的"迷宫棋"，大家通过掷骰子的方式，按照掷出的数字进行，进行过程中若碰到"红色五星"图案，就要停下来，掀开图案，用连词"假如"造句。

5. 注意事项

（1）此目标属于高级语言能力，儿童必须具备丰富的词汇基础和生活经验。

（2）此目标训练初期康复师可多给予儿童一点时间理解词汇，突出语言的输入，不要急于让儿童表达。

（3）准备的物品要符合儿童的生活经验和认知基础。

6. 延伸训练

（1）家长可以在日常生活中巩固目标词，并扩展新词。

（2）家长在日常生活中可选择相关的话题和儿童聊天，培养儿童组织语言的能力和想象力。

四、句式训练

（一）连接句的训练

1. 适用情况

儿童有一定的语言基础，口语表达项数超过三项。

2. 目标

学习连接句式：首先……然后……最后……

3. 材料与工具

（1）组合拼插玩具。

（2）冰激凌车的教具。冰激凌车上有冰激凌、脆皮筒、彩虹碎糖。

（3）A4白纸、水彩笔。

4. 步骤与方法

（1）康复师出示有一定难度的拼插玩具，让儿童组装。在儿童未完成的情况下，康复师进行引导，说："让我来教你吧。首先拼好底座，然后组合上头部，最后放上车轮，这样就可以玩了！"然后康复师让儿童教家长如何组装玩具，并引导儿童使用"首先……然后……最后"的句式，逐步将操作流程用完整句表达。

（2）康复师将冰激凌车交给家长，让家长带儿童制作冰激凌，并使用目标句式说明制作步骤。

（3）康复师告诉儿童要制作一个冰激凌招牌，让儿童画一个冰激凌的图案并教康复师和家长如何画，同时引导儿童使用目标句式进行表达。

5. 注意事项

（1）儿童可能会使用自己习惯的语言，"然后……然后……然后……"康复师要鼓励儿童自主表达。儿童完成表达后康复师可以复述一遍目标句式，给儿童做一个正确的示范。

（2）教学应在活动中进行，以引发儿童的兴趣度为主，不要过度仿说。

6. 延伸训练

（1）家长可以将目标句式运用到日常生活中，同时扩展儿童的句子长度，丰富儿童的语言。

（3）家长适当地拓展更多的连接句式。

（二）并列句的训练

1. 适用情况

儿童有一定的语言基础，口语表达项数超过三项。

2. 目标

学习并列句式：一边……一边……

3. 材料与工具

（1）神秘的盒子。

（2）卡片。

（3）代币。

4. 步骤与方法

（1）康复师出示盒子，说："今天，老师带来了一个神秘的盒子，里面藏着各种各样的卡片。我邀请小朋友和妈妈一起抽卡片，然后说说卡片上有什么，谁说的句子和我说得一样好听，我就奖励她一枚代币，一会儿可以从自动售卖机买饮料，让我们开始吧！"

（2）康复师和家长示范。康复师抽一张卡片，说："我抽到的这张卡片是，小朋友一边唱歌，一边跳舞。你看，图片上的小朋友多开心呀！接下来，请妈妈抽一张吧，"妈妈抽一张卡片，说："奶奶一边看电视，一边织毛衣。"康复师说："妈妈说得特别完整、特别棒，奖励给妈妈一枚代币。接下来，请小朋友抽一张吧！"儿童抽一张卡片，说："姐姐一边跑步，一边听音乐。"康复师鼓励儿童，并奖励给儿童一枚代币。

（3）康复师鼓励家长带领儿童将剩下的卡片抽完，并让儿童使用目标句式练习自主表达。

5. 注意事项

（1）目标呈现时，如果儿童没法一下子看出卡片上两者的并列关系，家长可以做演示，例如，妈妈唱歌、跳舞，然后使用完型的技巧，帮助儿童补全句子，例如，"妈妈一边……一边……"。

（2）示范一定要清晰、明确。

6. 延伸训练

（1）家长可以引导儿童抓住生活中可以使用并列句式的机会，并自主表达。

（2）家长适当地拓展更多的并列句式，例如，××和××，不但……而且……等。

（三）选择问句的训练

1. 适用情况

儿童有一定的语言基础，口语表达项数超过三项。

2. 目标

学习疑问句：选择问句。

3. 材料与工具

（1）快餐店物品：牛肉汉堡、虾肉汉堡、薯条、鸡翅、蛋糕、冰激凌、可乐、芬达。

（2）小桌子、椅子。

（3）菜单（汉堡、小食、饮料分区）。

4. 步骤与方法

（1）康复师和妈妈示范。康复师布置场景，说："今天，我们一起开一家快餐店，我们准备了很多美食，有汉堡、小食和饮料，我先做老板，你们来店里吃饭吧。"

康复师：你好，顾客，请问你要买什么呢？

妈妈：我要汉堡和饮料。

康复师：你要牛肉汉堡还是虾肉汉堡？

妈妈：我要牛肉汉堡。

康复师：你要可乐还是芬达？

妈妈：我要芬达。

康复师：好的，一共是15元，谢谢。

（3）康复师让儿童做老板，由家长引导儿童使用选择问句进行提问。

（4）家长带领小朋友进行多次练习，巩固选择问句的使用。

5. 注意事项

（1）练习中所涉及的主食、小食和饮料，要是儿童所熟悉的。名称和分类都要比较明确。

（2）练习难度根据儿童的程度进行调整。如果儿童很快地完成课上的目标句，就可以适当地提升难度，将选择问句增加更多的项数。

6. 延伸训练

（1）在生活中碰到类似的情况时，家长可以引导儿童使用目标句式进行练习。

（2）家长可以在生活中刻意营造使用目标句式的机会，引导儿童表达。

（3）家长可以在生活中多做示范，和儿童进行互动练习。

（四）把字句的训练

1. 适用情况

儿童已具备一定的口语表达能力，能够将看到的事情用一句话呈现出来。

2. 目标

学习把字句式：××把××吃掉了。

3. 材料与工具

（1）动物模型：小猫、小狗、小猴子等。

（2）水果模型：苹果、香蕉、梨等。

4. 步骤与方法

（1）康复师描述故事的情景，"在美丽的大森林里，有一群可爱的小动物们，现在他们的肚子饿得咕噜噜叫"。

（2）康复师逐一出示动物模型和水果模型。康复师扮演小猫，拿起苹果假装吃，然后问儿童："小猫把什么吃了？"之后，康复师引导儿童用完整句表达："小猫把苹果吃掉了。"康复师继续吃其他水果，给儿童反复练习的机会，让儿童逐渐能自主表达出来目标句。

（3）康复师再选取其他动物，如小狗、小猴子，继续让儿童练习目标句式，从而了解儿童的掌握情况。

5. 注意事项

活动中出现的动物模型可以替换为儿童熟悉及认识的小动物。

6. 延伸训练

家长可以在生活中选择更多常见的情境进行练习，例如，谁把垃圾扔了、谁把袜子洗了、谁把牛奶喝了，等等，家长也需要提高对目标语言的敏感度，多引导儿童使用把字句。

（五）被字句的训练

1. 适用情况

（1）儿童已掌握高级词汇，有一定语言理解及表达能力。

（2）有把字句的学习经验。

2. 目标

学习被动句式：××被××吃掉了。

3. 材料与工具

（1）动物模型和相关的食物模型。

（2）布袋两个，盘子两个。

4. 步骤与方法

（1）康复师拿出一个布袋，逐一出示布袋里的动物模型，让儿童根据自己的意愿，选择并说出动物的名称，并将动物模型摆放在桌面上。

（2）康复师拿出另外一个布袋，逐一出示布袋里的食物模型，摆放在盘子里，并说出爱吃该食物的动物名称。康复师说明游戏规则。家长先闭上眼睛，康复师从盘子里拿出一个食物喂给小动物吃；然后家长睁开眼睛，观察盘子里少了什么食物？被谁吃掉了？康复师通过提问引导儿童并用被动句式表达。例如，康复师问："桃子呢？桃子被谁吃掉了？"家长回答："桃子被猴子吃掉了。"

（3）康复师引导儿童用被动句式表达句子。

5. 注意事项

（1）此目标属于高级语言能力，儿童必须具备丰富的词汇基础和生活经验。

（2）此目标训练初期时康复师可多给予儿童一点时间理解词汇，突出语言的输入，不要急于让儿童表达。

（3）准备的物品要符合儿童的生活经验和认知基础。

6. 延伸训练

家长可以在日常生活中创设适合的情景练习，例如，家里的苹果等食物被吃完了或其他物品不见了，家长可以与儿童练习，"苹果被谁吃掉了？""××被谁拿走了？"

五、语言组织能力训练

1. 适用情况

（1）儿童已掌握高级词汇，有一定语言理解及表达能力。

（2）儿童了解各种动物的习性和特点。

2. 目标

具备语言的组织能力和描述能力。

3. 材料与工具

动物扑克牌，每种动物均有两张扑克牌。

4. 步骤与方法

（1）康复师逐一出示动物扑克牌，让家长和儿童看清楚扑克牌上的动物，然后洗牌。三人轮流摸牌，每人摸出四张动物扑克牌，且不让其他人看到自己的牌面。

（2）康复师说明游戏规则。三人轮流出牌，每个人通过描述扑克牌上动物的特征找到对方扑克牌中相同的一张，示范如下。康复师先选出自己手中的一张扑克牌，对家长说："你有没有这样一张扑克牌，上面的动物是人类忠实的朋友，它会看家护院，它的主人每天要带着它去散步。"如果家长手中有小狗的扑克牌，就拿出来和康复师的配对。两人再各自重新摸一张扑克牌，以保证每人手中都有四张牌。

（3）家长转向儿童，用连贯的语言和适合的词汇描述自己选出的扑克牌上的动物特征并配对。儿童再依次用同样描述的方式向康复师提问。

（4）直到大家手里都没有扑克牌，即配对全部完成。谁配的对数多，谁就是赢家。

5. 注意事项

（1）此目标属于高级语言能力，儿童必须具备丰富的词汇基础和生活经验。儿童用于表达的句子中可以使用较难的词汇和句式。

（2）此目标训练初期，康复师和家长要多示范，鼓励儿童积极表达。

（3）训练通过创设游戏情境，激发儿童表达的意愿。

6. 延伸训练

家长要在日常生活中尽量引导儿童全面描述事物，及时询问自己不明白的事情，从而提高儿童的语言组织能力。

第三章　嗓音障碍

嗓音不仅在人类日常的工作、生活中具有重要的意义,而且在情感交流和语意表达方面也有着重要作用。优美的嗓音建立在良好的呼吸支持、声带振动及共鸣基础之上,听上去是自然圆润、悦耳动听的。本章针对儿童较常见的嗓音问题,介绍了相应的训练方法。

第一节 放松训练

一、喉部按摩

1. 适用情况

儿童发音时喉部位置偏高、喉部肌肉紧张。

2. 目标

通过对喉部进行按摩,降低发音时喉部位置,放松喉部相关的肌肉。

3. 材料与工具

(1)按摩床。

(2)一次性乳胶手套。

(3)按摩油。

4. 步骤与方法

(1)儿童仰卧在按摩床上,康复师坐在儿童的头部后方,把右手拇指和食指分别放在儿童甲状软骨两侧后缘,用拿法和揉法进行纵向按摩。

(2)康复师用双手拇指由舌骨中间向两侧分推,直到触及舌骨大角(即舌骨末端),在两侧舌骨大角处分别点揉50次。

(3)康复师用双手拇指分别点揉儿童颈前部两侧的人迎穴、水突穴各50次。

(4)康复师用双手拇指和食指分别拿儿童两侧胸锁乳突肌各50次。

(5)康复师用双手拇指分别在儿童颈前部第一侧线(喉结旁开一分处直下)、第二侧线(第一、三侧线中间直下)和第三侧线(喉结旁开一寸半直下)进行自上而下地按摩。

(6)每次按摩结束后康复师让儿童发拖长的元音,康复师记下其音质和音调的变化情况。儿童体会发音时喉部位置降低、喉部肌肉紧张得到缓解的感觉,并以同样的方式发其他音。

5. 注意事项

（1）使用按摩油以减少按摩对儿童皮肤的损伤。

（2）按摩不能太用力，力度应该在儿童的承受范围之内。

6. 延伸训练

在家中儿童可对着镜子或让家长代替康复师进行按摩，从而增加训练时间，改善训练效果。

二、声带放松训练

1. 适用情况

儿童发音时喉部肌肉和声带紧张。

2. 目标

通过打"嘟"的方式，放松声带及喉部相关的肌群。

3. 材料与工具

打"嘟"示意图。

4. 步骤与方法

（1）儿童直立位，双脚左右分开，双脚间距约30厘米，双手自然下垂。

（2）康复师对儿童进行平调向前打"嘟"练习。儿童先深吸气，呼气时双唇振动并带动声带振动，持续发"嘟——"音，重复10次。注意："嘟——"音的调是平的，并且要连贯持续。

（3）康复师对儿童进行平调旋转打"嘟"练习。儿童先深吸气，呼气时双唇振动并带动声带振动，持续发"嘟"音，头部左右旋转，重复10次。

（4）康复师对儿童进行升调打"嘟"练习。儿童先深吸气，呼气时双唇振动并带动声带振动，音调向上变化，持续发"嘟"音，头部分别向左上方和右上方做弧状快速上升动作，各重复5次。

（5）康复师对儿童进行降调打"嘟"练习。儿童先深吸气，呼气时双唇振动并带动声带振动，音调向下变化，持续发"嘟"音，头部分别向左下方和右下方做弧状快速下降动作，各重复5次。

5. 注意事项

（1）打"嘟"练习时，儿童要保持上身稳定，自然闭合双唇。

（2）儿童可通过头部的旋转及头部向左右快速上升或下降来辅助完成各步骤中的打

"嘟"练习。

6. 延伸训练

儿童习得打"嘟"方式后,康复师可以通过"开摩托车"的游戏增加训练的趣味性。"摩托车"向前开时,儿童用平调向前打"嘟"配音;上坡时,用升调打"嘟"配音;下坡时,用降调打"嘟"配音。另外,旋转打"嘟"可由康复师控制旋转速度。

三、咀嚼训练

1. 适用情况

儿童发音时发声和构音器官过于紧张,存在功能性嗓音疾病,即长期用声不当所造成的发声功能亢进。

2. 目标

通过做夸张的咀嚼运动,并在咀嚼的同时柔和发音,以放松发声和构音器官,从而改善发声音质。

3. 材料与工具

牛肉干、软糖等(图3-1)。

图3-1 牛肉干、软糖

4. 步骤与方法

(1)康复师利用图片向儿童解释咀嚼动作的要领,即在咀嚼的同时,下颌、唇、舌和喉腔都应处于相对放松的状态。儿童通过吃牛肉干或软糖练习咀嚼动作。

(2)康复师要求儿童在咀嚼的同时发单元音——/ɑ/、/i/、/u/,儿童用手指指腹轻触甲状软骨，体会轻微的振动。

（3）康复师利用图片要求儿童边咀嚼边数数，数字数量可以逐渐增多。儿童发声时要保持轻松的状态，注意音调的变化。

（4）康复师利用图片要求儿童边咀嚼边朗读以 /w/ 开头的词语，并在放松状态下发声。

（5）康复师利用图片要求儿童边咀嚼边朗读以 /w/ 开头的短语，并在放松状态下发声。

（6）康复师利用主题图片设计问题，要求儿童边咀嚼边回答，进行简单交谈。

（7）在进行几周大幅度的咀嚼发音训练后，康复师可逐渐减小儿童咀嚼的幅度，恢复其下颌部的正常运动。康复师利用主题图片设计问题，要求儿童用自然的言语方式回答。

5. 注意事项：

（1）软糖不能过大或过小，否则会影响咀嚼效果，口味可选择儿童喜欢的。若儿童不喜欢软糖，可另选择其他有嚼劲的食物，如地瓜条、花生等。

（2）注意儿童不能直接吞咽，一定要在反复咀嚼之后才可以吞咽。在吞咽前，康复师要让儿童张开嘴巴示意，确保没有大块残余物后才可以让儿童吞咽。儿童吞咽后停顿1～2分钟，再进行下一次练习。在咀嚼时儿童要双唇合拢，用上下颌做咀嚼。

6. 延伸训练

除了软糖，康复师还可以利用咀嚼器，或者磨牙饼干、地瓜条等其他有韧性的食物让儿童练习咀嚼并发声。

四、咀嚼哼鸣训练

1. 适用情况

儿童发音时喉部肌肉、声带紧张。

2. 目标

放松喉部相关的肌肉和声带。

3. 材料与工具

（1）软糖。

（2）奖励玩具，如动物模型、玩具汽车等。

4. 步骤与方法

（1）康复师先问儿童："你闭着嘴巴可以哼哪几个音调？"若儿童回答不出，康复师可以教儿童哼几个音调，之后再问儿童："你最喜欢哪一个音调？哪一个音调让你感觉最舒服啊？"

（2）康复师对儿童说："现在我们来做一个挑战，看你能不能闭着嘴巴一边嚼软糖一边哼你喜欢的音调？"若儿童紧张，康复师可让儿童先打一个哈欠放松喉部。训练中康复师观察儿童咀嚼哼鸣的情况，随时进行纠正示范。

（3）此练习在一节训练课中可进行 3～5 次，训练期间康复师可以给予奖励，如儿童喜爱的玩具汽车、动物模型等。

5. 注意事项

（1）软糖不能过大或过小，否则会影响咀嚼效果，口味可选择儿童喜欢的。若儿童不喜欢软糖，可另选择其他嚼劲较小的食物，如 1～3cm 的地瓜条。

（2）在哼鸣的过程中配合均匀的呼吸。

6. 延伸训练

（1）此训练可结合呼吸训练与哈欠叹息训练一同进行。

（2）儿童在家中进食时也可在咀嚼的同时进行哼鸣训练，可多次进行，但注意食物不要落入气管。

第二节　呼吸训练

一、快速吸气与呼气训练

1. 适用情况

儿童存在呼吸支持不足、发音气息不足、发音时间较短、音质异常等情况。

2. 目标

提高儿童对吸气与呼气的控制能力，锻炼腹部肌肉的控制能力，为儿童言语提供稳定持久的呼吸支持。

3. 材料与工具

乒乓球若干（图 3-2）。

4. 步骤与方法

（1）康复师将乒乓球放在桌面上。康复师要根据儿童的呼气情况，选择乒乓球的数量，调整快速吸气与呼气训练的难度。

图 3-2　乒乓球

（2）康复师可与儿童一起快速地吸气和呼气，同时让儿童注意观察两人的腹部变化：吸气时鼓起腹部，呼气时收缩腹部。

（3）在儿童吸气和呼气时，康复师可将儿童的两只手分别放在儿童自己和康复师的腹部，叮嘱儿童注意腹部变化。

（4）儿童快速吸气后吹动乒乓球，康复师注意观察儿童一次能够吹动的乒乓球的数量。

（5）康复师根据儿童的呼气情况，摆放乒乓球，儿童吹动乒乓球的数量达到目标数量即为此次训练成功。

（6）康复师可与儿童一起练习，增加竞争性与趣味性，同时可增设奖励，如儿童完成任务后，康复师可以奖励儿童一颗糖或一个他想要的玩具等。

5. 注意事项

（1）康复师在训练过程中应注意避免儿童反向呼吸，尤其需要注意呼气的时候不要鼓肚子。

（2）训练过程中最好让儿童用鼻子呼吸。用鼻子呼吸一来可以使呼吸更加深沉，二来可以起到湿润空气的作用，以免训练之后咽部有干燥之感，三来可以过滤空气中的灰尘，对呼吸道起到保护作用。

（3）呼吸的速度应由慢至快，训练之初切忌只关注数量而忽略了质量，要尽可能高质量地完成每一次训练，务必要吹动乒乓球。儿童对训练达到了一定的熟练程度，而且对肌肉有一定的控制能力之后，再逐步加快腹部起伏的速度。

（4）在训练过程中，康复师要注意儿童的情绪变化，增加训练的趣味性，奖励物要及时更新，以提高儿童训练的积极性。

6. 延伸训练

除了吹乒乓球，康复师还可对儿童进行吹纸条、蜡烛等快速吸气与呼气训练。康复师要注意儿童快速吸气与呼气的时间，根据时间长短，提高训练难度，改善训练情况。

二、快速吸气与缓慢呼气练习

1. 适用情况

儿童存在呼吸支持不足、发音气息不足、发音时间较短、音质异常等情况。

2. 目标

提高儿童对吸气与呼气的控制能力，锻炼腹部肌肉的控制能力，为儿童言语提供稳定持久的呼吸支持。

3. 材料与工具

（1）热水。

（2）杯子。

4. 步骤与方法

（1）康复师让儿童坐在小桌子前面，在儿童面前放一杯热水，提醒儿童身体保持自然放松的状态。

（2）康复师让儿童把两只手分别放在儿童自己和康复师的腹部，让儿童有意识地在呼气时收缩腹部，吸气时鼓起腹部。

（3）康复师让儿童在快速吸气后，对着装有热水的杯子尽可能缓慢地呼气，在这个过程中儿童要保持气息平稳呼气均匀，让热水逐渐变凉。

（4）在整个过程中，康复师要提醒儿童不能快速呼气，要缓慢平稳地呼气将热水变凉，同时儿童可以用手摸水杯感受杯中热水的温度变化。

5. 注意事项

（1）杯子中的热水温度不宜过高，水量不宜过多，以免儿童在触碰杯子和呼气时被烫伤。

（2）让儿童用鼻子吸气，这样气息吸得更加深入。

（3）儿童在用嘴呼气时气息要尽量平稳且均匀，身体要保持直立，既不松懈也不僵硬。儿童可以在快速吸气时张开双臂，使胸廓保持挺立和打开。

6. 延伸训练

（1）康复师可以利用发 /s/ 音的练习，帮助儿童更好地控制呼气，也可以利用吹气玩具或吹泡泡等游戏丰富此练习。

（2）在家中，儿童吃饭、喝水时也可以进行这种训练，以巩固训练效果。

三、慢速吸气与呼气训练

1. 适用情况

儿童存在呼吸支持不足、发音气息不足、发音时间较短、音质异常等情况。

2. 目标

提高儿童对吸气与呼气的控制能力，锻炼腹部肌肉的控制能力，为儿童言语提供稳定持久的呼吸支持。

3. 材料与工具

（1）小口琴。

（2）气笛。

4. 步骤与方法

（1）康复师让儿童坐在椅子上，身体保持自然放松的状态。

（2）康复师让儿童把两只手分别放在儿童自己和康复师的腹部，让儿童有意识地在呼气时收缩腹部，吸气时鼓起腹部。

（3）康复师让儿童先慢慢地、有意识地扩张胸廓直至感到肺底膨胀、腹部鼓起，保持吸气状态 5 秒，然后有意识地在呼气时收缩腹部。

（4）康复师可对儿童说："我们现在要进行一个音乐比赛。你要慢慢地吸气，然后慢慢地呼气吹响小口琴（气笛），不要太用力，也不要太快，不然就吹不好了。谁吹得久，吹得棒，谁就是第一名。"

（5）康复师示范，或者与儿童一起吹小口琴（气笛）。在这个过程中儿童要保持气息平稳、呼气均匀，而且尽可能延长呼气时间。

5. 注意事项

（1）吹小口琴（气笛）的时间不要太长，注意儿童的情绪状态，康复师可用奖励物吸引儿童。

（2）需要注意的是：尽可能缓慢地吸气、呼气；气息不要吸得过满；尽可能保持气息平稳、呼气均匀。

6. 延伸训练

此类呼吸训练康复师还可利用难度较大的长笛、喇叭等玩具按相同训练步骤进行。

四、拟声训练

1. 适用情况

儿童已经学会并能正确运用生理腹式呼吸，需要进行言语呼吸训练。

2. 目标

通过模拟简单的声音，帮助儿童从生理腹式呼吸过渡到言语腹式呼吸。

3. 材料与工具

小火车的玩具或卡片。

4. 步骤与方法

（1）康复师让儿童坐在椅子上，身体保持自然放松的状态。

（2）开始训练前，康复师带领儿童先复习一遍生理腹式呼吸，让儿童把手放在自己的腹部，吸气时鼓起腹部，呼气时收缩腹部，确保儿童能自然运用。

（3）康复师拿出玩具小火车放在桌上，对儿童说："我们今天要来玩"开小火车"的游戏，小火车开动的时候会发出 /u—u—/ 的声音。我们来试一试吧。"

（4）康复师示范。康复师快速吸气，慢慢地发出 /u—u—/ 的声音，边发声边呼气使腹部慢慢凹陷，然后让儿童尝试。

（5）为增加趣味性，康复师和儿童可站起来排队模拟小火车开动的情景，边走路边发出 /u—u—/ 的声音。发声过程中，儿童要保持气息平稳、响度均匀，尽可能地延长呼气时间。

5. 注意事项

（1）康复师在训练过程中应注意避免儿童反向呼吸，尤其注意呼气的时候不要鼓肚子。

（2）训练遵循由易到难的原则，先进行单元音 /ɑ/、/o/、/u/ 等的拟声训练，在儿童达到了一定的熟练程度并且对肌肉有一定的控制能力之后，再进行双音节、三音节的拟声练习。

（3）在训练过程中，康复师要注意儿童的情绪变化，利用多种模式情景增加训练的趣味性，奖励物要及时更新，以提高儿童的积极性。

6. 延伸训练

除"开小火车"游戏外，康复师还可根据儿童的兴趣和发声能力，让儿童模仿乌鸦叫 /wa—wa—wa—/ 的声音，骑马 /da—da—da—/ 的声音，还有小鸡、小鸭、小狗、小羊叫及电话铃声等声音。训练时康复师要逐渐增加发音时长，提高训练难度。

五、动作引导发音训练

1. 适用情况

儿童进行过言语呼吸训练（如拟声训练），需要进一步巩固言语腹式呼吸训练的效果。

2. 目标

通过有节奏的动作，如移动步伐来控制呼吸，并在呼气时发简单的声音如"嗯哼"，将动作、呼吸和发音结合起来，促进儿童从生理腹式呼吸过渡到言语腹式呼吸，巩固言语腹式呼吸训练的效果。

3. 材料与工具

（1）音乐素材。

（2）示意图。

4. 步骤与方法

（1）儿童呈站立位，双手放在腹部；首先左脚后退一步时深吸一口气，同时手掌感受腹部隆起；然后重心前移，左脚回到原位时发"嗯哼"的声音，同时手掌感觉腹部回缩。重复数次，直至发声和呼吸比较协调为止。

（2）儿童呈站立位，双手放在腹部；首先左脚后退一步时深吸一口气，同时手掌感受腹部隆起；然后重心前移，左脚向前走第一步时发"嗯哼"的声音，同时手掌感觉腹部回缩，右脚向前走第二步时，再发"嗯哼"的声音。两次发声在一口气内完成，发声延续到呼气结束，同时手掌感觉腹部回缩。重复数次。

（3）按上述方式，儿童进行多步"嗯哼"练习。儿童先退一步深吸气，再向前走步，每走一步发一次"嗯哼"，所有发声均在一口气内完成。

（4）训练时，康复师可以播放合适的音乐，让儿童跟随音乐做出相应的动作，或者康复师给出示意图让儿童模仿。

5. 注意事项

（1）在练习过程中儿童要注意始终用腹式呼吸进行发声，从而达到巩固言语腹式呼吸训练效果的目的。

（2）儿童要有节奏地移动步伐，同时控制呼吸并发"嗯哼"的声音。

6. 延伸训练

（1）此训练可以一个人，也可以采用小组集体活动的形式进行练习。

（2）移动步伐的动作可用其他动作代替，如双手展开、合拢。发声可用数数字代替"嗯哼"。

六、唱音训练

1. 适用情况

儿童已掌握言语腹式呼吸，但呼吸支持能力不足或呼吸与发声不协调。

2. 目标

通过连续地发长音、短音或长短音，提高儿童的言语呼吸支持能力，促进其呼吸与发声的协调性，提高其言语时灵活控制气流的能力，使其轻松地进行言语活动。

3. 材料与工具

不同长度的绳子或尺子。

4. 步骤与方法

（1）康复师对儿童进行长音练习。康复师出示不同长度的绳子，让儿童深吸一口气后持续发长音，如 /a——/、/da——/、/ka——/ 等，康复师用绳子示意，引导儿童逐渐延长一口气的发音时间。在发声过程中，儿童要采用腹式呼吸并保持声音平稳。

（2）康复师对儿童进行短音练习。康复师要求儿童深吸一口气后连续发短音，如 /o—o—o—o—o/、/ba—ba—ba—ba—ba/ 等。康复师记录每一次的发音时长，让儿童逐渐增加一口气发音的个数。在发声过程中，儿童要一口气完成，不要换气或漏气。根据儿童的能力，康复师可逐渐加快发音速度和发音个数。

（3）康复师对儿童进行长音短音交替练习。当儿童能够自然发长音和短音后，康复师让儿童深吸气，然后发长短交替的音，如 /pi——pi—/、/a——a——a—a—/ 等。训练过程中，儿童要注意保持声音的平稳和发音时间的稳定，一口气完成，不能换气或漏气。

5. 注意事项

在练习过程中儿童要注意始终用腹式呼吸进行发声,在一口气内完成,中途不能换气或漏气。发音时长应尽可能长。

6. 延伸训练

康复师可利用敲鼓、三角铁等乐器控制发音时长,每敲击一次发一个音,始终要求儿童一口气完成所有发音,从而使儿童逐渐增强呼吸支持能力,提高呼吸和发声的协调性。

七、逐字增加句长训练

1. 适用情况

儿童呼吸支持能力不足及呼吸与发声不协调。

2. 目标

通过逐渐增加句长,提高儿童的言语呼吸支持能力,促进儿童呼吸与发声的协调性。

3. 材料与工具

积木(图3-3)。

图3-3 积木

4. 步骤与方法

(1)康复师与儿童进行逐字增加句长的游戏。将句子比作小树,用积木代表树干,句子每增加一个字,就增加一块积木使小树长高一点。

（2）康复师可先预设一个目标，如儿童获得四块积木，就算完成任务，超出预定目标可获得奖励。

（3）训练先采用慢速跟读法，康复师先示范，儿童再跟读，每说一次就多一个字。一个句子要一口气说完，不能换气。训练材料可选择如"水、喝水、喝温水、我喝温水、我要喝温水、我就要喝温水"，"西瓜、大西瓜、吃大西瓜、你吃大西瓜、给你吃大西瓜、我给你吃大西瓜"等内容。

（4）儿童掌握后，训练采用快速跟读法，康复师先示范，儿童再跟读。

（5）当能力达到一定程度后，儿童可进行自主朗读句子练习。

5. 注意事项

在操作过程中，康复师要提醒儿童深吸一口气，而且要在一口气内完成跟读或朗读句子。康复师要根据儿童的情况选择句子并增加句子长度。

6. 延伸训练

（1）训练可采用不同的形式进行，比如"母鸡下蛋"，一个字代表一个蛋，看谁的母鸡下蛋多，等等。

（2）在儿童的能力范围内，训练可由儿童示范，康复师跟读，增加训练的趣味。

（3）训练在自主朗读阶段，可采用一人说一句的比赛形式，看一口气内谁说得字数多。

八、啭音训练

1. 适用情况

儿童存在呼吸支持能力不足、发声模式异常及音质异常等情况。

2. 目标

通过发音调和响度连续起伏变化的旋转音，促进儿童呼吸和发声的协调性，提高儿童言语时声带的控制能力，打破其固有的错误发声方式，建立新的舒适的发声方式，并改善其音质。

3. 材料与工具

纸蝴蝶（图3-4）。

图 3-4 纸蝴蝶

4. 步骤与方法

（1）康复师对儿童进行快速啭音练习。康复师出示纸蝴蝶，模仿蝴蝶转圈飞舞的样子，让儿童用较快的速度发啭音，如 /i~~~/，发音时音调和响度同时快速变化。随后，儿童发以浊音开头的单音节词，用啭音重复发音，再过渡到用正常嗓音说该单音节词，如 /ma~~/ → /ma/。

（2）康复师对儿童进行慢速啭音训练。康复师出示纸蝴蝶，模仿蝴蝶慢慢转圈的样子，让儿童用较慢的速度发啭音，如 /u～～～/，发音时音调与响度同时缓慢、连贯起伏地变化。随后，儿童发以浊音开头的单音节词，用啭音重复发音，再过渡到用正常嗓音发该单音节词，如 /na—/—拿。

（3）康复师对儿童进行快慢交替啭音练习。康复师让儿童以快慢速度间隔发啭音，快慢变化过渡自然，如 /e~~~/。随后，儿童发以浊音开头的双音节词，用啭音重复发音，然后过渡到用正常嗓音发该双音节词，如 /ma~~/ → /ma～～～/ → /ma—ma/。

5. 注意事项

（1）在练习过程中儿童要注意始终用腹式呼吸进行发声，在一口气内完成，中途不能换气或漏气。发音时长应尽可能长。

（2）响度与音调要同时连贯起伏地变化。儿童不能正确发啭音时，可利用手指转圈或视觉提示学习发啭音。儿童边转手指边发音，手指往上画半圈时，响度和音调均提高，手指往下画半圈时，响度和音调均下降。

6. 延伸训练

儿童正确习得啭音后，可尝试不同形式提高训练的趣味性，如"蜜蜂飞飞"游戏，发啭音代表蜜蜂飞行的路径，儿童与他人比赛，看谁飞得最好、最远。

第三节　发声训练

一、气息式发音训练

1. 适用情况

儿童发音时声带紧张和咽缩肌紧张，存在硬起音及由硬起音而致的高音调情况。

2. 目标

采用气息式的发音帮助儿童放松声带和咽缩肌，从而建立正常的起音方式。

3. 材料与工具

硬起音、软起音的示意图片。

4. 步骤与方法

（1）康复师对儿童进行硬起音与软起音的比较练习。康复师准备硬起音和软起音的示意图，并模仿两种发音，让儿童进行区分比较。康复师在发音时，可以让儿童触摸康复师的喉部，使儿童感觉到康复师在模仿硬起音时喉部较紧张僵硬的状态及在模仿软起音时喉部较为柔软的状态，同时，儿童能听到康复师发声时伴有气息声。

（2）康复师对儿童进行以 /h/ 开头的气息式发音练习。康复师先让儿童发 /h/ 音来诱导柔和的起音方式（气息式发音），然后试着不发 /h/ 音，直接发这些词。该练习有两种不同的模式。

　　模式 1：/h + 以 y 开头的词 / → / 以 y 开头的词 /，如 /h + 鸭 / → / 鸭 /。
　　模式 2：/h + 以 w 开头的词 / → / 以 w 开头的词 /，如 /h + 窝 / → / 窝 /。

（3）康复师对儿童进行以 /s/、/sh/ 开头词语的气息式发音练习。用气息式发音法说以 /s/、/sh/ 开头的词，诱导出正常的发音避免硬起音的发生。该练习有五种模式。

　　模式 1：/s、sh + 以 i 开头的韵母 / → / 以 y 开头的词 /，如 / 四 / → / 鸭 /。
　　模式 2：/s、sh + 以 u 开头的韵母 / → / 以 w 开头的词 /，如 / 笋 / → / 挖 /。
　　模式 3：/s、sh + 以 a 开头的韵母 / → / 以 a 开头的词 /，如 / 三 / → / 啊 /。
　　模式 4：/s、sh + 以 o 开头的韵母 / → / 以 o 开头的词 /，如 / 送 / → / 哦 /。
　　模式 5：/s、sh + 以 e 开头的韵母 / → / 以 e 开头的词 /，如 / 蛇 / → / 鳄 /。

5. 注意事项

气息式发音训练适合存在硬起音情况的儿童。以 /h/ 开头的气息式发音练习要遵循从 /h + 以 y 开头的词 / 到 / 以 y 开头的词 /，如 /h + 鸭 / → / 鸭 / 的规则，而且 /h/ 音和后面的词要一口气说出，以 /s/、/sh/ 开头词语的气息式发音练习也遵循同样的规则。

6. 延伸训练

（1）此训练可结合快速吸气缓慢呼气训练进行，这将更有助于儿童放松声带和咽缩肌，缓解硬起音的情况。

（2）家长可以在儿童临睡时或早上起床时有意识地让儿童做气息式发音，可多次进行。

二、哈欠叹息训练

1. 适用情况

儿童发音时喉部肌肉、声带紧张。

2. 目标

放松喉部相关的肌肉和按摩声带。

3. 材料与工具

（1）玩具。

（2）哈欠叹息示意图。

4. 步骤与方法

（1）康复师可先对儿童说明："你要做完 5 次哈欠叹息训练，我才给你玩具。"康复师可伸出手，面对儿童大声地计数，并在儿童做的过程中及时地鼓励、称赞他，告诉他还差几次就可以拿到玩具了，已经做了几次好厉害，等等。

（2）康复师可模拟一个场景问儿童："晚上你困了的话，会不会打哈欠，你是怎么打哈欠的？"儿童可能会做出打哈欠的动作，康复师要注意观察儿童的动作是否正确，不正确的话要及时进行纠正并示范。

（3）康复师示范打哈欠，告诉儿童："打哈欠时，我们可以举起手臂至头顶，/he——/，放下，/ha——/，好了，1 次了，还有 4 次，再举起手臂，/he——/，放下，/ha——/。"张开嘴巴打哈欠与举手臂到头顶再放下这两个活动要相互配合着同时进行，这样可控制儿童打哈欠的意识。在手臂举至头顶还未放下时，注意让儿童保持半哈欠状态，不要较快结束。

（4）在完成训练目标时，如儿童达到要求，完成 5 次哈欠叹息训练，康复师可奖励儿童玩具，并及时鼓励。

5. 注意事项

（1）打哈欠时应有意识地控制节奏，尽量达到半打哈欠的状态，这样比较有利于儿童找到喉腔打开的状态，完全打一个哈欠之后喉腔又会回到最初未完全打开的阶段。

（2）练习须配合均匀的呼吸。

（3）康复师要注意儿童的情绪，不能让儿童感到疲劳，儿童有抵抗情绪时康复师要注意帮助儿童疏解，鼓励儿童完成训练。

6. 延伸训练

（1）此训练可结合咀嚼哼鸣法、喉部按摩进行，这将更有助于儿童放松喉部肌肉。

（2）家长可以有意识地让儿童在临睡时或起床时做哈欠叹息训练，此训练可多次进行。

三、呵气发音训练

1. 适用情况

儿童发音时有喉腔过紧、硬起音或音调偏高的问题。

2. 目标

解决儿童发音时喉腔过紧、硬起音或音调偏高的问题，改善发音情况。

3. 材料与工具

手机或可播放歌曲《双截棍》的其他电子设备。

4. 步骤与方法

（1）康复师可结合之前的哈欠叹息训练和呼吸训练进行此训练。

（2）康复师播放歌曲《双截棍》，让儿童模仿"快使用双截棍哼哼哈兮，快使用双截棍哼哼哈兮"，学会这一段之后，康复师可单独拿出 /heng-heng-ha/ 进行有节奏地交替训练，如 /heng-heng-heng-ha-ha/、/heng-ha-ha/ 等。康复师在训练时手指可跟随节奏变化有上有下，并对儿童进行适当鼓励与奖励。

5. 注意事项

（1）儿童的喉腔要尽量放松打开，儿童可以将手放在喉部，发声时喉头尽量保持在相对较稳定的位置，不要上提，通过呼吸支持推动声带振动发音。

（2）注意了解儿童感兴趣的 /h/ 相关音和喜欢的发音节奏，下次训练时可直接使用。

6. 延伸训练

除 /heng/、/ha/ 之外，家长还可对儿童进行 /hei/、/hi/ 等 /h/ 相关音的训练。

四、甩臂发音训练

1. 适用情况

儿童声门闭合能力差，存在软起音的问题。

2. 目标

提高儿童的声门闭合能力，减少软起音的产生，帮助儿童建立正确的起音方式。

3. 步骤与方法

（1）康复师向儿童示范甩臂后推的动作，并让儿童学习。康复师指导儿童将紧握的双拳提至胸前，深吸气，然后在用力呼气的同时将手臂突然向下、向后甩至臀部以下，并且完全张开手掌。

（2）康复师示范用力甩臂后推的同时发单元音，并让儿童学习。注意用力甩手臂，并同时起音，以提高声门闭合能力，减少软起音的产生。

（3）康复师示范边甩臂后推边说单音节词，并让儿童学习。注意用力甩手臂，并同时起音，以提高声门闭合能力，减少软起音的产生。在此基础上，儿童逐渐过渡到用正确的起音方式发声。

（4）儿童建立正确的起音方式，省略甩臂后推动作，直接说单音节词。

4. 注意事项

甩臂后推训练适合存在软起音问题的儿童。训练时儿童要先深吸气，然后在用力呼气的同时将手臂突然向下、向后甩至臀部以下。能熟练完成此动作后，儿童再练习边用力往后甩手臂边大声发单元音、说单音节词。

5. 延伸训练

（1）此训练可结合搬重物、搬椅法进行，这有助于缓解软起音现象。

（2）家长可以有意识地让儿童在临睡时或起床时做甩臂后推练习，此练习可多次进行。

五、哼鸣训练

1. 适用情况

儿童发音时声带闭合不全及其所致的嗓音音质异常。

2. 目标

通过闭嘴哼鸣的方式发音，使声道内的气流在哼鸣时反作用于声带，促进儿童声带的闭合，改善音质。

3. 材料与工具

哼鸣图片。

4. 步骤与方法

（1）康复师向儿童介绍哼调的动作要领，即哼鸣时双唇自然闭合，气流从鼻腔出来。利用图片，康复师与儿童一起哼调，自然闭合双唇，气流从鼻腔发出，从易到难哼不同的调。注意哼鸣时声带是振动的。

（2）康复师向儿童介绍哼歌的动作要领，即哼鸣时双唇自然闭合，气流从鼻腔出来。利用图片，康复师与儿童一起哼歌，自然闭合双唇，气流从鼻腔发出，哼熟悉歌曲的调子。注意哼歌时声带是振动的。

（3）康复师向儿童介绍哼歌后发单元音的动作要领，即哼歌时双唇自然闭合，气流从鼻腔出来，发音时再将嘴巴张开。利用图片，康复师与儿童一起哼歌后发单元音，自然闭合双唇，气流从鼻腔发出，然后嘴巴张开，过渡到发 /ɑ/、/i/、/u/ 或以浊音开头的单音节词。注意哼歌时声带是振动的。

5. 注意事项

康复师可将手放在儿童的鼻腔前，看气流是否从鼻腔出来，或者让儿童将手放在自己的甲状软骨处感觉声带的振动。

6. 延伸训练

（1）此训练可结合呼吸训练进行。

（2）儿童可在模拟开车时进行哼鸣训练，逐渐增加长度，或者变化哼鸣的音调。

六、气泡音发音训练

1. 适用情况

儿童发音时声带闭合不全及其所致的嗓音音质异常。

2. 目标

放松声带使声带振动更均匀且富有规律性，同时增强声带内收能力，从而改善嗓音音质。

3. 材料与工具

（1）水杯。

（2）吸管。

4. 步骤与方法

（1）康复师向儿童出示盛有水的杯子和吸管，并用吸管在水中吹气。儿童能听到一系列低沉、缓慢的噼啪声，并且看到气泡冒出。

（2）康复师引导儿童模仿气泡冒出的声音。康复师若发现儿童模仿有误，要及时纠正并示范。

（3）康复师可以告诉儿童："金鱼也会呼气吐泡泡，大家一起学金鱼吐泡泡，也就是呼气时，微微张开嘴，尽量放松喉腔，从喉咙中发出一系列低沉、缓慢的噼啪声，吸气时也一样，呼气和吸气时交替发气泡音。"

5. 注意事项

儿童要尽量放松喉部，尽量持续发出气泡音。

6. 延伸训练

在进行气泡音发音训练之后，儿童可由吸气或呼气发气泡音过渡到以气泡音缓慢发 /i/ 音，并尽量延长发音；在吸气或呼气时发气泡音，然后自然发音，如 /i/ 音，并尽量延长发音。

七、半吞咽时发音训练

1. 适用情况

儿童发音时声带闭合不全及其所致的嗓音音质异常。

2. 目标

通过在吞咽进行到一半时用较低的音调大声地发诱导音 /bo—m/，使产生的气流在声道内反作用于声带，提高声带闭合的能力，改善音质。

3. 材料与工具

镜子。

4. 步骤与方法

（1）康复师向儿童介绍半吞咽的动作要领，即在吞咽进行到一半、喉的位置处于最高时进行发音。康复师指导儿童用手指指腹触及喉部，体会喉的上下运动。康复师也可让儿童将头部转向两侧或将下颌放低，发 /bo—m/ 音。训练时康复师可让儿童对着镜子看喉的上下运动。

（2）康复师教儿童在半吞咽时发无意义音节。首先，康复师教儿童在半吞咽时发 /bo—m/ + /i/。注意使用正确的发音方式：在喉上抬时发 /bo—m/，紧跟着用正常发音

方式发 /i/。然后，康复师教儿童在半吞咽时发 /bo—m/ + /i/ + /bo—m/，要求发声连贯。注意使用正确的发音方式：在喉上抬时发 /bo—m/，紧跟着用正常发音方式发 /i/，在第二次半吞咽时发 /bo—m/。

（3）康复师教儿童在半吞咽时发有意义音节。首先，康复师教儿童在半吞咽时发 /bo—m/+ 以 /y/ 开头的词语。注意使用正确的发音方式：在喉上抬时发 /bo—m/，紧跟着用正常发音方式发以 /y/ 开头的词语。然后，康复师教儿童在半吞咽时发 /bo—m/+ 以 /y/ 开头的词语 +/bo—m/，要求发声连贯。注意使用正确的发音方式：在喉上抬时发 /bo—m/，紧跟着用正常发音方式发以 /y/ 开头的词语，在第二次半吞咽时发 /bo—m/。

（4）康复师教儿童在半吞咽时说短语。首先，康复师教儿童在半吞咽时发 /bo—m/+ 短语。注意使用正确的发音方式：在喉上抬时发 /bo—m/，之后紧跟着用正常发音方式说短语。然后，康复师教儿童在半吞咽时发 /bo—m/+ 短语 +/bo—m/，要求发声连贯。注意使用正确的发音方式：在喉上抬时发 /bo—m/，之后紧跟着用正常发音方式说短语，在第二次半吞咽时发 /bo—m/。

（5）康复师逐渐增加字词的长度，要求儿童在半吞咽时去掉诱导音 /bo—m/，直接用半吞咽方式说字词。

（6）康复师让儿童逐渐将吞咽动作也去掉，把头部和下颌移到自然位置，练习自然发音。

5.注意事项

（1）半吞咽动作与发音必须同时进行，如果不是同时进行，康复师可以终止本次训练，待儿童调整好呼吸与喉的状态后再次进行。

（2）半吞咽时发音训练的次数不宜过多，完成后巩固数次即可。

6.延伸训练

此训练可以结合甩臂后推法进行，增加儿童对半吞咽时喉上抬动作的自我控制。

第四节　音调训练

一、手指按压训练

1.适用情况

儿童发音时音调异常。

2. 目标

针对不同的音调异常类型采用不同的按压手法，改变喉软骨位置，提高或降低音调。

3. 步骤与方法

（1）音调过高

①下压甲状软骨时发元音　儿童面对康复师坐在椅子上，康复师要求儿童发一个拉长的元音 /a/ 或 /i/，同时康复师把右手食指放于儿童的甲状软骨切迹上，拇指和中指分别固定于两侧的甲状软骨板，食指用力，将甲状软骨向后、向下推，此时儿童的音调会立刻降低。

②保持低音调发声过渡到发其他音　康复师移开手指，让儿童把自己的拇指和食指轻轻地按压在甲状软骨上进行发声，体会并记住低音调发声时喉的位置。然后儿童移开手指，保持喉的位置和音调不发生变化进行发声，逐步过渡到发其他音，并在平常说话时使用此音调。

（2）音调过低

①上推甲状软骨时发元音　儿童面对康复师坐在椅子上，康复师要求儿童发一个拉长的元音 /a/ 或 /i/，同时康复师把右手食指放于儿童的甲状软骨切迹上，拇指和中指分别固定于两侧的甲状软骨板，拇指和中指用力，将甲状软骨向上推，此时儿童的音调会立刻升高。

②保持高音调后过渡到发其他音　康复师移开手指，让儿童把自己的拇指和食指轻轻地按压在甲状软骨上进行发声，体会并记住高音调发声时喉的位置。然后儿童移开手指，保持喉的位置和音调不发生变化进行发声，逐步过渡到发其他音，并在平常说话中使用此音调。

（3）音调变化过大

①体会喉的纵向运动　儿童将食指和中指的指腹放在甲状软骨上，先发一个中等音调的音，再依次降低一个音级，直到最低，通过指腹感觉并体会喉的下降运动；然后依次上升一个音级，直到最高（防止出现假声），通过指腹感觉并体会喉的上升运动。

②手指辅助发声　儿童用食指和中指将甲状软骨固定在适当的位置上（在这个位置发声的音调是儿童的自然音调），并限制喉的移动幅度，然后通过大量朗读或交流来强化这种发声方式，直至不需要手指的辅助力量儿童也可以保持发声时喉的纵向移动幅度很小。这时声带的振动耗能较少，嗓音是放松、自然的。

4. 注意事项

（1）按压时，手指力道要适中，不能太用力。

（2）训练后期，逐渐减少按压频率。

（3）可以让儿童对着镜子，感受不同音调时喉的位置。

5. 延伸训练

儿童在家中可对着镜子进行练习，家长也可代替康复师在家中对儿童进行训练，增加训练时间，提高训练效果。

二、乐调匹配训练

1. 适用情况

儿童发音时音调异常、音调控制能力差。

2. 目标

根据儿童现有的音调水平，选择乐器的不同音阶进行训练，逐步帮助儿童建立正常的音调，提高儿童对音调控制的能力。

3. 材料与工具

电子琴。

4. 步骤与方法

训练采用开音乐会唱歌的形式，儿童作为歌唱家，康复师作为演奏家，儿童随音乐声完成相应任务。

（1）康复师让儿童哼唱乐调。康复师弹琴的同时儿童哼唱乐调中某音调。康复师应根据儿童对应的言语基频参考标准确定目标音调，并根据当前儿童的言语基频确定本次训练使用的音阶，乐调的上升或下降应根据儿童障碍的类型确定，若儿童音调过低，康复师则应选用升调进行训练。

（2）康复师让儿童哼唱后发单元音。康复师弹琴的同时儿童哼唱，并稳定在最末一个音符对应的音调上，然后过渡到发单元音 /ɑ/、/o/、/e/、/i/、/u/、/ü/。如果儿童音调过低，康复师则应采用先升调再发音的形式进行训练，并遵循从易到难的原则。康复师根据儿童当前的言语基频选择阶段目标音调，根据儿童的能力决定音阶及元音的数量。

（3）康复师让儿童哼唱后数数。康复师应根据儿童的言语基频选择阶段目标音调，根据儿童的能力决定音阶及数字的数量，以及是升调还是降调。

（4）康复师让儿童哼唱后说词语。当儿童能很好地完成上述发音时，康复师可以让儿童先哼唱音，再练习说词语。康复师应根据儿童的言语基频选择阶段目标音调，根据儿童的能力决定音阶的数量、词语的难度，以及是升调还是降调。康复师可视儿童情况逐渐增加词语难度，如从双音节词到多音节词，再到短句。

（5）康复师让儿童歌唱式发单元音，即像唱歌一样将单元音配上某种音调唱出。如果儿童音调过低，康复师则应采用先升调再发音的方式进行训练，并遵循从易到难的原则。康复师根据儿童的言语基频选择阶段目标音调，根据儿童的能力决定音阶及元音的数量。

（6）康复师让儿童歌唱式说词语，即像唱歌一样将词语配上某种音调唱出。康复师应根据儿童的言语基频选择阶段目标音调，根据儿童的能力决定音阶的多少、词语的难度，以及是升调还是降调。

5. 注意事项

（1）康复师应根据儿童的言语基频选择阶段目标音调，根据儿童的能力决定音阶的数量。

（2）若儿童音调偏低，康复师则选用升调进行训练；音调偏高，则选用降调进行训练。

（3）训练要遵循由易到难的原则。

（4）乐器可根据儿童的情况选择。

6. 延伸训练

儿童能熟练配合完成此训练后，可以自己弹奏乐器，边弹边哼唱。

三、提高音调训练

1. 适用情况

儿童发出的声音给人以沉闷、低沉的感觉。

2. 目标

改善儿童的发音情况，提高其音调至正常水平。

3. 材料与工具

（1）标注上升音调的阶梯图片（图3–5）。

（2）指挥棒或笔。

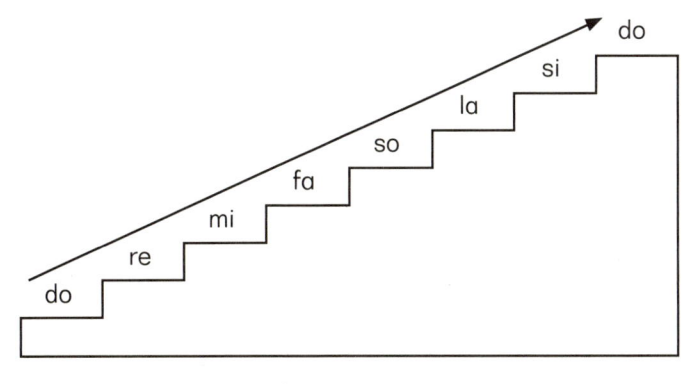

图 3-5　阶梯图片

4. 步骤与方法

（1）康复师可设置训练主题，如"爬山"，先确定目标音调，固定标准之后，让儿童发目标音调进行感受。

（2）康复师利用标注了上升音调的阶梯图片，让儿童用升调来哼音调。康复师用指挥棒控制儿童升调的节奏，就像爬山一样，上升、停顿、上升、停顿，在停顿的音调处使用对应音符的音调从 1 数到 5。儿童数数时音调尽可能稳定在同一音符上。儿童要进行反复训练，巩固训练效果。

5. 注意事项

康复师要注意儿童的呼吸与发声时的音调变化，及时纠正并示范。

6. 延伸训练

（1）儿童可用唱歌的形式将韵母配上某种音调以升调的形式唱出。

（2）儿童可利用阶梯图片，通过每说一个字增加一个音调的方式，将说话的音调由低逐渐抬高。注意两个字之间言语基频的上升幅度不宜过大，逐渐地提高，直到说完整个句子。

四、降低音调训练

1. 适用情况

儿童发出的声音让人听起来感觉刺耳和尖锐，给人一种不真实、做作的印象。

2. 目标

改善儿童的发音情况，降低其音调至正常水平。

3. 材料与工具

（1）标注下降音调的阶梯图片（图 3-6）。

（2）指挥棒或笔。

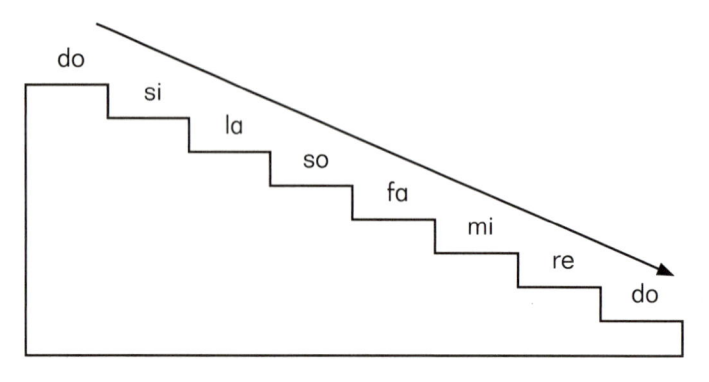

图 3-6　阶梯图片

4. 步骤与方法

（1）康复师可设置训练主题，如"下楼"，先确定目标音调，固定标准之后，让儿童发出目标音调进行感受。

（2）康复师利用标注了下降音调的阶梯图片，让儿童用不同韵母分别加上 /h/ 进行练习，如 /he/，就像下楼一样，音调从高到低。康复师可以用指挥棒控制儿童降调的节奏，也可以用手势表示音调高低，并反复训练。

5. 注意事项

康复师要注意儿童降低音调时的声音，及时纠正并示范。

6. 延伸训练

（1）康复师可利用阶梯图片，用单音节词进行降调训练。

（2）康复师可根据儿童的能力，用 /mo/、/bo/、/la/、/mo-la/、/mo-la/ 进行音节个数较多、较长的升降调或降升调训练。

五、增加音调变化训练

1. 适用情况

儿童发音时音调变化单一，说话像机器人一样。

2. 目标

改善儿童的发音情况，提高儿童的音调变化能力。

3. 材料与工具

"上山–下山"图片（图 3-7）。

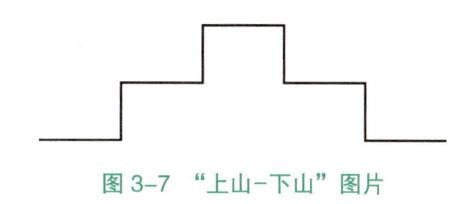

图 3-7 "上山–下山"图片

4. 步骤与方法

（1）康复师可设置训练主题，如"爬山"，利用"上山–下山"和"下山–上山"进行升降调或降升调训练，帮助儿童理解升降调或降升调的意义。

（2）康复师利用"上山–下山"图片，以目标音调为基准，用 /mi/、/bi/ 进行逐步升调、逐步降调，以及逐步升降调或降升调的训练。在训练的过程中，康复师可逐渐增加音节个数。

（3）康复师利用"上山–下山"图片，以目标音调为基准，根据儿童的能力，用 /mo/、/bo/、/la/、/mo–la/、/bo–la/ 进行音节个数较多、较长的升降调或降升调训练。

5. 注意事项

康复师要注意儿童升高、降低音调时的声音，及时纠正并示范。

6. 延伸训练

康复师还可采用"上下坡"、"钻山洞"等游戏，利用身体逐渐站立或弯曲来更形象地表明音调的上升和下降。

第五节　响度训练

一、用力搬椅训练

1. 适用情况

儿童发音时声音响度偏低。

2. 目标

提高儿童言语时声音的响度。

3. 材料与工具

椅子。

4. 步骤与方法

（1）康复师演示用力搬椅的动作。康复师坐在椅子上，双手抓住椅子，向上用力搬椅子，然后突然加大力气，想象把自己"搬"起来，然后让儿童模仿。

（2）康复师让儿童在用力搬椅时发单元音。康复师让儿童边做动作边发音，注意要在搬椅的过程中突然加大力气，同时提高声音的响度。

（3）康复师让儿童在用力搬椅时发双元音。康复师让儿童边做动作边发音，注意要在搬椅的过程中突然加大力气，同时提高声音的响度。

（4）康复师让儿童用力搬椅时发元音再过渡到说词语。当儿童能够很好地完成上面的动作和发音时，康复师让儿童在向上搬椅的过程中发元音，然后在突然用力的同时提高响度说含有该元音的词语。

（5）康复师让儿童在用力搬椅时说词语。康复师让儿童在向上搬椅的过程中去掉过渡元音，直接说词语。注意要在突然用力的同时大声说词语，但要避免出现硬起音现象。词语难度可逐渐增加。

（6）对于响度过低但不存在软起音问题的儿童，康复师可以让儿童在搬椅时逐渐加大力气，同时提高响度发音，以逐渐提高声音的响度。

（7）康复师让儿童不再依靠用力搬椅的动作辅助，自然响亮地发音。

5. 注意事项

（1）在练习时，康复师要注意儿童的安全，防止儿童因用力不均而摔倒。

（2）儿童在突然用力发声说单元音或词语时，要避免出现硬起音现象。

（3）在训练时，康复师应尽量降低环境噪声。

6. 延伸训练

康复师也可让儿童利用抬重物进行响度练习，步骤同用力搬椅训练一样，发声的内容可根据儿童的实际情况决定。

二、掩蔽时发音训练

1. 适用情况

儿童发音时声音响度偏低。

2. 目标

儿童在有背景声的条件下进行发音，通过调节背景声的大小，使儿童不自觉地进行声门下压及声带闭合，从而提高声音的响度。

3. 材料与工具

（1）音乐播放器。

（2）耳机。

（3）音乐声、自然声和噪声的示意图片。

4. 步骤与方法

（1）康复师选择适当的背景声对儿童进行掩蔽。康复师用不同图片代表不同类型的声音，给儿童听不同类型的声音，如音乐声、自然声、噪声，向儿童解释在有外界噪声干扰的情况下说话，响度会增加。

（2）康复师让儿童在持续掩蔽时发音。儿童戴上耳机或使用扬声器，康复师随机选择一种声音或根据儿童的喜好选择一种声音，调节背景声响度，使之在儿童原有的响度水平上增加 6 dB 或 6 dB 的倍数。康复师持续给背景声，并让儿童发音。

（3）康复师让儿童在间断掩蔽时发音。康复师采用间断给声的方式，即背景声时有时无，同时让儿童发音。不管是否有背景声，儿童发音时的声音响度都保持不变。康复师在给声时逐渐增加无背景声的时间，随机设定有背景声的时间长短和时间间隔，以及背景声的响度和种类。发音材料选择无意义音。

（4）康复师让儿童在无掩蔽时发音。康复师撤去掩蔽声，让儿童在无背景声的环境下发音。

5. 注意事项

（1）在训练过程中，初期目标不要定太高，以免难度太大，打击儿童积极性。

（2）康复师要按步骤开展训练，使儿童逐步脱离背景声的影响，不自觉地提高声音的响度。

（3）在训练中，康复师或家长要多鼓励儿童，帮助儿童建立自信。

6. 延伸训练

当儿童发音时的声音响度有了一定的提高后，康复师可以在嘈杂的环境中与儿童对话，同时要求儿童回答问题或提问的声音必须能让康复师听到。

三、模拟碰撞时发音训练

1. 适用情况

儿童发音时声音响度偏低、响度控制能力差。

2. 目标

能够在物体撞击的瞬间突然提高响度发音。

3. 材料与工具

（1）球。

（2）瓶子。

4. 步骤与方法

（1）康复师讲解并示范滚球撞瓶的动作，也就是将小球滚向一个瓶子，并撞倒它。康复师教儿童学会该动作。

（2）康复师让儿童滚球撞瓶并发音，球滚动的过程中持续发 /m/ 音，球撞到瓶时突然提高响度发目标音。球滚动时，康复师注意引导儿童做好发音准备。

（3）康复师让儿童边想象滚球撞瓶的过程边发音，在想象滚球的过程中持续发 /m/ 音，球撞瓶的瞬间突然提高响度发目标音。

5. 注意事项

（1）小球与瓶子的距离可由短变长，逐渐增加训练难度。

（2）儿童在突然用力发声说单元音或词语时，要避免出现硬起音现象。

（3）在练习时，康复师应尽量降低环境噪声。

6. 延伸训练

训练可选用其他类似的碰撞动作或场景进行，如关门、拍桌子等。

四、响度梯度提高训练

1. 适用情况

儿童发音时声音响度偏低、响度控制能力差。

2. 目标

逐渐提高响度，提高儿童的响度控制能力。

3. 材料与工具

响度变化图片（图 3-8）。

图 3-8　响度变化图片

4.步骤与方法

（1）康复师用通俗的语言讲解或示范五级不同响度的声音，使儿童能够识别五级响度水平（见表 3-1），并且明确五级响度由弱到强的变化关系。

表 3-1　五级响度水平表

等级	名称	描述
1	耳语声	在耳朵旁说话才能听到的声音（声带不振动）。
2	轻声	不会吵醒周围人休息的声音。
3	交谈声	与人进行正常交流时的声音。
4	大声	平常在大众面前演讲时的声音（没有麦克风）。
5	喊叫声	生气时的说话声，或者运动场上啦啦队队员的喊叫声。

（2）康复师利用响度变化图片向儿童示范响度的增加过程，即从较小的响度变化到较大的响度。康复师可以根据儿童的能力，逐渐提高响度。

（3）康复师利用响度变化图片选用数字由小到大的递增概念进行提高响度的练习。康复师可以根据儿童的能力，确定选取数字的数量。

（4）康复师利用响度变化图片选用词语或短句让儿童进行发音，每发一个多音节词，就提高一级响度。

5.注意事项

（1）康复师可根据儿童的能力和情况，逐渐提高响度。

（2）在训练过程中，康复师要选用不包括塞音的词语或短句进行练习，避免出现硬起音现象。

6.延伸训练

康复师可利用上楼梯进行提高响度练习，每上一级台阶响度就提高一些。

五、响度梯度降低训练

1. 适用情况

儿童发音时声音响度偏大、响度控制能力差。

2. 目标

逐渐降低响度，提高儿童的响度控制能力。

3. 材料与工具

响度变化图片（图3-9）。

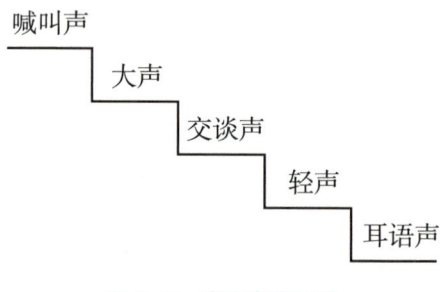

图3-9 响度变化图片

4. 步骤与方法

（1）康复师用通俗的语言讲解或示范五级不同响度的声音，使儿童能够识别五级响度水平，并且明确五级响度由强到弱的变化关系。

（2）康复师利用响度变化图片向儿童示范响度的降低，即从较大的响度变化到较小的响度。康复师可以根据儿童的能力，逐渐降低响度。

（3）康复师利用响度变化图片选用数字由大到小的递减概念进行降低响度的练习。康复师可以根据儿童的能力，确定选取数字的数量。

（4）康复师利用响度变化图片选用词语或短句让儿童进行发音，每发一个多音节词，就降低一级响度。

5. 注意事项

（1）根据儿童的能力和情况，逐渐降低响度。

（2）在训练过程中，康复师要选用不包括塞音的词语或短句进行练习，避免出现硬起音现象。

6. 延伸训练

（1）康复师可利用下楼梯进行降低响度练习，每下一级台阶响度就降低一些。

（2）康复师可通过"小兔子下坡"等游戏，采用响度随下坡而降低的形式进行训练。

六、响度变化控制训练

1. 适用情况

儿童发音时声音响度异常、响度控制能力差。

2. 目标

提高儿童对响度的控制能力。

3. 材料与工具

响度变化图片（图 3-10）。

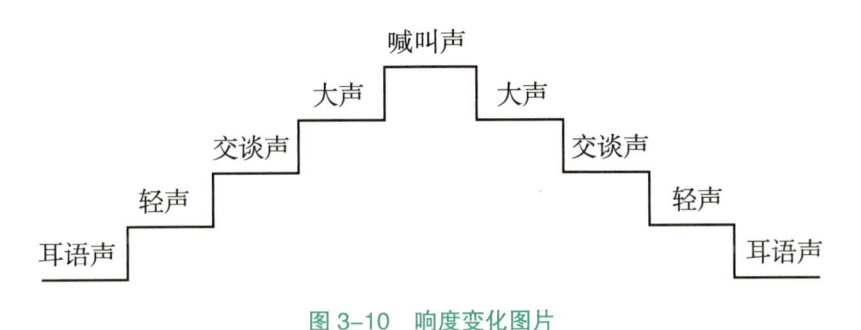

图 3-10　响度变化图片

4. 步骤与方法

（1）康复师向儿童示范动作，将双臂置于身体正前方，双臂间距与肩同宽。深呼吸，连续发音，如 /a-a-a……/，音量增加时，双臂向身体两侧水平展开；音量降低时，双臂收回至身体正前方。

（2）康复师利用响度变化图片向儿童解释响度变化的意义，即能够自如地改变响度。康复师可以根据情境的需要，提高或降低响度。

（3）康复师利用响度变化图片让儿童一口气发"我好开心呀"等句子，并逐步提高或降低响度，提升呼吸动力的稳固性和持久性；同时，有效利用呼出的气流，使发音轻松自然。

5. 注意事项

训练初期，声音响度尽量不要变化太快，当儿童达到一定能力后，康复师可根据儿童的情况确定响度的变化。

6. 延伸训练

（1）康复师可以通过"钻山洞"游戏进行响度控制训练。进山洞时响度降低，出山洞时响度提高。

（2）康复师可以通过"障碍赛跑"活动进行响度控制训练，上坡时响度逐渐提高，在平台时响度保持不变，下坡时响度逐渐降低。

第六节　音质异常的训练

一、吸入式发音训练

1. 适用情况

儿童的嗓音音质异常。此训练尤其适用于功能性失音症和室带性发声障碍的儿童。

2. 目标

通过吸气时发音帮助儿童重新使用真声带进行发音。

3. 步骤与方法

（1）康复师向儿童示范并教学，利用双肩辅助发音，举起双臂的同时倒吸一口气，并以高音调发高元音，放下双臂的同时呼出气体。

（2）康复师向儿童示范并教学，利用双肩辅助发音，耸肩的同时倒吸一口气，并以高音调发高元音，在呼气的同时放松双肩，仍以高音调发该音，也就是将吸气时发音转换为呼气时发音。

（3）康复师让儿童去除吸气时发音的诱导动作，直接用舒适的方式发音，巩固真声带发音。发音材料可选择短语（例如，以"动物园"为主题），也可根据课程的具体安排选择合适的材料。

4. 注意事项

只要儿童能够正常地发出声音，即可去除吸气发音时的诱导动作。

二、吟唱训练

1. 适用情况

儿童的嗓音音质异常。

2. 目标

用类似唱歌的形式，流畅连贯地说话，通过变化较小的音调、响度，舒适、规律的声带振动，改善音质。

3. 步骤与方法

（1）康复师向儿童解释吟唱式发音方法（简称"吟唱法"）的动作要领，要求儿童体会如何用舒适的音调进行流畅连贯且音调、响度变化不大的发音。康复师可利用简单的 /a/ 音做示范。

（2）康复师教儿童用吟唱法发无意义音节，如 /ha/，用单一的音调连贯发音。康复师可以让儿童增加无意义音节的个数，连续发音，如 /ha–ha–ha/，一口气发尽可能多的音，如 /ha–ha–ha–ha–ha–ha……/。

（3）康复师教儿童用吟唱法发一个单音节词，如"花"，用单一的音调连贯发音，并适当延长韵母部分的发音。然后，儿童连续发该单音节词，一口气重复发音，如"花–花–花"，一口气发尽可能多的音，如"花–花–花–花–花–花……"。

（4）康复师教儿童用吟唱法发一个双音节词，如"蛤蟆"，用单一的音调连贯发音，并延长后一个字韵母部分的发音。然后，儿童连续发该双音节词，一口气重复发音，如"蛤蟆–蛤蟆–蛤蟆"，一口气发尽可能多的音，如"蛤蟆–蛤蟆–蛤蟆–蛤蟆……"。

（5）康复师教儿童用吟唱法读句子。儿童读句子时要保持音调舒适、单一，一口气不停顿，如"红色的小花好漂亮"。

（6）在儿童掌握了吟唱法后，康复师让儿童采用自然音和吟唱音交替的说话方式，体会自然音与吟唱音之间的差别，建立舒适的起音方式（从单音节词、双音节词到句子）。

三、软腭上抬训练

1. 适用情况

儿童发音时鼻音较重。

2. 目标

通过提高咽壁肌肉的力量、锻炼软腭的抬举功能，改善鼻音较重的问题。

3. 材料与工具

（1）压舌板。

（2）纱布。

（3）镜子。

4. 步骤与方法

（1）康复师先让儿童放松坐好，上半身略向前倾，然后告诉儿童："你的眼睛跟随我的手指向上看，下巴不能动，张大嘴巴，然后尽量向下伸出舌头，发 /ɑ/ 音。"康复师要先进行动作示范，再教会儿童。之后，康复师注意控制节奏，让儿童跟着指令做动作。若儿童伸舌头伸出得较短或难以伸出，康复师可用手指拿纱布向外轻拉儿童的舌头帮助儿童将舌头伸出，也可用压舌板控制。

（2）康复师让儿童将悬雍垂往后上方抬举，尽量贴住后咽壁。若儿童不知道如何抬举悬雍垂，康复师可用压舌板帮助抬举，并让儿童对着镜子观察抬举情况。在此过程中，儿童腹部内收，只做吸气的动作，但事实上并没有吸气，只是把气屏在口中。

5. 注意事项

（1）康复师使用压舌板向后上方抬举悬雍垂时，注意儿童能否接受，若儿童有呕吐征兆要及时停止。

（2）注意保持儿童下巴不动，悬雍垂尽量往上抬举贴住后咽壁。

6. 延伸训练

每天起床刷牙时儿童可利用牙刷代替压舌板抬举悬雍垂，进行软腭上抬的训练。

四、鼻音发音训练

1. 适用情况

儿童有共鸣障碍、构音障碍、软腭运动障碍。

2. 目标

提高悬雍垂的运动能力，形成鼻腔共鸣。

3. 材料与工具

（1）悬雍垂运动训练器（鼻子笛）。

（2）奖励玩具。

4. 步骤与方法

（1）训练前康复师先告诉儿童："我们先做五次，一起数，做完五次，我给你拿你喜欢的玩具。"

（2）初次训练时，康复师可给儿童戴好悬雍垂运动训练器（将悬雍垂运动训练器的上部放在鼻下，将下方的开口处对准嘴巴），之后可以让儿童自己戴。

（3）康复师让儿童做塞音加闭元音 /bi/ 或 /di/（使软腭上抬）与鼻音 /m/ 或 /n/（使

软腭降低）交替发音训练，以尽可能地产生最佳的鼻腔共振。训练时，康复师要多鼓励和奖励儿童。例如，康复师说："来，一起发 /bi–m–bi–m/ 或 /di–n–di–n/，一次……两次，继续，玩具都准备好了，还差三次。"

5. 注意事项

注意发音训练的难度，逐渐增加单词长度。

五、打开喉腔训练

1. 适用情况

儿童发音时喉音过重、喉腔过紧。

2. 目标

改善儿童发音时喉音过重、喉腔过紧的问题。

3. 材料与工具

压舌板。

4. 步骤与方法

（1）康复师让儿童把口张开到两个手指能竖立放进去的大小。

（2）康复师让儿童将舌尖抵住下齿，尽可能张开嘴巴，注意嘴巴张开的同时喉腔放松。

（3）儿童在打开喉腔的同时，慢慢呼出气体，也可以发 /a/、/ao/ 等音并拖长发音，体会打开喉腔后发音的感觉。

（4）训练时，康复师要正确指导，可用压舌板帮助儿童将舌尖抵住下齿，尽可能张开嘴巴。

5. 注意事项

（1）气息是呼出口外而不是吸入。

（2）舌根后缩与呼气是协调同时进行的。

（3）此训练可多次进行，但若儿童有呕吐征兆，应及时停止，休息之后再进行。

6. 延伸训练

此训练可结合哈欠叹息训练进行。哈欠叹息后，尽可能地打开喉腔，缓慢呼气或发 /a/、/ao/ 等音并拖长发音。

第四章 口吃

本章列出了针对有口吃问题的儿童常用的训练方法。一些儿童如果年龄较小、口吃意识尚欠，没有害怕、逃避或怪异的动作出现，则不必须进行正式的训练。但是，如果儿童出现严重的心理障碍，则建议儿童在接受口吃训练的同时接受专业的心理咨询指导。

第一节　家庭指导

家庭指导

1. 适用情况

家长对儿童的口吃行为感到焦虑，不能正确对待儿童的口吃问题。

2. 目标

改善儿童的语言环境和家庭环境，缓解儿童的情绪压力。

3. 步骤与方法

以下是指导家长如何鼓励儿童在放松的语言环境下说话的方法。

（1）家长要先减慢语速，这样儿童就会相应地减慢语速。当儿童语速快的时候，家长可以说"不用着急，我们有很多的时间听"，而不应该说"慢慢说，放松点"之类的话。

（2）家长可以通过改变口语交流方式，如减少提问次数、应用陈述句等方式，减少儿童口吃的出现。比如，当儿童在玩耍时，家长可以用一些简短的句子与儿童谈论他在做什么、想什么、有什么感受，说话语气要平和，不要让儿童感到是在做训练，否则儿童可能会拒绝回答。

（3）在与儿童交谈的过程中，家长要避免使用指示性的问句，比如，"告诉妈妈，你去过哪里？""告诉爸爸，我们过去见到了什么？""告诉爷爷，你生日得到了什么？"家长可以用给儿童描述事情发展的方式，让儿童发表自己的看法，但不要逼迫儿童。

（4）和儿童进行对话时，家长最好把谈论的物品摆在儿童面前，也可以用图画代替实物。比如，与儿童一块看故事书时，家长可以给图画命名、描述图画的特征或评论图画上的行为。如果儿童能自发地给图画命名或进行评论，家长就更容易诱导出儿童的流畅性言语。

（5）当儿童说话时，家长要注意听，不要随意打断，这样会增加儿童的非流畅性言语。

（6）对于儿童的口吃问题，家长不要反应过度，应该放轻松，认识到口吃是一部分儿童语言发育中的一个阶段。此外，家长要营造一个舒适放松、温暖融洽的家庭环境，这在一定程度上能够缓解儿童的口吃问题。

第二节　放松训练

一、身体放松训练

1. 适用情况

儿童对说话感到紧张，说话时甚至会出现各种不正常的动作和行为，如歪嘴、面部抽搐、颈部乱动、手舞足蹈等。

2. 目标

使儿童放松身体，缓解紧张的肌肉群，进而放松心情，为自然发声奠定基础。

3. 材料与工具

舒适的椅子。

4. 步骤与方法

（1）康复师与儿童面对面自然地坐在椅子上，两人均双脚离地慢慢抬起，脚尖朝身体方向勾，持续5秒，让儿童体会肌肉收缩的状态；然后双腿慢慢放松，缓缓下落至双脚置于地面，持续5秒，让儿童体会肌肉放松的状态。

（2）康复师与儿童面对面自然地坐在椅子上，两人的双臂置于身体两侧自然下垂，双手紧握成拳，持续5秒，之后慢慢放松，让儿童体会肌肉收缩和放松的感觉。

（3）康复师与儿童面对面自然地坐在椅子上，两人的双臂向上弯曲朝向胸口，做类似引体向上的动作，手臂肌肉收紧，持续5秒，然后慢慢放松。注意手臂肌肉收紧的过程中双手也要紧握成拳，手臂肌肉放松的过程中双手也要慢慢放松。

（4）康复师与儿童面对面自然地坐在椅子上，两人的双臂置于身体两侧自然下垂，肩部肌肉收紧向头部的方向耸起，持续5秒，之后迅速放松，使肩部回到自然放松的位置上，让儿童体会肩部肌肉收缩和放松的感觉。

（5）儿童自然地坐在椅子上，康复师让儿童的颈部收缩，令儿童感觉颈后部僵硬，持续5秒后慢慢放松。

（6）康复师与儿童面对面自然地坐在椅子上，两人头部迅速低下，直至下巴贴到胸口，感觉颈后部肌肉被拉伸，持续5秒后回到正中位；头部迅速后仰，抬头看天花板，感觉颈前部肌肉被拉伸，持续5秒后回到正中位；头部快速倒向左侧，感受颈右侧肌肉被拉伸，持续5秒后回到正中位；头部快速倒向右侧，感受颈左侧肌肉被拉伸，持续5秒后回到正中位。

5. 注意事项

（1）康复师与儿童进行身体放松训练时，要先从放松腿部开始，每个步骤重复5次，再进行下一步骤的训练。

（2）当儿童收紧肌肉时，肌肉应有紧绷的感觉并保持5秒，然后慢慢放松，儿童应同时体会肌肉放松的感觉。

（3）注意儿童在训练时的情绪。

（4）训练结束之后，儿童的身体保持放松状态。

6. 延伸训练

儿童可根据自己的意愿进行伸展运动、腿部运动等。

二、声带放松训练

1. 适用情况

儿童发音时喉部肌群、声带紧张。

2. 目标

培养儿童张嘴发音的习惯，加大发音时嘴张开的幅度，协调发声器官和构音器官之间的运动，放松声带。

3. 材料与工具

（1）咀嚼器。

（2）发音图片。

4. 步骤与方法

（1）康复师向儿童示范张嘴动作。若儿童无法自主完成，康复师可用咀嚼器帮助儿童张开嘴巴。

（2）康复师出示 /a/ 音的图片，先示范，然后要求儿童模仿张嘴发 /a/ 音。

（3）康复师出示"拔、爬、大"等单音节词的图片，先示范，然后要求儿童模仿张嘴说"拔、爬、大"等单音节词。

（4）康复师出示"妈妈、爸爸、泡泡"等双音节词的图片，先示范，然后要求儿童模仿张嘴说"妈妈、爸爸、泡泡"等双音节词。

（5）康复师出示"布娃娃、喇叭花"等三音节词的图片，先示范，然后要求儿童模仿张嘴说"布娃娃、喇叭花"等三音节词。

（6）康复师出示"妈妈抱娃娃"等句子的图片，先示范，然后要求儿童模仿张嘴说"妈妈抱娃娃"等句子。

5. 注意事项

（1）张嘴发音训练要由易至难，逐步进行。康复师在示范时，口型一定要夸张。

（2）声带放松训练也可采用哈欠叹息法、咀嚼法等，具体方法详见"嗓音障碍"一章。

6. 延伸训练

若儿童无法自主张大嘴巴，或张嘴时间较短，康复师则可以用儿童喜欢的食物诱导儿童张嘴并延长张嘴时间。在家中，家长可以在临睡前或起床时，有意识地让儿童做张嘴练习，此练习可多次进行。

第三节　呼吸训练

一、腹式呼吸训练

1. 适用情况

儿童采用胸式呼吸的呼吸方式呼吸支持不足。

2. 目标

建立正确的呼吸方式，即腹式呼吸。

3. 材料与工具

（1）治疗床。

（2）舒适的椅子。

4. 步骤与方法

（1）康复师让儿童仰卧于治疗床上，双臂自然平放于身体两侧，闭眼，全身放松。

（2）在儿童身心放松、呼吸平稳以后，康复师让儿童将右手放在腹部，左手放在胸部，让儿童在呼吸过程中体会腹部和胸部的起伏。

（3）康复师指导儿童用鼻子慢慢吸气，再用嘴巴慢慢呼气。吸气时，腹部鼓起，最大程度地向外扩张，注意胸部保持不动；呼气时，腹部收缩，最大程度地向内收缩，胸部保持不动。循环往复，保持每一次呼吸的节奏一致，让儿童细心体会腹部的一起一落。

（4）儿童取侧卧位，一只手放在腹部，体会呼吸时只有腹部在运动的感觉。

（5）儿童取坐位，一只手放在腹部，体会呼吸时只有腹部在运动的感觉。

（6）儿童取站位，双脚分开，与肩同宽，一只手放在腹部，体会呼吸时只有腹部在运动的感觉。吸气时，儿童可以想象自己在闻花香，体会吸气吸得深、吸得饱满的感觉；呼气时，想象自己在轻轻吹去桌面上的尘土，体会气息均匀、舒缓呼出的感觉。

5. 注意事项

（1）呼吸训练时，康复师可以播放轻音乐，帮助儿童放松。

（2）每天练习1～2次，每次10分钟。

（3）呼吸要深长而缓慢，每分钟6次左右，用鼻吸气，用口呼气。

（4）腹式呼吸的关键在于，无论是吸气还是呼气都要尽量达到"极限"量，即吸到不能再吸，呼到不能再呼。

二、呼吸控制训练①

1. 适用情况

儿童已建立正确的呼吸方式，但在言语过程中呼吸支持不足、发音时间短。

2. 目标

通过腹式呼吸，儿童能增加呼吸支持，能一口气说很长的话。

3. 步骤与方法

（1）康复师对儿童进行数数练习。儿童吸足气以后，轻声快速地数数字1～10，一口气反复数，数到这口气用尽为止，反复4～6次。

（2）康复师对儿童进行"数枣"练习。儿童吸足气以后，轻声快速地数"一个枣、两个枣、三个枣、四个枣、五个枣……"数到这口气用尽为止，反复4～6次。

（3）康复师对儿童进行"数葫芦"练习。儿童吸足气以后，轻声快速地数"一个葫芦、两个葫芦、三个葫芦……"数到这口气用尽为止，反复4～6次。

4. 注意事项

（1）此训练须在腹式呼吸状态下进行。

（2）儿童刚开始做练习的时候，中间可以适当换气，在具备了气息控制能力后，逐渐减少换气次数，最后要争取一口气说完，甚至多数几个数字、枣、葫芦等。

三、呼吸控制训练②

1. 适用情况

儿童已建立正确的呼吸方式，但在言语过程中呼吸支持不足。

2. 目标

通过腹式呼吸，儿童能一口气说长短不同的音。

3. 步骤与方法

（1）康复师对儿童进行长音训练。儿童吸足气以后，持续发 /ɑ——/ 或其他音。康复师须记录儿童每一次的发音时间，并在此基础上延长发音时间。长音训练设计如下：

a——　　　i——　　　u——
ba——　　di——　　gu——

（2）康复师对儿童进行短音训练。儿童吸足气以后，持续发 /a—a—a—/ 或其他音。康复师须记录儿童每一次的发音时间，并在此基础上延长发音时间。短音训练设计如下：

a—a—a—　　　i—i—i—　　　u—u—u—
ba—ba—ba—　　di—di—di—　　gu—gu—gu—

（3）康复师对儿童进行长短音训练。儿童吸足气以后，持续发 /ɑ——ɑ——ɑ——ɑ—/ 或其他音。康复师须记录儿童每次的发音时间，并在此基础上延长发音时间。长短音训练设计如下：

a——a——a—　　　　　a—a—a——
i——i——i—i—　　　　i—i—i——i—
u——u——u—u—　　　u—u—u——u—
ba——ba——ba——ba—　ba—ba—ba——ba—
di——di——di—di—　　di—di—di——di—
gu——gu——gu—gu—　gu—gu—gu——gu—

4. 注意事项

此训练须在腹式呼吸状态下进行。

四、呼吸控制训练③

1. 适用情况

儿童已建立正确的呼吸方式，但在言语过程中呼吸支持不足。

2. 目标

通过腹式呼吸，儿童能根据言语句式的长度灵活调节呼吸气流量和气流速率。

3. 步骤与方法

康复师对儿童进行逐字增加句长训练。康复师先朗读句子，然后让儿童用自然轻松的方式模仿朗读。训练从两个字开始，逐渐增加长度。训练设计如下：

娃娃

布娃娃

大布娃娃

买大布娃娃

我买大布娃娃

我要买大布娃娃

4. 注意事项

（1）此训练须在腹式呼吸状态下进行。

（2）在逐字增加句长训练中，康复师应尽量弱化儿童对呼吸的有意识控制，最终使儿童无意识地控制呼吸。

5. 延伸训练

在儿童能够轻松地一口气完成此训练后，康复师可以让儿童用自然语速朗读一些自己喜欢的材料。

第四节　发音训练

一、放慢语速训练

1. 适用情况

儿童语速过快、语音与呼吸不协调，或者有语音重复和拖音的现象。

2. 目标

儿童能减慢语速，慢慢说话。

3. 材料与工具

单词或词组训练材料。

4. 步骤与方法

（1）康复师设计慢慢说单词或词组的游戏，康复师先示范如何慢慢说单词或词组，然后让儿童慢慢说 15～25 个词。

（2）在儿童能够完成说词或词组的任务后，康复师对儿童说："今天我们来聊一聊有意思的事情吧，你不用着急说，我有很多时间，可以慢慢听你说。"

（3）康复师和儿童交流儿童感兴趣的话题，比如，今天在幼儿园发生的事情、前几天出去玩的事情等。

（4）当儿童语速过快时，康复师可以提醒儿童："不用着急，我有很多的时间听。"

5. 注意事项

（1）当儿童语速快的时候，康复师不要说"慢慢说，放松点"之类的话，这会让儿童认为自己说错了，反而会使儿童紧张，进而导致构音和呼吸的肌肉变得僵硬，非流畅性言语增加。

（2）在训练过程中，康复师要注意减慢自己的语速，同时使儿童相应地减慢语速。

6. 延伸训练

家长可以在家里设置一个"慢慢说话椅"，一家人在每天的固定时间轮流坐上去慢慢说话，每人约五分钟，帮助儿童养成慢慢说话的习惯。

二、降低音量训练

1. 适用情况

儿童说话时语气生硬，不柔和。

2. 目标

儿童能够降低音量，柔和地说话。

3. 步骤与方法

（1）康复师向儿童讲解耳语声、轻声、交谈声和大声说话的概念（表 4-1）。

表 4-1　说话音量等级表

音量等级	描述
耳语声	用耳语声说话时，声带是不振动的。
轻声	用轻声说话不会吵到周围休息的人。
交谈声	交谈声适用于和他人进行正常的交流。
大声	大声说话适用于想引起他人注意或在公共场合发言时。

（2）康复师让儿童用四种音量等级的不同组合方式说"你好吗"。组合方式次序如下：

耳语声—轻声—交谈声—大声

轻声—大声—耳语声—交谈声

大声—耳语声—交谈声—轻声

交谈声—耳语声—大声—轻声

轻声——交谈声—耳语声—大声

大声—交谈声—轻声—耳语声

（3）儿童用上述音量等级组合方式从 1 数到 10。让儿童意识到大声说话时，喉部肌肉和膈肌会比较紧张，而用轻声或耳语声说话时，喉部肌肉和膈肌会相对放松一些，说话显得相对轻松和容易。

4. 注意事项

在说话过程中，儿童虽然出现"阻塞"或"重复"现象，但是没有出现气流的"阻塞"现象，这表示儿童的口吃现象已经有所改善。

三、首字发音训练

1. 适用情况

儿童在发词、词组、句子的首字及逻辑重音、停顿后的的第一个字时发音困难，必须经过努力或借助于手舞足蹈等伴随动作方可发音。

2. 目标

儿童能轻松、流畅地发出首字。

3. 材料与工具

双音节词、三音节词、四音节词和句子等训练材料。

4. 步骤与方法

（1）康复师设计双音节词训练，要求儿童发每个词的首字时，轻轻地用力，避免发声器官的紧张、痉挛，儿童只要能把第一个字轻轻地发出来，后面的音节就能比较容易地发出来。

　　　　他→们　　宝→宝　　拍→球　　蛋→挞

（2）在儿童能轻松完成发双音节词的首字后，康复师设计三音节词训练，发音要求同上。

　　　　背→书包　　吹→泡泡　　买→东西　　笑→哈哈

（3）在儿童能轻松完成发三音节词的首字后，康复师设计四音节词训练，发音要求同上。

　　　　草→木皆兵　　口→是心非　　对→答如流　　称→心如意

（4）在儿童能轻松完成发四音节词的首字后，康复师设计句子训练，发音要求同上。

　　　　我→是中→国人。
　　　　小→朋友上→幼→儿园。
　　　　我→不→要吃→苹果。
　　　　哥→哥打→篮球。

5. 注意事项

康复师可以提醒儿童在发首字的音时稍微延长韵母部分，但不能过于生硬。

6. 延伸训练

儿童在生活中想说的每句话，都可以使用上面的模式发音。

四、节奏训练

1. 适用情况

儿童在说话过程中不会断句、停顿或换气。

2. 目标

儿童说话时,语言之间有明显的停顿,清晰而有层次,既不破坏语句的完整性、连贯性,又能顺畅、流利地讲话。

3. 材料与工具

儿歌、句子等训练材料。

4. 步骤与方法

(1)康复师根据儿童的认知水平,选择适合的儿歌,帮助儿童体会言语的节奏。

小花猫

小花猫,喵喵叫,
圆圆眼睛胡子翘。
小花猫,真机灵,
捉住老鼠不放掉。

(2)康复师和儿童一起断句,划分的依据包括句子的内容、情感和用意。例如:

我看见你很高兴。(这个划分的意思是:我高兴)
我看见你很高兴。(这个划分的意思是:你高兴)

5. 注意事项

对语句进行断句时,千万不能随意分割。

6. 延伸训练

如果儿童喜欢唱歌,家长则可以用唱歌的方式帮助儿童表达词或音节,在唱歌的过程中通过拍手或敲桌子的方式来把握节奏。

五、团体训练

1. 适用情况

儿童基本掌握了新的说话方式,但害怕与他人交流,交流过程中可能出现口吃现象。

2. 目标

儿童在积极参与及与同伴互相支持的互动中通过观察、学习、体验,练习处理伴随的情绪和沟通问题,并将学习到的技巧运用到实际生活中。

3. 步骤与方法

（1）康复师在固定的时间和地点，组织 4～6 名儿童参与团体训练，形成训练小组（图 4-1）。

（2）康复师安排儿童围坐成圆形或椭圆形，儿童与儿童之间不要距离过远，确保每个儿童都能看到其他的成员。

图 4-1 团体训练

（3）开始训练前 5 分钟，康复师先让儿童互相打招呼，然后介绍本次训练的主题，如"如何与他人沟通交流"。

（4）用 5 分钟左右的时间，小组讨论在沟通交流中的语言行为和态度。

（5）用 25 分钟左右的时间，小组讨论如何改变不正确的语言行为或态度。

（6）用 5 分钟左右的时间，康复师总结本次训练。

4. 注意事项

（1）训练次数每周 1～2 次。

（2）康复师从年龄、训练和经济状况三个方面选择参与团体训练的儿童。尤其在小组成员较少时，要选择相同特质的成员。

（3）康复师在团体训练中主要起刺激、引导的作用，在小组讨论时，康复师只需要从旁协助。

六、自然情景训练

1. 适用情况

儿童能够在训练室或家中流畅说话，但在其他环境中可能会出现不流畅言语。

2. 目标

儿童在训练室以外能够流畅说话，在任何情景中都能够自如讲话，不再害怕出现口吃。

3. 步骤与方法

（1）康复师鼓励儿童在训练室以外练习新的说话方式。

（2）在练习过程中，儿童自己或家长要记录出现不流畅言语的情景。

（3）仔细分析记录，找出儿童在哪一情景中说话最不流畅，压力最大。

（4）康复师和儿童共同分析出现不流畅言语的原因，解决压力情景。

4. 注意事项

康复师或家长应及时奖励儿童的流畅言语，让儿童越来越自信，坚信自己可以解决压力情景中的说话困难问题。

七、稳定新的说话方式

1. 适用情况

儿童已经建立新的说话方式，能在训练室内外都流畅说话，但需要继续稳定新的说话方式。

2. 目标

儿童对说话有信心，能解决问题，积极沟通，不再害怕说话。

3. 步骤与方法

（1）康复师对儿童及家长强调继续练习的重要性，要求儿童每天定时练习1次。

（2）康复师培养儿童自己分析、记录，自己解决压力情景的能力，注意提醒儿童不能自我增强，防止口吃复发。

（3）康复师鼓励儿童自信地说话，争取成为一个比较积极、多话并积极参加社会生活的人。

（4）康复师逐渐撤出面对面训练，改为追踪式训练，追踪时间逐渐由短到长。

4. 注意事项

（1）康复师撤出面对面训练时，不可突然完全撤出，一定要逐渐递减，比如，从每周3次→每周2次→每周1次→完全撤出。

（2）康复师需要保持对儿童的持续追踪，预防儿童的口吃复发。

第五章 儿童语言发育迟缓

语言是人类最重要的交际工具，不会说话、讲不清楚、理解力差、沟通障碍等语言问题会导致儿童在日常生活、学习中严重受阻。本章从前语言沟通能力、发音、词汇、词组、句子、语段、沟通策略与沟通行为及书面语言八个方面介绍了训练方法。

第一节　前语言沟通能力的训练

一、安坐的训练

1. 适用情况

儿童不肯坐下来或者刚坐下一会儿就离开，导致训练无法顺利进行。

2. 目标

儿童能安坐下来参与活动。

3. 材料与工具

（1）适合的强化物，可以是喜欢的零食、玩具或绘本。

（2）安静的环境。

（3）舒适、适合儿童身高的椅子。

4. 步骤与方法

（1）康复师引导儿童安坐。康复师在桌面上放置儿童特别喜欢的强化物，通过摆弄强化物吸引儿童的注意力，并把儿童吸引过来。然后康复师辅助儿童坐在椅子上，紧接着强化儿童的行为。

（2）当儿童能随着指令在椅子上安坐时，康复师可以慢慢延长儿童安坐的时间。当儿童想离开时，康复师轻轻阻止，辅助儿童继续坐在椅子上。在训练过程中，康复师要适当增加儿童喜欢玩的游戏。

（3）当儿童能够安坐时，康复师可以发一些简单的指令，指令要简短，并适当使用强化物，提高儿童的注意力及安坐能力。

5. 注意事项

（1）只要儿童按照指令坐下就可以。

（2）安坐时间短的话要及时进行强化。

6. 延伸训练

家长可以在家中设置一张专属的学习桌，鼓励孩子进行需要安静坐下的活动，如绘画、黏土制作或听故事，并随着孩子的适应性增强，逐渐延长这些活动的持续时间。

二、注视的训练

1. 适用情况

儿童好动，与他人没有目光接触，对人和事物没有注视，不能听懂他人话语。

2. 目标

帮助儿童学会与他人有目光接触，注视人和事物，倾听他人的话语。

3. 材料与工具

能发出声响的各种玩具。

4. 步骤与方法

（1）儿童坐在与康复师同等高度的椅子上，康复师先与儿童打招呼，摸摸儿童的头，拉着儿童的小手摇一摇说："你好，××！我们一起玩好不好啊？"

（2）"看，这是一个不倒翁，它在笑呢！"康复师把不倒翁玩具拿到儿童的眼前，让儿童摸一摸，然后摇动不倒翁，让儿童看到它左摇右摆，引发儿童的兴趣。

（3）康复师让儿童去推动不倒翁或拉着儿童的手一起推动不倒翁。"看，它倒了，又站起来了。真好玩！"康复师发出愉快的声音，把儿童的注意力吸引到不倒翁上。

5. 注意事项

当儿童开始烦躁或已经学会玩某种玩具时，康复师要及时变换玩具，力求吸引儿童的注意力。

6. 延伸训练

在日常活动中，家长可以通过自己的目光和手势，引导儿童将目光集中在所指示的物体或人物上。

三、保持注视的训练

1. 适用情况

儿童只能注视人或事物一小会儿，无法持续注视。

2. 目标

帮助儿童学会等待，延长对人或事物的注视时间。

3. 材料与工具

儿童感兴趣的物品或玩具，如小鼓、吹泡泡器。

4. 步骤与方法

（1）康复师向儿童示范如何玩玩具。

（2）康复师敲小鼓发出"咚咚"的声音吸引儿童的注意力："看着我，我要敲鼓啦！"当儿童看向康复师或头转向康复师时，康复师再敲响小鼓。如果儿童的注意力不在康复师身上，康复师则不敲鼓，进行等待，当儿童转头看向康复师时，再敲鼓。

（3）康复师吹泡泡，让儿童看泡泡、抓泡泡，引起儿童的兴趣："看着我，我要开始吹泡泡啦！"当儿童能够有意识地看向康复师时，康复师再吹泡泡。如果儿童的注意力不在康复师身上，康复师则不吹泡泡，进行等待，当儿童转头看向康复师时再吹泡泡。

5. 注意事项

康复师不能随意做目标动作，要把握好儿童注视的时机，再做出目标动作，否则儿童难以学会等待和注意。

6. 延伸训练

在日常活动中，家长可以和孩子玩一些互动小游戏，如传球、开汽车等。在互动中，家长应在孩子看向自己时把球或其他孩子喜欢的玩具推给孩子，并逐渐增加距离和时间。

四、动作模仿的训练

1. 适用情况

儿童不会动作模仿。

2. 目标

儿童通过动作模仿，能够摸身体部位。

3. 材料与工具

儿童感兴趣的食物和玩具。

4. 步骤与方法

（1）康复师与儿童面对面坐，做任何能吸引儿童注意力的活动。

（2）一旦儿童看向康复师，康复师就马上说："××，摸鼻子。"同时康复师用食指摸自己的鼻子。

（3）如果儿童没有反应，那么康复师在摸自己鼻子的同时，用另外一只手握着儿童的食指摸儿童自己的鼻子，并立刻给予儿童鼓励，例如，微笑、表扬，给一个儿童感兴趣的食物或玩具。

（4）重复上述步骤，直到儿童在没有辅助的情况下能够做出反应。

5. 注意事项

对于没有语言的儿童，训练最好从粗大动作的模仿开始，由动作模仿逐渐到发音模仿是比较容易成功的。

6. 延伸训练

在日常活动中，家长可以和孩子玩镜子游戏，利用镜子，与孩子一起做各种面部表情或身体动作，观察并模仿对方的动作，增加互动性和趣味性。

五、发音模仿的训练

1. 适用情况

会动作模仿，但没有语言的儿童。

2. 目标

儿童通过声音模仿，能够发出声音。

3. 材料与工具

儿童感兴趣的食物和玩具。

4. 步骤与方法

（1）康复师与儿童面对面坐，做任何能吸引儿童注意力的活动。

（2）康复师让儿童模仿张开嘴巴的动作。如果儿童做不到，康复师可以辅助儿童张开嘴巴。康复师逐渐减少辅助，最终达到儿童自己张开嘴巴的目标。

（3）康复师让儿童张嘴发出声音。康复师把儿童的手放在康复师的喉部，让儿童体会康复师发声音时的声带振动，并让儿童尝试发音。

（4）重复上述步骤，直到儿童在没有辅助的情况下能够发出声音。

5. 注意事项

即使儿童最开始发出的音可能是无意义音节，康复师也要及时对儿童的发音行为给予强化。

6. 延伸训练

在日常活动中，家长可以选择一些简单的音节或单词，如 /ma/、/ba/ 等，与孩子一起模仿发音。开始时家长可以示范口型，并鼓励孩子发出相同的声音，孩子发出声音后家长要给予强化。

六、操作物品模仿的训练

1. 适用情况

儿童不能按照要求操作物品进行模仿。

2. 目标

提高儿童对定位动作的注视能力，促进定位动作的形成。

3. 材料与工具

需要操作才能玩的玩具，如彩虹塔。

4. 步骤与方法

（1）康复师展示彩虹塔玩具，让儿童注视。康复师确认儿童是否已经注意到彩虹塔，如果儿童没有注视彩虹塔，康复师就要敲敲彩虹塔或转动儿童的头部让儿童看向彩虹塔，并拉着儿童的手去摸彩虹塔以唤起儿童的注意。

（2）在儿童注意彩虹塔后，康复师让儿童把套圈往彩虹塔上套。如果第一次儿童不会操作，康复师可以拉着儿童的手引向彩虹塔，辅助套圈，并告诉他："把圈圈套上去吧，看，套上去多漂亮啊！"第二次康复师可以指着彩虹塔的顶端让儿童尝试套圈，并说："往这里套吧。"第三次康复师直接说："把套圈套上吧。"然后观察儿童能否直接套圈。

（3）如果儿童无法完成套圈，康复师可以重复第一次、第二次的动作，直至儿童能够自己独立完成。

5. 注意事项

康复师教儿童形成定位动作时，要按照全介助→半介助→无介助→自主动作的顺序进行。

6. 延伸训练

在日常活动中，家长可以抓住孩子的"动机"引导孩子通过观察模仿学习。例如，当孩子想看动画片时，家长通过演示播放动画片的方法，让孩子观察之后尝试自己播放动画片。孩子可以先从简单动作的模仿开始，逐渐过渡到多步动作的模仿，如果孩子遇到困难，家长及时给予辅助。

七、要求技能的训练

1. 适用情况

儿童不会操作，不懂他人的简单指令性话语。

2. 目标

儿童通过发起要求，与周围的人和环境建立联系。

3. 材料与工具

儿童感兴趣的食物和玩具，如饼干、小鼓。

4. 步骤与方法

（1）康复师引导儿童注意到康复师的动作或姿势，例如，康复师在吃饼干或敲鼓时，一边做动作一边说："这个饼干真好吃！""这个小鼓敲起来真好玩！"

（2）当儿童看向康复师时，康复师问他："你想要吗？如果想要，就伸出手来向我要！"康复师一边说一边示范"要"的动作，然后让儿童模仿做出相似的动作，只要儿童做出"要"的动作，康复师就把食物或玩具给儿童，并表扬儿童。

5. 注意事项

如果儿童难以发起要求，康复师则可以重复采用提示法和等待法。如果儿童仍无法完成，康复师则可以手把手地教相应动作。

6. 延伸训练

在日常生活中，家长可以根据孩子的语言能力逐步引导孩子提出要求，循序渐进地提升孩子的要求能力。例如，当孩子能够说出一个字时，家长可以引导孩子说"要"；随着孩子语言能力的增强，逐渐增加难度，进一步引导孩子说"要汽车""我要小汽车"；鼓励孩子完整表达，"妈妈，我想要小汽车"。

第二节　发音训练

一、腹式呼吸训练

1. 适用情况

儿童呼吸支持不足，不能有效进行呼吸。

2. 目标

体会腹式呼吸。

3. 材料与工具

小青蛙玩具。

4. 步骤与方法

（1）康复师让儿童观察小青蛙又大又圆的肚皮。

（2）康复师让儿童学习小青蛙鼓肚子的样子。康复师进行动作示范，手叉腰吸气，儿童观察康复师的腹部，吸气时肚子慢慢鼓起来，呼气时肚子慢慢瘪下去。

5. 注意事项

康复师要进行示范，并让儿童用手感受康复师腹部的变化。

6. 延伸训练

（1）家长可以和孩子轮流扮演"小青蛙"，用夸张的动作模仿青蛙鼓肚子和瘪肚子的过程，增加训练的趣味性和互动性。

（2）家长可以将腹式呼吸作为睡前放松的一部分，帮助孩子平静心情，进入深度睡眠状态。

二、呼吸控制训练

1. 适用情况

儿童呼吸支持不足，不能较好地主动控制呼吸。

2. 目标

通过腹式呼吸，儿童能提高气息控制能力。

3. 材料与工具

泡泡器、泡泡水。

4. 步骤与方法

（1）康复师和儿童一起吹泡泡，鼓励儿童先用腹式呼吸吸气。

（2）康复师让儿童慢慢呼气，尽量一口气吹多个泡泡。吹泡泡时，嘴巴要尽可能噘起来，在圆唇时吹出泡泡。

（3）呼气时，康复师可以辅助按压儿童腹部，尽可能延长呼气的时间。

5. 注意事项

在训练过程中，康复师要逐渐拉长泡泡器与儿童嘴部的距离，增强儿童的气息力量，并及时给予儿童鼓励。

6. 延伸训练

在家庭中，家长可以和儿童一起玩吹泡泡、吹纸条等游戏，还可以采用比赛的方式提高儿童参与的积极性。

三、口舌操训练

1. 适用情况

儿童构音器官的运动能力欠佳。

2. 目标

提高儿童构音器官的力量和精细控制力，促进构音器官的协调运动。

3. 材料与工具

有节奏感的音乐。

4. 步骤与方法

（1）儿童张大嘴，下颌一张一合，模仿大老虎叫的样子。

（2）儿童伸舌，舌一伸一缩，模仿小蛇出洞的样子。

（3）儿童用舌顶腮，模仿吃棒棒糖的样子。

（4）儿童用舌在口内环绕，模仿刷牙的样子。

（5）儿童用舌在口外环绕，模仿小熊舔蜂蜜的样子。

（6）儿童进行唇的圆展练习，嘟嘴、微笑。

（7）儿童咂唇，口成半开状态，迅速闭合，再迅速回到半开状态。

5. 注意事项

让儿童配合节奏感强的音乐做动作，提高训练的趣味性。

6. 延伸训练

家长可以结合儿童的发音情况进行构音器官的连续运动，比如进行 /ɑ/、/i/、/u/ 之间的替换练习。

四、诱导发音训练

1. 适用情况

儿童没有语言，不愿意主动发音。

2. 目标

诱导儿童发音。

3. 材料与工具

儿童喜欢的食物或玩具。

4. 步骤与方法

（1）康复师先出示玩具，吸引儿童注意力，激发儿童的模仿发音动机。

（2）康复师给予儿童正确、清晰的发音示范。

（3）在模仿发音过程中，康复师要运用康复技巧来帮助儿童提升模仿发音能力，如示范、自言自语、平行谈话、轮流、等待等。

（4）康复师要及时给予儿童奖励，如小贴画、小印章等。奖励不一定是物质奖励，一些刚满2岁的儿童也接受并喜欢精神奖励，如语言奖励和拥抱等身体动作奖励。

5. 注意事项

（1）模仿发音时间不宜过长，3岁前儿童的模仿发音时间不宜超过15分钟。

（2）模仿发音初期不强求儿童模仿发音的清晰度，儿童要把注意力放在有趣的活动上。

（3）进行单音节词和多音节词的模仿发音时，注意模仿发音以超音段音位的仿说优先。因为超音段音位是容易被人听到，也是容易被仿说的。

（4）儿童应每日坚持，养成良好的发音习惯。

6. 延伸训练

家长用麦克风玩具和儿童一起玩发音游戏，提高儿童发音的主动性。

第三节　词汇训练

一、名词的训练

1. 适用情况

儿童开始学习名词词汇。

2. 目标

（1）认识并指出五官中的眼睛。

（2）听指令，能指出不同人物和动物的眼睛。

3. 材料与工具

（1）一个四肢会动、会眨眼睛的玩具娃娃，动物模型若干（选择儿童喜欢并认识的）。

（2）娃娃的脸部图片，用硬纸片制作的娃娃的五官。

4. 步骤与方法

（1）康复师带儿童认识五官中的眼睛，让儿童观察玩具娃娃或动物的眼睛并指认，同时对照指认自己和康复师的眼睛。

（2）康复师示范，教儿童粘贴五官图片的方法。在粘贴过程中，康复师向儿童丰富有关眼睛的词汇，如黑黑的眼睛、大大的眼睛、两只眼睛等。

（3）康复师用语言诱导儿童听指令并指出相应人物或动物的眼睛。

5. 注意事项

（1）目标词（眼睛）的复现率要高。康复师可以将目标词带入句子，在句子的不同位置复现。

（2）尽量创设自然情景，诱导儿童指认和发音。

6. 延伸训练

在日常生活中，儿童要有意识地强化五官的名称，认识五官的功能，做好五官的卫生。

二、图片识认训练

1. 适用情况

儿童认识实物，但不认识图片。

2. 目标

通过实物与图片的匹配和选择训练，儿童从识认立体实物的能力扩展到识认平面图片的能力。

3. 材料与工具

（1）白菜和葡萄的实物（图5-1）。

图5-1　白菜和葡萄的实物

（2）白菜和葡萄的彩色图片（图 5-2）。

图 5-2 白菜和葡萄的彩色图片

4. 步骤与方法

（1）把白菜和葡萄的实物放在训练桌上让儿童识别。

（2）在儿童能识别实物后，康复师拿出白菜和葡萄的彩色图片，分别与实物摆放在一起（图 5-3），向儿童强调物品名称，让儿童懂得实物与图片上的物品是一样的。

图 5-3 实物和图片组合

（3）经过多次实物与图片的匹配训练后，康复师对儿童进行选择训练。康复师放好白菜和葡萄的实物，拿着白菜的彩色图片，让儿童挑选与图片一样的实物，儿童正确挑选后，康复师再拿出葡萄的彩色图片让儿童进行挑选。

5. 注意事项

（1）在挑选实物和图片组合时，尽量挑选在颜色和形状上相似度较高的物品。

（2）儿童能够识认图片后，就可以不再使用实物进行训练。

6. 延伸训练

家长可以拍一些家里常见物品的照片，对儿童进行实物与图片的匹配和选择训练。

三、图片理解训练

1. 适用情况

儿童认识少量图片。

2. 目标

可以进行 1/4 名词选择[①]。

3. 材料与工具

彩色名词图片（图 5–4～图 5–6）。

4. 步骤与方法

（1）康复师挑选生活中比较常见的物品图片（高频词），如电话、汽车的图片。

（2）康复师在训练桌上放好"电话""汽车"的图片让儿童进行 1/2 名词选择。

（3）康复师用成人语提问，在儿童不能正确选出时，可改用儿童语提问，如"喂喂是哪个""嘀嘀是哪个"，再慢慢从儿童语过渡到成人语提问。

（4）1/2 名词选择完成得较好后，儿童可进行 1/3 名词选择，依此类推，直到完成 1/4 名词选择。

图 5–4　彩色图片（1/2 名词选择）

[①] 1/4 名词选择，即在 4 张名词图片中进行四选一。同理，1/2 名词选择、1/3 名词选择分别为在 2 张名词图片中二选一、在 3 张图片中三选一。

图 5-5　彩色图片（1/3 名词选择）

图 5-6　彩色图片（1/4 名词选择）

5. 注意事项

（1）用于选择的图片要用物品的照片图。

（2）选择物品名词时，要先选择不同范畴的，同时尽量选择在颜色、形状上差异较大的，再逐步过渡到颜色、形状差异性较小的，同时逐渐增加图片的数量。

（3）当儿童不能理解成人语时，康复师可以用儿童语进行提问，但也要慢慢过渡到成人语。

6. 延伸训练

（1）家长可以购买同款图片，在家中帮助儿童复习。

（2）家长可以在家中对儿童进行词汇量的扩大训练，并从名词逐步过渡到动词的训练。

四、动词的训练

1. 适用情况

儿童开始学习动词词汇。

2. 目标

复习身体各部位名称，着重理解"洗、搓、擦、抹"等动词。

3. 材料与工具

玩具娃娃、澡盆、香皂、毛巾、浴球、润肤乳等实物。

4. 步骤与方法

（1）康复师创设问题情景，给儿童出示一个浑身脏了的玩具娃娃，引导对"娃娃身上脏了怎么办"进行讨论。

（2）在讨论之后，康复师出示洗澡用品，如澡盆、香皂、毛巾、浴球等。

（3）康复师一边示范洗澡的步骤，一边说："先洗脸和胳膊，再洗腿和后背。"然后，康复师把浴球交给儿童，康复师用语言，重点用动词进行提示："搓，搓一搓，搓干净了。洗干净后，拿毛巾擦干身上的水。最后抹'香香'，抹一抹脸和胳膊。"

5. 注意事项

在操作游戏活动中，康复师除使用大量的语言刺激以帮助儿童理解语言之外，还要给儿童创设语言表达的机会。例如，"脸洗干净了，要抹'香香'，给我……"（让儿童从物品中挑出想要的并说出来）。如果儿童不说，我们可以请其他人做示范，还可以故意错误命名，鼓励儿童开口表达。

6. 延伸训练

在家庭生活中，家长要抓住时机复现儿童已学到的知识技能，在情境中丰富儿童的语言。家长还可创设机会，例如，让儿童给自己喜欢的毛绒玩具洗澡。

五、形容词的训练

1. 适用情况

儿童开始学习形容词词汇。

2. 目标

学习理解形容词"长长的"，理解句式"××长长的"。

3. 材料与工具

火车、汽车、蛇、毛毛虫等仿真玩具。

4. 步骤与方法

(1) 康复师把玩具火车放在儿童面前，说："这是火车，长长的火车。"

(2) 康复师将玩具火车与玩具汽车进行比较，通过对比帮助儿童理解长和短的不同。康复师用同样的方法将玩具蛇和玩具毛毛虫进行比较，让儿童观察长和短。

5. 注意事项

康复师在帮助儿童建立长短的概念时，不要让儿童单纯学习，而要让儿童在观察对比的基础上学习，效果会更好。

6. 延伸训练

在家庭生活中，儿童可以观察比较常见物品的长与短，如筷子和牙签，勺子和铲子等。

六、其他类词汇的训练

1. 适用情况

儿童开始学习方位词、量词、代词、副词、介词等词汇。

2. 目标

学习理解量词"条、辆、本"。

3. 材料与工具

(1) 用"条、辆、本"等量词来修饰的物品卡片若干，如裤子、汽车、鱼、自行车、书等物品的卡片。

(2) 骰子1个，玩具木偶2个。

4. 步骤与方法

(1) 康复师将所有图片打乱顺序，把印有物品的一面朝下然后摆成迷宫状。康复师和儿童各自选择一个喜欢的玩具木偶放在迷宫的起点。

(2) 康复师说明游戏规则：两人轮流掷骰子，掷到几就向前走几步，然后停下来翻开卡片，由掷骰子的人说出卡片上有什么。康复师先掷骰子进行正确示范，即用"量词+名词"的方式说出图片上有什么，如一条链子、一条鱼、一辆汽车等；然后让儿童掷骰子，按照康复师的示范方式说出图片上有什么；最后让儿童把所有卡片都翻过来，并按量词分类。

5. 注意事项

家长要在日常生活中使用量词，以巩固儿童对量词的掌握。

6. 延伸训练

在家中，家长和儿童要有意识地使用某个量词，如果该量词儿童掌握得较好，就可以扩展使用其他量词。

第四节　词组训练

一、主谓词组的训练

1. 适用情况

儿童已经认识日常的用品（具有词的概念），能够理解动词，对颜色、大小、形状等形容词具有认知能力。

2. 目标

学习主谓词组。

3. 材料与工具

自制图册或能上下变换的人物（或动物）的图书。

图册制作方法：用白纸订成小册子，从中间横向剪开，上下可以分别翻页。在小册子上半部分贴任务或动物图片，下半部分贴任务图片。

4. 步骤与方法

（1）康复师向儿童解释图册上下的内容，如哥哥、妹妹、吃、喝等。

（2）如果家长参与，康复师就把图册交给家长，和家长共同示范。康复师说出主谓词组"哥哥吃"，家长从上半部分的图片中找出"哥哥"的图片，再从下半部分的图片中找出"吃"的图片，把这两个图片对在一起，并复述"哥哥吃"。如果参与的只有儿童一人，家长的示范工作便由康复师来做。

（3）如果儿童找对且说对，康复师就奖励儿童一个小印章。康复师可根据儿童的语言理解能力和水平，调整句式难度，如可以在人物图片中放几个着装不同的哥哥的图片，呈现语言可以是"穿蓝色衣服的哥哥"。

（4）训练可以角色交换，儿童说词组，康复师或家长来找图片。

5. 注意事项

（1）在词组训练中，各类词组要全面学习。

（2）在儿童有了一定的单词量（一般30个以上）或者儿童几次把两个词语连在一

起说的时候，康复师就可以对词组的表达提出要求了。

6. 延伸训练

在日常生活中，家长可以收集杂志、海报等，也可以自己绘画，制作丰富的画册，便于训练使用。

二、并列词组的训练

1. 适用情况

儿童已经认识日常的用品（具有词的概念），能够理解名词，对颜色、大小、形状等形容词具有一定的认知能力。

2. 目标

学习并列词组。

3. 材料与工具

图卡。

4. 步骤与方法

（1）康复师坐在儿童的对面，与儿童视线保持平齐。

（2）康复师在桌上摆放四张并列词组的图卡（名词＋名词），康复师说出一张卡片上的内容，让儿童指出目标卡片。例如，康复师说："给老师指一下哪张卡片上是苹果和香蕉。"儿童从"苹果和香蕉""苹果和西瓜""葡萄和西瓜""香蕉和葡萄"的卡片中指认目标卡片。

（3）康复师呈现一张卡片，问儿童："这是什么？"如果儿童不能说出，康复师就直接说出目标词组，让儿童重复；若儿童不能重复，康复师也可以让儿童先做相应的手势。

5. 注意事项

（1）此训练是建立在儿童已经具备一定的名词理解的基础上的，如果儿童不能理解卡片内容并做出正确指认，康复师可以先带儿童理解单个名词，再过渡到指认。

（2）康复师要根据儿童的程度设计指认难度，如果儿童指认四张卡片存在困难，康复师可以降低难度，从两张卡片的指认开始，逐渐过渡到四张、六张卡片的指认。

（3）注意给予的听觉刺激应引出正确的反应，如果儿童指认错误，康复师可以和儿童说"再看看"，若儿童指认仍不正确，康复师就直接告诉儿童哪张卡片是正确的。

6. 延伸训练

（1）在进行此项训练前，康复师可以对儿童先进行听觉记忆两项训练，促进儿童的听觉记忆。

（2）家长可在日常交流中多强化使用并列词组，例如，"爸爸和妈妈""爷爷和奶奶"等。练习方式从由家长说，慢慢过渡到由家长提问，儿童回答。

三、偏正词组的训练

1. 适用情况

儿童已经认识日常的用品（具有词的概念），对颜色、大小、形状等形容词具有一定的认知能力。

2. 目标

学习偏正词组。

3. 材料工具

图卡。

4. 步骤与方法

（1）康复师坐在儿童的对面，与儿童视线保持平齐。

（2）康复师在桌上摆放四张偏正词组的图卡（形容词＋名词），康复师说出一张卡片，让儿童指出目标卡片。例如，康复师说："给老师指一下哪张卡片是红色的汽车。"儿童从"红色的汽车""绿色的汽车""红色的摩托车""绿色的摩托车"的卡片中指认目标卡片。

（3）康复师呈现一张卡片，问儿童："这是什么？"如果儿童不能说出，康复师就直接说出目标词组，让儿童重复；若儿童不能重复，康复师也可以让儿童先做相应的手势。

5. 注意事项

（1）此训练是建立在儿童已经具备一定的名词和形容词理解的基础上的，如果儿童不能理解卡片内容并做出正确指认，康复师可以先带儿童单独强化名词和形容词的理解，再过渡到指认。

（2）康复师要根据儿童的程度设计指认难度，如果儿童指认四张卡片存在困难，康复师可以降低难度，从两张卡片指认开始，逐渐过渡到四张、六张卡片的指认。

（3）注意给予儿童的听觉刺激应引出正确的反应，如果儿童指认错误，康复师可以说"再看看"，若儿童指认仍不正确，康复师就直接告诉儿童哪张卡片是正确的。

6. 延伸训练

（1）家长可以在日常生活中多应用大小、颜色、形状、粗细、高矮等词描述物品，促进儿童的认知理解。

（2）家长可以在生活中让儿童找相关的物品，如"妈妈的鞋子""爸爸的裤子""爸爸的鞋子""妈妈的裤子"，从而促进儿童对概念的建立。

四、动宾词组的训练

1. 适用情况

儿童已经认识日常的用品（具有词的概念），能够理解动词，对颜色、大小、形状等形容词具有一定的认知能力。

2. 目标

学习动宾词组。

3. 材料工具

图卡。

4. 步骤与方法

（1）康复师坐在儿童的对面，与儿童视线保持平齐。

（2）康复师在桌上摆放四张动宾词组的图卡（动作+对象），康复师说出一张卡片的内容，让儿童指出目标卡片。例如，康复师说："给老师指一下哪张卡片是吃苹果。"儿童从"洗苹果、洗香蕉、吃苹果、吃香蕉"的卡片（图5-7）中指认目标卡片。

图 5-7　动宾词组图卡

（3）康复师呈现一张卡片，问儿童："这是在干什么？"如果儿童不能说出，康复师就直接说出目标词组，让儿童重复；若儿童不能重复，康复师也可以让儿童先做相应的手势。

5. 注意事项

（1）此训练是建立在儿童已经具备一定的动词理解的基础上的，如果儿童不能理解卡片内容并做出正确的指认，康复师可以先带儿童熟悉动作，做一些切、吃的动作，强化动词的理解，再过渡到指认。

（2）康复师要根据儿童的程度设计指认难度，如果儿童指认四张卡片存在困难，康复师可以降低难度，从两张卡片的指认开始，逐渐过渡到四张、六张卡片的指认。

（3）注意给予儿童的听觉刺激应引出正确的反应，如果儿童指认错误，康复师可以说"再看看"，若儿童指认仍不正确，康复师就直接告诉儿童哪张卡片是正确的。

6. 延伸训练

（1）家长可以在日常交流中多强化儿童对动宾词组的使用，例如，"出门前要戴帽子、穿衣服、穿鞋子。""我们一起来擦桌子、倒垃圾。"练习方式从由家长说，慢慢过渡到家长提问，儿童回答。

（2）家长可以多发出一些简单的言语指令，促进儿童对动宾词组的理解。

五、词类扩大的训练

1. 适用情况

儿童已经认识日常的用品（具有词的概念），能够理解动词，对颜色、大小、形状等形容词具有认知能力。

2. 目标

（1）能够理解简单的词组。

（2）能够说简单的词组。

3. 材料与工具

（1）镶嵌板。

（2）智力箱。

（3）叠叠杯。

4. 步骤与方法

（1）康复师坐在儿童的对面，与儿童视线保持平齐。

（2）康复师将两个叠叠杯放在桌上，让儿童选出哪个是大杯子，哪个是小杯子。

（3）康复师拿出一个智力箱，取出箱内不同颜色的镶嵌板拼图，让儿童分别选出红色圆形、红色方形、蓝色圆形、蓝色方形的拼图，然后放入箱内。

（4）康复师让儿童进行相应水平的词句表达训练。

5. 注意事项

（1）在进行此阶段训练前应先确定儿童对大小、颜色等的认知，儿童如果进行上面第三步程度的训练存在困难，则可以先进行类似第二步程度的训练，因为对同一事物不同属性的选择比对不同事物不同属性的选择更容易。

（2）如果儿童不能做出上面第三步程度的选择，康复师则可以在给予听觉刺激的同时，向儿童呈现物品，通过匹配刺激降低难度。

6. 延伸训练

（1）家长可以在日常生活中多应用大小、颜色、形状、粗细、高矮等词描述物品，促进儿童的认知理解。

（2）家长可以通过一些小游戏对儿童进行相关词句的训练。

（3）家长可以通过一些与左右脑开发相关的书籍促进儿童词句水平的发展，如让儿童从书中的图片里找出"哪个是妈妈的鞋子、爸爸的裤子、爸爸的鞋子、妈妈的裤子"。

第五节　句子训练

一、三词句的训练

1. 适用情况

儿童已经具有两词句的理解能力，如能理解"动作主＋动作""动作＋对象"。

2. 目标

（1）能理解主谓宾结构的语句。

（2）能说具有完整结构的句子。

3. 材料与工具

两词句和三词句的卡片。

4.步骤与方法

(1)康复师让儿童坐在姿势矫正椅上,用U型板将儿童固定好,让儿童保持良好的坐姿。

(2)康复师坐在儿童的对面,与儿童视线保持平齐。

(3)康复师对儿童进行两词句的理解训练:"动作主+动作""动作+对象"。例如,康复师让儿童从"阿姨吃""阿姨切""弟弟吃""弟弟切""吃苹果""吃香蕉""切苹果""切香蕉"等卡片中找出一张目标卡片。

(4)在"动作主"或"对象"相同的情况下,康复师对儿童进行三词句的言语刺激,让儿童找出一张目标卡片。例如,儿童从"叔叔洗苹果、叔叔吃苹果、叔叔洗香蕉、叔叔吃香蕉"的卡片(图5-8)中指认目标卡片;或者从"妹妹洗香蕉、妹妹吃香蕉、叔叔洗香蕉、叔叔吃香蕉"的卡片(图5-9)中指认目标卡片。

图5-8 三语句卡片①   图5-9 三语句卡片②

(5)康复师增加卡片的数量,提高理解难度,让儿童找出一张目标卡片。例如,儿童从"叔叔洗香蕉、叔叔吃香蕉、叔叔洗苹果、叔叔吃苹果、妹妹洗香蕉、妹妹吃香蕉、妹妹洗苹果、妹妹吃苹果"的卡片(图5-10)中指认目标卡片。

图 5-10　三语句卡片③

（6）康复师对儿童进行句子水平的表达训练。例如，康复师提问："告诉老师，这是谁在干什么？"儿童回答。

5. 注意事项

（1）此训练是建立在儿童已经具备词句理解能力的基础上，儿童如果不能理解卡片内容并做出正确指认，则可以先进行词句水平的选择训练。

（2）康复师要根据儿童的程度设计课题的难度，如果儿童指认四张卡片存在困难，康复师可以降低难度，从两张卡片指认开始，逐渐过渡到四张、六张卡片的指认。

（3）注意给予儿童的听觉刺激应引出正确的反应，如果儿童指认错误，康复师可以说"再看看"，若儿童指认仍不正确，康复师就直接告诉儿童哪张卡片是正确的。

（4）进行表达训练时，如果儿童不能直接说句子，康复师可以先问："他在干什么？"若儿童能说出，如"吃香蕉"，康复师可以再问"是谁在吃香蕉"，最后组成句子。

6. 延伸训练

（1）家长可以给儿童讲小故事，让儿童尝试补充情节，慢慢过渡到能说短句子。

（2）康复师要指导家长在日常生活的表达中注意多运用一些句子。

二、主动语句的训练

1. 适用情况

儿童可以理解不可逆句型,如"妈妈吃苹果"等,但对于理解不同的词序所对应的不同指示内容存在困难。

2. 目标

(1)能区分动作主及对象。

(2)能理解语序关系。

3. 材料与工具

(1)词卡(小图卡):猫、刷子、熊猫(图5-11)。

图5-11 词卡(小图卡)

(2)句卡(大图卡):猫洗熊猫,熊猫洗猫(图5-12)。

图5-12 句卡(大图卡)

4. 步骤和方法

(1)康复师对照"猫洗熊猫"的大图卡(图5-13),从小图卡中选择卡片,按"猫+刷子+熊猫"的顺序从左到右排列好(图5-14),这时要注意动作主(猫)的位置。在小图卡的排列中,康复师要让儿童学会把动作主排在第一个位置。例如,康复师首先把动作主的小图卡放到最左边让儿童看左图（图5-15），然后把动作主的小图卡放在右边让儿童看右图（图5-16），讲解两种放法的不同含义，帮助儿童理解游戏规则。当儿童理解存在困难时，康复师可以让儿童注意看拿刷子的动物。

图5-13 "猫洗熊猫"图卡

图5-14 "猫＋刷子＋熊猫"顺序

图5-15 动作主的图卡在最左边　　图5-16 动作主的图卡在最右边

（2）康复师根据动作主的位置和不同状态的小图卡让儿童进行对应选择，若儿童看卡片中动物的位置后无反应，康复师则让儿童注意看拿刷子的动物是谁。

（3）康复师可以多准备几组小图卡，如"妈妈亲（用嘴唇表示）宝宝、宝宝亲妈妈"等让儿童把动作主、动作、对象的图卡进行分类。

（4）在儿童完成第一步操作的基础上，康复师对儿童开展对照大图卡选择、匹配小图卡、模仿及自发说出言语的训练，并按此步骤着重开展形成句子的训练。

5. 注意事项

（1）本阶段的学习重点在于让儿童理解可逆句。因为可逆句中的动作主及对象是可逆的，所以儿童不单要注意到事物状态的构成成分（动作主、动作及对象）的有无、作用和特征，更重要的是注意到它们被放在特定的位置（这里指是动作主在句头）的状况，确保儿童理解该事物是动作主还是对象，如在"猫洗熊猫"图卡训练中，注意区分"猫"是动作的执行者（即动作主），而不是动作的对象。

（2）已存在的特定的语言形式和不同的词序所指示的内容发生变化时，训练可以扩展到其他词的项目结构。

6. 延伸训练

（1）此训练达成目标后，康复师对儿童可以进行其他词（如介词、副词、连词等）的语法、句子的学习，从两个词以上的句型逐步向高难度内容学习，如句子可延伸为"猫在院子里认真地洗熊猫"。随着儿童理解能力的进一步提高，句子还可继续扩展。

（2）在日常生活中，儿童要使用已学习的句子，看容易理解的图书，还要多听、多读具有词句注解的故事书、绘本等，并逐渐过渡到可以讲短小的故事。

三、被动语句的训练

1. 适用情况

儿童可以理解可逆句，但不能理解被动句。

2. 目标

（1）能区分动作的实施者和接受者。

（2）能理解被动句。

3. 材料与工具

（1）词卡（小图卡）：宝宝（动作主）、妈妈（对象）、抱（动作）。

（2）句卡（大图卡）："宝宝被妈妈抱""妈妈被宝宝抱"。

4. 步骤和方法

（1）康复师对照"宝宝被妈妈抱"的大图卡，从小词卡中选择按"宝宝、（被）抱、妈妈"的顺序从左到右排列好，这时注意动作主的位置。在小图卡的排列中，康复师要让儿童学会把动作主排在第一个位置。例如，首先把动作主的小图卡放到最左边让儿童看左图，然后把动作主的小图卡放在右边让儿童看右图。

康复师先按"宝宝、抱、妈妈"的顺序排列小图卡，让儿童了解到，我们要理解的句子是"宝宝被妈妈抱",动作主是"宝宝";再按"妈妈、抱、宝宝"顺的序排列小图卡,此时,仍要让儿童了解,我们要理解的句子仍是"宝宝被妈妈抱",动作主仍是"宝宝",动作主的位置总是在第一个。

(2)康复师让儿童根据动作主的位置和状态对应选择"妈妈抱宝宝"的大图卡。两张图卡虽然均为"妈妈抱宝宝",但动作主的位置(左、右)和状态(开心、平静)不同。

(3)康复师可以多准备几组小图卡,如"妈妈亲(用嘴唇表示)宝宝、宝宝亲妈妈""猫洗(用刷子表示)熊猫、熊猫洗猫"等,让儿童把动作主、动作、对象的图卡进行分类。

(4)在儿童完成第一步操作的基础上,康复师对儿童开展对照大图卡选择、匹配小图卡、模仿及自发说出言语的训练,并按此步骤着重开展形成句子的训练。

5. 注意事项

(1)当儿童出现根据词序(与可逆句一致)的方法去理解、配置图时,康复师要及时给予提示(正确反应的刺激),如当对照"宝宝被妈妈抱"的图卡,儿童排出"宝宝→抱→妈妈"的图序时,要更正错误的图序(应为"宝宝→抱→妈妈")。

(2)对照句子所表达的内容,康复师可与儿童一起做相应的模仿动作,促进儿童对被动句的理解。

6. 延伸训练

家长在家庭活动中适当的使用被动句,加深儿童对被动句的理解,直至儿童能自己说出被动句。

四、复合句式的训练

1. 适用情况

儿童开始学习复合句式。

2. 目标

学习使用句式"有……还有……"

3. 材料与工具

水果接龙卡、神秘袋。

4. 步骤与方法

(1)康复师事先把两种不同的水果接龙卡装在神秘袋里。

（2）康复师拿出神秘袋，告诉儿童今天要玩的游戏及对句子表述的要求。

（3）康复师拿出一个接龙卡，给儿童看卡片上面是什么水果，如卡片上是苹果和葡萄，然后对儿童说："我的卡片上有苹果，还有葡萄。"说完把卡片放在桌面上。

（4）轮到儿童拿卡片时，康复师引导儿童观察卡片并要求儿童使用"有……还有……"的句式说出卡片内容。

5. 注意事项

在句子的学习过程中，康复师在教儿童运用肯定句的同时要注意否定句的学习，如"我没有糖""天空不是蓝色的"等。

6. 延伸训练

在生活中，家长要有意识地把目标句式带入家庭，如去超市购物时可以让儿童用"有……还有……"句式练习说买了什么。

第六节　语段训练

一、听故事的训练

1. 适用情况

儿童具有语段理解能力，能持续聆听简短的故事。

2. 目标

（1）能够理解故事内容。

（2）能够回答相应问题。

（3）能够根据故事内容给故事图片排序。

3. 材料与工具

（1）手偶玩具：乌龟。

（2）故事图片。

（3）太阳图片。

4. 步骤与方法

（1）康复师告知儿童今天的训练内容。康复师说："小朋友，今天你要听一个好听的故事，故事的名字叫《小乌龟晒太阳》。"康复师出示手偶乌龟。

（2）康复师引导儿童专注倾听，康复师在讲解故事内容的同时一张一张地出示故事图片，帮助儿童理解故事。

（3）康复师出示手偶乌龟和太阳图片，并把故事的内容边讲边演出来，进一步帮助儿童理解故事内容。

（4）康复师根据故事内容向儿童提问，例如，小乌龟出门干什么去了？它晒了身体的什么部位？它先晒了什么部位，然后晒了什么部位，最后晒了什么部位？它遇到了什么困难？它最后怎么回家的？康复师根据儿童回答或者指认卡片的情况评估儿童对故事的理解程度。

（5）康复师打乱故事图片的顺序，让儿童根据故事内容重新将故事图片排序。

5. 注意事项

（1）此训练是建立在儿童已经具备语段理解能力的基础上的，如果儿童不能理解故事内容，康复师可以用多种方式给儿童讲解故事内容，帮助儿童理解。

（2）在听故事环节，儿童应注意力集中，跟随康复师的节奏看着图片听故事的内容。

（3）在提问环节，儿童应使用语言回答问题，儿童如果不能直接说出答案，可以指出对应的卡片或者模仿相应的动作。

（4）在排序环节，儿童应先根据记忆进行排序，如果儿童不能完成，康复师则可以一边讲故事，一边让儿童找出对应的图片排序。

6. 延伸训练

（1）家长在给儿童讲故事的同时，可以让儿童扮演小乌龟，帮助儿童进一步理解故事。

（2）康复师应给予家长指导，指导家长开展亲子阅读，给儿童讲更多有趣的故事，帮助儿童输入较长的语段，促进儿童对故事语段的理解。

二、讲故事的训练

1. 适用情况

儿童具有语段表达能力，语句表达流畅。

2. 目标

能够流畅、完整地讲述故事的内容。

3. 材料与工具

（1）故事图片。

（2）小熊模型。

（3）圆形和方形的饼干玩具。

4. 步骤与方法

（1）康复师告知儿童今天的训练内容。康复师说："小朋友，今天我们要一起讲故事。"康复师让儿童观察故事图片，了解故事中的人物、事件及大家的情绪。

（2）康复师把故事图片按照顺序排列好，让儿童观察故事内容。逐一解说每幅图片上的人物、事情和情绪。

（3）康复师做出认真倾听故事的状态等待儿童讲故事，引导儿童尝试给故事起名字并尝试根据图片顺序讲故事。

（4）康复师和儿童讨论，根据儿童讲故事的情况进行补充，使故事内容更加丰富充实。

（5）康复师再次引导儿童根据调整的故事内容进行故事讲述。

（6）康复师和儿童利用玩具模型将故事表演出来，一边表演，一边讲故事。

5. 注意事项

（1）此训练是建立在儿童已经具备语段表达能力的基础上的，如果儿童开始不能连贯、全面地讲故事，康复师可以引导儿童充分观察了解故事内容。

（2）康复师要鼓励儿童讲故事，给予儿童信心，在儿童讲述的过程中不要打断。

（3）康复师可与儿童以讨论的方式在儿童讲的故事的基础上补充内容。

（4）康复师要充分发挥儿童的主动性和创造性，不要固定故事的语句，让儿童自行组织语言讲故事。

6. 延伸训练

（1）家长要鼓励儿童讲故事，并根据不同的图片顺序发展出不一样的故事，让儿童通过理解故事中传递的一家人相亲相爱的情感并将这样的情感迁移到生活中。

（2）康复师应给予家长指导，让家长在日常生活和亲子互动中多鼓励儿童自主讲述故事并不随意打断。

三、儿歌理解和表达的训练

1. 适用情况

儿童具有短句理解和表达能力。

2. 目标

（1）能够理解和表达儿歌.

（2）能够说完整的儿歌内容。

3. 材料与工具

（1）发条小鸡玩具。

（2）儿歌音乐。

4. 步骤与方法

（1）康复师告知儿童今天的训练内容。康复师说："今天我们要学习一首儿歌，儿歌的名字叫《小小鸡》。"康复师出示发条小鸡玩具。

（2）康复师引导儿童专注倾听，康复师将完整的儿歌说给儿童听，帮助儿童理解儿歌的内容。

小小鸡

小小鸡、小小鸡，我是一只小小鸡，

背小包、戴小帽，走在草地里。

小鸡妈妈哭呀哭，小鸡怎么不见了，

小小鸡、小小鸡，快快回来吧！

（3）康复师一边说儿歌，一边做动作，进一步帮助儿童理解儿歌的内容，并引导儿童跟随康复师一起做动作。

小小鸡，小小鸡，→两只手的食指相碰，做尖嘴巴小鸡的样子。

我是一只小小鸡。→拍拍自己，两手食指相碰。

背小包、戴小帽，→做背书包和戴帽子的动作。

走在草地里。→做走路的样子。

小鸡妈妈哭呀哭。→做哭的样子。

小鸡怎么不见了。→两手食指相碰，双手摊开。

小小鸡、小小鸡。→两只手食指相碰，做尖嘴巴小鸡的样子。

快快回来吧！→做招手的动作。

（4）康复师逐句引导儿童说儿歌，一边说儿歌，一边做对应的动作。

（5）康复师根据儿歌内容进行提问，例如，儿歌叫什么名字？儿歌里有什么小动物？小小鸡在什么地方散步？小鸡妈妈为什么哭？

（6）康复师请儿童倾听儿歌音乐，引导儿童跟着音乐边说儿歌边做动作。

5. 注意事项

（1）此训练是建立在儿童已经具备短句理解能力的基础上的，如果儿童不能理解和仿说儿歌，康复师可以多次给幼儿输入儿歌，帮助儿童理解。

（2）学习儿歌时应逐步增加难度，例如，先听老师说儿歌；一边听老师说儿歌，一边看老师做动作；跟随老师边说儿歌边做动作；跟着音乐边说儿歌边做动作。

（3）待儿童对儿歌内容比较熟悉后，再让儿童跟着音乐边说儿歌边做动作。

6. 延伸训练

（1）家长可以给儿童说其他儿歌，帮助儿童理解更多儿歌，并喜欢上说儿歌。

（2）康复师应给予家长指导，在日常生活和亲子互动中多给儿童说儿歌，也多给儿童说儿歌的机会。

第七节 沟通策略与沟通行为训练

一、轮换表达的训练

1. 适用情况

儿童具有游戏轮替和等待能力，能够表达短句。

2. 目标

提高儿童的轮换表达能力和互动技巧。

3. 材料与工具

（1）购物玩具（图 5-17）：购物车、商店食物卡。

（2）指偶玩具：小猪。

图 5-17 购物玩具

4. 步骤与方法

（1）康复师告知儿童今天的训练内容——玩购物游戏。康复师扮演顾客，推购物车去小猪的商店购物，家长扮演售货员。家长（售货员）问："您好，请问你要买什么？"康复师（顾客）说："我要买蛋糕和牛角包。"

（2）康复师把购物车交给儿童，儿童扮演顾客，康复师引导儿童推购物车买东西，表达购买需求。儿童（顾客）说："我要买冰激凌和甜甜圈。"

（3）家长、康复师和儿童轮换进行角色扮演，增强儿童在扮演角色时的主动表达互动技巧。

5. 注意事项

（1）保持活动的趣味性和互动性，避免单调和枯燥。

（2）表达的句子根据儿童的语言表达能力调整内容和长度。

（3）给孩子足够的时间思考和表达，不要催促。

6. 延伸训练

（1）家长在家中可以与儿童进行商店购物的角色扮演，巩固沟通训练的内容。

（2）家长可以带儿童去其他类型的商店再做练习，如去果汁店买果汁等。

二、礼貌用语使用的训练

1. 适用情况

儿童具有表达2～3个字句长的能力。

2. 目标

学习使用简单的礼貌用语：你好、拜拜（再见）。

3. 材料与工具

（1）人物指偶：宝宝、爸爸、叔叔、阿姨、姐姐、弟弟等。

（2）房子模型。

4. 步骤与方法

（1）康复师告知儿童今天的训练内容——玩指偶游戏。康复师套上"爸爸"指偶，敲模型房子的门，提示儿童："爸爸回来了。"儿童开门打招呼："你好！"

（2）康复师依次套上不同的人物指偶敲门，给儿童提供与来人见面打招呼的机会，引导儿童使用礼貌用语："你好！"

（3）康复师再次套上"爸爸"指偶并告知儿童："爸爸要上班了，爸爸要走了。"儿童跟"爸爸"道别："拜拜！"

（4）康复师依次套上不同的人物指偶出门，给儿童提供道别的机会，引导儿童使用礼貌用语"拜拜/再见"。

5. 注意事项

（1）康复师要多给予儿童积极的反馈，增强儿童的自信心和使用礼貌用语的动力。

（2）对于理解和表达有困难的儿童，康复师要给予更多耐心和支持。

（3）对于理解礼貌用语的儿童，康复师可以用语言提示或等待儿童主动使用礼貌用语。

6. 延伸训练

（1）在日常生活中，遇到认识的人时家长应鼓励儿童练习使用简单的礼貌用语"你好、拜拜（再见）"。

（2）在公共场所，遇到他人善意的问好时，家长要鼓励儿童做出回应。

三、问问题的训练

1. 适用情况

儿童具有理解和表达简单问句的能力。

2.目标

（1）能够对不明确或遗漏的语言信息提出要求。

（2）提高沟通技巧。

3.材料与工具

（1）书包。

（2）书、笔、水杯、纸巾、扇子、眼镜、牛奶、面包等。

4.步骤与方法

（1）康复师和家长示范。康复师说："今天我们要去公园，需要家长帮忙收拾书包。"康复师接着说："请帮我把书、笔、水杯、纸巾、扇子、眼镜和牛奶放入书包。"家长说："你要装的东西有点多，我只听到水杯、纸巾、扇子、眼镜和牛奶。还有什么？"康复师说："还有书和笔。"家长说："要装的东西有书、笔、水杯、纸巾、扇子、眼镜和牛奶，对吗？"

（2）儿童加入活动。家长向儿童说明要装的东西，康复师引导儿童让家长补述遗漏的语言信息；或者康复师让儿童帮忙装东西，家长引导儿童让康复师补述遗漏的语言信息。

（3）康复师、家长、儿童反复轮换进行活动，活动中让儿童有较多的机会使用问问题的沟通技巧。

5.注意事项

（1）康复师鼓励儿童进行模仿询问，并给予正面反馈。

（2）活动可依照儿童的听觉能力表现调整物品的项目数量。

（3）康复师要尊重儿童的提问方式，不要急于纠正其错误，而要给予儿童指导和支持。

6.延伸训练

（1）家长和儿童巩固练习课堂内容。

（2）在日常嘈杂的环境中，家长多观察儿童在因听不清楚而遗漏部分信息时使用的请对方补述遗漏的语言信息技巧的情况，调动儿童的主动性。

四、维持话题的训练

1.适用情况

儿童掌握一定的词汇量，具备理解简单问句的能力。

2. 目标

（1）激发儿童的语言兴趣。

（2）能够开启自己感兴趣的话题。

3. 材料与工具

游乐园、动画片、动物园等图片。

4. 步骤与方法

（1）康复师和家长示范。康复师和家长轮流抽图片，并谈论与图片相关的内容。康复师抽到游乐园图片，和家长谈论游乐园的话题。康复师说："我昨天去游乐园了，你去游乐园了吗？"家长说："我也去游乐园了。"康复师说："你玩滑梯了吗？"家长说："我玩滑梯了，还玩了跷跷板。"

（2）儿童抽图片，康复师与儿童进行话题谈论，并及时给予回应和肯定。在儿童无法谈论时，家长需要协助儿童谈论话题。

（3）儿童抽图片，家长与儿童进行话题谈论练习。

（4）康复师或家长可以多次与儿童进行话题谈论练习。

5. 注意事项

（1）日常多观察儿童，了解儿童的喜好，选择儿童感兴趣的话题。

（2）给予儿童时间组织语言，鼓励儿童发起话题。

6. 延伸训练

（1）家长可以用其他儿童感兴趣的事情、游戏、玩具等作为话题进行练习。

（2）日常生活中家长可以利用与儿童交往的时机，引导儿童用轻松的内容开启话题。例如，"你的衣服好漂亮呀！""今天的天气真好！"

第八节　书面语言训练

一、文字的辨别训练

1. 适用情况

儿童尚未掌握音声语言或正在掌握之中，需以文字作为媒介来学习语言符号或音声语言符号。

2. 目标

（1）能够辨别字形。

（2）能够将文字符号与图片意义相结合。

3. 材料与工具

（1）10～12 种图形镶嵌板。

（2）字卡（完全相同的字卡 2 套）。

（3）图片及相应字卡（完全相同的字卡 2 套）。

4. 步骤和方法

（1）康复师利用图形镶嵌板（如圆形、椭圆形、正方形、长方形、三角形、菱形、等腰梯形、五边形、六边形、十字形、五角星形、平行四边形等），将全部子板从母板中取出，只拿起 1 块子板，交到儿童手中，让儿童放至对应位置。若儿童不能完成，康复师可先从 3 块图形镶嵌板开始训练，直至儿童可以将 12 种图形全部配对。

（2）康复师选择字形相似性低的 3 个字，如月、海、花，将相应字卡摆在儿童面前。康复师向儿童出示"月"字卡，让儿童从他面前的字卡中选出一样的，依此类推，选择"海""花"。如果儿童两次未做出正确选择，康复师就将正确的字卡告诉儿童。训练难度逐渐过渡到选择字形相似性高的字，如海、河、湖，康复师从中选出单个文字的字卡，如"海"的字卡。

（3）康复师将字形及字数相似性低的 2 个字的字卡摆在儿童面前，如门、羊，康复师向儿童出示包含其中一个字的单词字卡，如"小羊"，让儿童将看到的文字"羊"选出来。康复师逐渐选择字形及字数相似性高的字卡对儿童进行文字单词辨别训练。

（4）康复师将 3 张图片摆在儿童面前，如"牙刷""苹果""帽子"。康复师向儿童出示与一张图片对应的字卡，如"牙刷"，让儿童进行图片与字卡的匹配。

（5）康复师将 3 张图片及对应字卡同时摆在儿童面前（将图片放在上方，字卡放在下方）。康复师先出示字卡，让儿童选择对应图片，然后将图片下方的示范字卡拿走，让儿童单纯进行字卡与图片的匹配。

（6）康复师将 3 张字卡及对应图片同时摆在儿童面前（将字卡放在上方，图片放在下方）。康复师先出示图片，让儿童选择对应字卡，然后将字卡下方的示范图片拿走，让儿童单纯进行图片与字卡的匹配。

5. 注意事项

（1）训练一般以 3 张图片与文字的选择或匹配开始，可逐渐增加至 9～12 张。

（2）若儿童答错 2 次，康复师可告知儿童正确的选项。

（3）在文字单词辨别训练中，儿童辨识1～2个音节的单词即可。

6. 延伸训练

（1）字卡-图片、图片-字卡的匹配训练可延伸为选择训练。

（2）当儿童对音声语言的掌握达到了一定程度时，康复师可与儿童一同朗读每一个文字，为下一步言语与文字相结合的训练做准备。

二、文字的理解训练

1. 适用情况

儿童已经掌握音声语言，能够区分不同的字形，可将文字意义同图片相结合，但仍需要进一步学习文字。

2. 目标

（1）能够将文字符号—意义—音韵结构相对应。

（2）能够书写部分文字。

3. 材料与工具

（1）图片及对应字卡。

（2）铅笔。

（3）橡皮。

（4）田格本。

4. 步骤和方法

（1）康复师示范，如在田格本上画一个点，即"、"，要求儿童在下方描画同样的点；然后康复师依次示范，在田格本上画各种形状如竖线、横线、圆形、加号、正方形、三角形、菱形、梯形、十字形、椭圆形、五边形、六边形、五角星形等，要求儿童描画同样内容。

（2）康复师选取简单的独体字，如"大"，让儿童按照笔画先写一笔"横"，熟练之后，练习写两笔"横、撇"，然后再练习"横、撇、捺"，最终将"大"字写出，写出后，儿童跟读。

（3）康复师出示"大"的字卡及图片，并要求儿童说出"大"的发音。

（4）儿童按照相同的方法识认独体字后，可先熟悉偏旁部首，并过渡到合体字的识认练习。

5. 注意事项

（1）每一个图形或笔画，每次可由康复师带领儿童练习 5～10 遍，熟练后，再进行下一图形或笔画的练习。

（2）儿童在练习书写汉字时，应能同时注意到字卡及图片，并大声朗读，从而建立文字符号—意义—音韵结构之间的联系。

6. 延伸训练

（1）康复师可对儿童进行文字与音声语言相对应的训练，将 3～12 张字卡摆在儿童面前，康复师说出其中一个字或词的发音，要求儿童选择正确的字卡。

（2）家长监督儿童完成康复师布置的文字作业，如将图片与相应文字连线等。

第六章　儿童失语症

本章按照儿童获得性失语症的语言病理学表现，分别介绍了对于口语听理解障碍、口语表达障碍、读写障碍，以及与语言功能相关的高级脑功能障碍所实施的对建立口语理解能力、口语表达能力、文字读写能力以及针对高级脑功能的训练。

第一节　口语理解能力的训练

一、听觉认知能力训练

1. 适用情况

儿童失语症的表现以听觉认知能力受损为主。

2. 目标

（1）建立对声音的注意和辨别。

（2）理解基本事物的概念。

3. 材料与工具

（1）基本声响玩具，包括小鼓、小锣、铃铛、沙锤、沙铃、喇叭、小哨子及其他声响玩具，声响玩具按照声音频率及声音特征进行分类。

（2）自然声音与对应图片，包括基本的自然声，如风声、雨声，以及鸟叫声、狗叫声、猫叫声、笑声、哭声、拍掌声、唱歌声和各种交通工具的声音。

（3）用于固定儿童在训练时坐位和头位的矫形小椅子和小桌板。

4. 步骤与方法

（1）康复师辅助儿童建立听取声音时的基本位置，包括坐位、头正位，然后利用表情或光源吸引儿童注视康复师的面部及前方。

（2）康复师在儿童刺激耳同侧旁 50 厘米处操作声响玩具，同时做表情，指示儿童注视声源侧，当儿童出现主动发现声源的动作和表情时，康复师将声响玩具置于儿童手中或帮助儿童去操作玩具，使玩具再次发声以强化儿童的声音感知概念。

（3）康复师在儿童刺激耳同侧旁 50 厘米处打开自然声的录音，当儿童出现感知声音的表情和动作时，康复师出示与自然声对应的图片和玩具对儿童进行强化，使儿童建立自然声与实物和图片的对应关系。

（4）康复师训练儿童从两张图片中选择与自己听到的声音相对应的图片。

（5）康复师教儿童利用手势表示所听到的声音来源方向（如指示动作）及代表形

状或动作（如做出敲击动作代表听到了击打的声音）。

（6）康复师教儿童尝试用发音去模仿听到的声音。

（7）康复师尝试利用声音和手势去引导儿童选择相应的声音玩具或图片。

（8）儿童和康复师一起通过模仿练习发出声音。

5. 注意事项

（1）声源不能距离儿童刺激耳距离过近，刺激声音声强控制不超过 80 dB nHL。

（2）为了培养儿童做出聆听动作，康复师可以在进行声源操作时做出聆听的手势以提高儿童的注意力。

（3）利用手势、动作及表情强化训练结果更利于引起儿童的兴趣。

（4）同一种声音反复出现不要超过 3 次，可以通过改变刺激声音的刺激时间、频次、音量及方向吸引儿童的注意力。

6. 延伸训练

对于已建立良好的听觉注意的儿童，家长和康复师要及时利用儿童对声音的注意将儿童的视线引导到自己的面部，以建立儿童对口型的注意。

二、听理解训练

1. 适用情况

儿童失语症的表现以听理解障碍为主。

2. 目标

（1）建立指示动作。

（2）建立事物间的匹配关系。

（3）建立事物及图片的听—指动作。

（4）学会利用事物、手势、图片应答康复师的要求。

（5）扩展理解的程度，能够执行指令进行动作演示。

3. 材料与工具

（1）事物彩色镶嵌板（图 6-1）。

（2）成对彩色配对图片（图 6-2）。

（3）按照动词、名词等词性分类的彩色图片（图 6-3）。

4. 步骤与方法

（1）康复师尝试帮助儿童建立"是、否"的示意动作，如鼓掌代表好，点头代表

图 6-1 事物彩色镶嵌板

图 6-2 成对彩色配对图片

图 6-3 分类彩色图片

好，摇手代表不，摇头代表不。儿童先尝试运用肢体动作进行示意，再运用手势或头的动作来表示是与否。

（2）康复师帮助儿童建立镶嵌板的子板与母板的匹配关系。康复师先向儿童出示镶嵌板，示范将子板取出后再放入母板，然后康复师将子板交给儿童，康复师左手持母板，右手做手势，同时发出指令要求儿童将手中的子板放入母板中，若儿童不能理解康复师的手势和指令，康复师则用右手辅助儿童将子板放入并鼓励儿童。在儿童理解子板镶嵌概念后，康复师增加母板个数，然后仍将一个子板交给儿童，做手势或指令要求儿童放入，若儿童不能理解康复师的手势或指令，康复师则把住儿童的手，将儿童手中的子板和面前母板进行对比并放入正确的位置，再将放入的子板取出，要求儿童重新操作一遍，当儿童操作正确时要给予鼓励。

（3）康复师帮助儿童将已建立的镶嵌板操作概念运用于成对彩色图片配对中。康复师在儿童视野范围内摆放成对彩色图片，吸引儿童注意图片是成对放置的，康复师将上面的图片交给儿童，然后用手指点桌上的图片，指示儿童放入，若儿童正确放入康复师就给予肯定和鼓励。康复师增加桌上图片的数量，要求儿童将相同图片成对摆放，康复师可以有意说出图片名称，让儿童寻找，如果儿童听到图片名称却不能指认，康复师则代替儿童进行配对，并鼓励儿童。

（4）康复师利用图片名称训练儿童根据声音寻找相应图片。康复师将图片摆放在儿童的视野范围内，康复师按照评价的结果确定图片数量。康复师念出图片名称让儿童指出或拿出，若儿童不理解，康复师则利用手势或成对图片进行提示，诱导出儿童的指认动作，再要求儿童完成一遍。康复师要及时给予儿童鼓励和肯定。难度按照摆放图片数量、词性、范畴逐渐增加，直到儿童能完成80%以上的训练任务。

（5）康复师帮助儿童建立听指认图片的动作。康复师将图片摆放在儿童的视野范围内，康复师按照评价的结果确定图片数量。康复师念出图片名称让儿童指出或拿出，若儿童不理解，康复师则利用手势或成对图片进行提示，诱导出儿童的指认动作，再要求儿童完成一遍。康复师要及时给予儿童鼓励和肯定。难度按照摆放图片数量、词性、范畴逐渐增加，直到儿童能完成80%以上的训练任务。

（6）康复师帮助儿童建立对图片所示概念的理解。康复师将供选择的图片摆放在儿童的视野范围内，康复师说出图片所示物品的概念或用途，让儿童找出或指出正确的图片，若儿童不能完成，康复师则可以直接说出图片名称帮助儿童完成操作。

（7）康复师帮助儿童建立对图片所示操作的理解。康复师将供选择的图片摆放在儿童的视野范围内，康复师说出图片所示操作的动作过程或位置，以及其他相关操作因素，并形成一个短句子，让儿童按照自己的理解找出正确的图片。

（8）康复师帮助儿童建立对动作的执行理解力。康复师对儿童发出一系列的操作指令，如摆放玩具、操作图形、安放物品等，并有意进行有次序的练习，即先做什么，后做什么，儿童按照指令次序进行操作。此训练可以结合儿童喜欢的运动和游戏，如一段歌舞，一个体操活动，儿童按照指令进行身体动作的操作更容易引起儿童的兴趣和配合。

（9）康复师帮助儿童建立对口面动作的理解、模仿和执行。康复师将口面运动和指令结合起来，对儿童发出口面器官的运动指令，如"伸缩舌""噘嘴""左右摆舌""卷舌"等。康复师先示范，然后由儿童进行运动操作，提高儿童对精细运动指令的理解，为今后的表达训练打下基础。

（10）根据儿童的理解力，康复师将儿童能够理解并指认的日常生活物品和动作图片设计制作成交流图册或交流板（图6-4、图6-5），在儿童具备或恢复表达能力之前利用儿童的理解能力以指认和打手势的表达方式来补偿有缺陷的交流能力，这样做可以使儿童尽早融入家庭和训练室的沟通环境中，增强儿童交流的主动性，提高交流技巧。

图6-4　交流图册

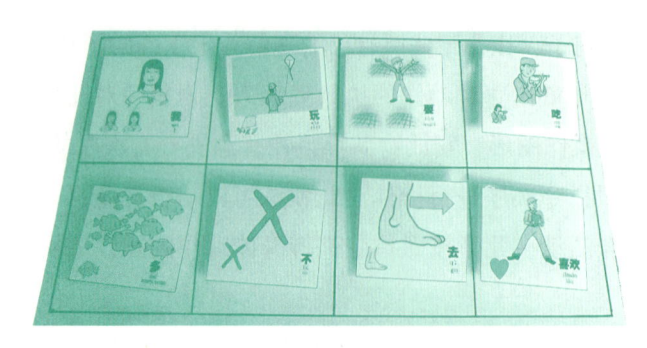

图 6-5 交流板

5. 注意事项

（1）注意纠正儿童自发产生的不适行为，如哭闹、扔东西，或者攻击别人代表否的异常行为示意。

（2）在镶嵌板和成对图片操作练习中，康复师要注意和儿童协同操作。康复师可以和儿童一起选择成对物品，引导儿童判断和观察事物的基本特征，如形状、数量、大小和颜色等。

（3）在听指认练习中，康复师的指导语要简短直接，如果儿童不能理解，康复师则可利用象声词、动作进行提示。

（4）在理解训练中，当儿童做出正确的选择时康复师要及时鼓励儿童，使儿童产生成就感和愉悦感，适当的奖励会增加儿童参与的兴趣。

（5）训练的内容可以和游戏相结合，避免枯燥。

（6）在儿童没有正确回答时，康复师可适当重复，尝试进行提示和帮助，辅助儿童完成，但如果儿童仍无法完成，康复师就要及时降低难度，确保儿童能完成80%左右的训练内容。

（7）正确比例超过90%时，康复师就要增加训练内容和难度；低于70%时就要降低训练难度，减少训练内容。

（8）估算儿童注意力集中的时间，保证儿童在训练中的注意力。

（9）训练要和游戏结合，对注意力不集中、好动、易产生恐惧的儿童要安排一定的自由玩耍时间。

（10）对儿童的错误回答，康复师要采用弱化的形式，少采用批评和责罚，对正确回答要及时进行鼓励和肯定。有时物质奖励更会使儿童有成就感，例如，奖励一朵花、一颗糖等都是对儿童极大的激励，康复师要灵活使用这些手段。

6. 延伸训练

（1）在家中儿童根据家长的指令和要求整理玩具和家庭用具。

（2）在家中儿童根据家长的要求进行日常生活的操作活动，如摆放衣物、穿衣服、拿小杯子接水，提高日常生活能力。

第二节 口语表达能力的训练

一、模仿发音及复述训练

1. 适用情况

儿童失语症的表现以发音障碍、复述障碍为主。

2. 目标

（1）建立口面模仿能力。

（2）建立呼吸的主动控制能力。

（3）建立发音模仿能力。

（4）建立自主发音的能力。

（5）建立复述的能力。

3. 材料与工具

（1）小镜子、压舌板。

（2）吹气玩具，如小喇叭、泡泡器等。

（3）口型的图片（图6-6）或影像图形（可用计算机辅助）。

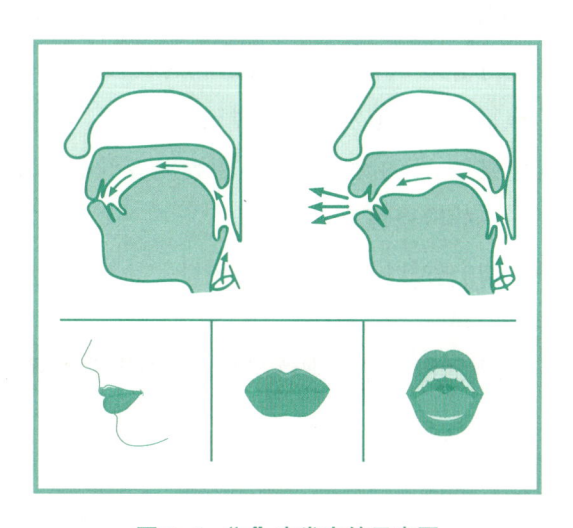

图6-6 "p"音发音的示意图

（4）拼音字母图片（图6-7）。

（5）名词/动词图片。

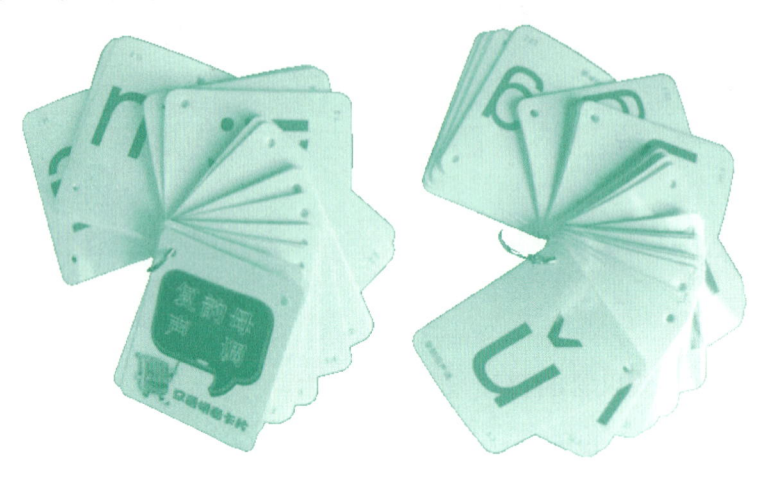

图6-7 拼音字母图片

4. 步骤与方法

（1）康复师让儿童通过镜子进行口面运动的模仿练习，如张闭口、噘嘴、呲牙、咂唇、伸缩舌、弹舌、卷舌等模仿动作。康复师先进行动作示范，再让儿童进行模仿，模仿时，康复师应利用压舌板指示儿童做出动作并保持。

（2）康复师利用引导气流（吹小喇叭、吹泡泡等）的方法让儿童通过主动动作进行吹气的练习，包括持续时间练习、连续—断续吹气练习。

（3）练习鼓腮吸气，康复师让儿童保持气流在口内的动作。

（4）康复师帮助儿童建立口型与发音的关系，让儿童理解张口音、闭口音、圆唇音、舌尖音、卷舌音等易于观察的口型和发音之间的联系，使儿童尝试在保持口型的情况下持续发音，并与康复师的示范发音进行对比。

（5）康复师让儿童控制发音的时长，建立断续发音的概念，如连续发"叭叭叭"的声音和长时间发"叭"音的转换练习。

（6）康复师让儿童利用手势和口型学习拼音字母，练习简单字母的发音和简单两音节的拼音发音。

（7）康复师用图片和生活语言作为训练材料，引导儿童模仿康复师说的内容，提高儿童的复述能力。

5. 注意事项

（1）口面运动练习主要以模仿为主，避免儿童反复练习后形成刻板行为，练习时儿童要注意动作之间的及时转换。

（2）训练不以儿童发音的准确性作为主要训练目标，而以儿童是否注意发音和动作之间的联系作为训练目标。

（3）避免长时间让儿童重复发单一的音，失语症儿童在练习时较容易出现刻板重复的行为，应及时转换动作，避免出现病理现象。

（4）发音练习要与辨别不同声音的练习相结合。

（5）训练可以在适当时机添加拼音的学习，提高儿童对有目的发音的理解和学习，为扩展词汇发音打好基础。

（6）在复述训练中，康复师要引导儿童注意康复师在发音和说话时的语调重音特点。训练初期，康复师可以使用图片作为复述训练的训练材料，待儿童建立好复述模式，再用图画书进行成句复述训练。

6. 延伸训练

（1）家长可以将家庭常用及儿童常用的用具和发音训练结合起来，帮助儿童学习和固化每次学到的发音概念。练习时，注意将发音和该音所代表的概念相联系，如抱和 /bào/ 的联系，爸爸和 /bà/ 的联系，妈妈和 /mā/ 的联系。

（2）在复述训练时，康复师可以根据儿童的复述能力让儿童将日常用语以复述的方式先行建立，然后在情境下引导儿童复述及自述，达到应用相关交流性言语的目的。

二、命名训练

1. 适用情况

儿童失语症的表现以命名障碍为主。

2. 目标

（1）建立对基本名词的命名能力。

（2）建立对基本动作的描述能力。

（3）建立对日常生活的基本问候和示意的说话能力。

（4）扩展儿童的词汇量，建立其他词性（如方位词、形容词、量词）的描述和命名能力。

3. 材料与工具

（1）不同事物的名词图片。

（2）基本动作的动词图片。

（3）日常生活动作图片。

（4）其他词性的图片。

4. 步骤与方法

（1）康复师出示图片并说出图片的名称。

（2）康复师让儿童重复康复师说的图片名称，并移走图片。

（3）康复师重新出示图片并询问儿童"这是什么"。

（4）如果儿童不能说出，康复师则可以说出词头或做出动作、手势进行提示。

（5）若儿童仍不能说出，康复师则带领儿童重复一次。

（6）一张图片重复一两次后进行下一张图片的命名。

5. 注意事项

（1）提示要直接、简短，不要对图片进行解释。

（2）儿童以儿童语或拟声词说出图片算正确。

（3）若儿童以手势进行回答，康复师需要引导儿童重复说出词语。

（4）康复师利用场景和使用概念进行提示有时是有效的，当儿童有命名困难时可以使用该提示方法。

（5）不要求儿童去记忆。

（6）词范畴和同义词训练也应以上述形式教会儿童进行区分。

6. 延伸训练

（1）家长尝试把训练材料结合到家庭物品中，在日常生活中提醒儿童先说出自己的要求再进行相关活动，从而提高儿童对命名的实际应用能力。

（2）家长带儿童接触亲戚朋友时，要鼓励儿童主动问候、打招呼。

（3）在日常生活中，家长要耐心询问儿童的"是、否"意见，不要完全替儿童安排，训练儿童主动利用命名能力进行交流。如果儿童表达不清晰或错误，家长可以采用"是、否"的询问方式来确定儿童的意思，并引导儿童再说一遍以强化反应的正确结果。

三、会话训练

1. 适用情况

儿童失语症的表现以会话障碍为主。

2. 目标

（1）建立对常见事物的描述能力。

（2）建立对常见场景的描述能力。

（3）建立说句子的能力。

（4）建立讲故事的能力。

（5）建立背诵故事的能力。

3. 材料与工具

（1）事物图片（可进行事物描述的图片）（图6-8）。

（2）儿童图画书（图6-9）。

图 6-8 事物图片

图 6-9 儿童图画书

4. 步骤与方法

（1）康复师先对事物的基本概念（范畴概念、形态概念、数量概念、多少概念、快慢概念、高低概念、位置概念、关系概念）进行描述。

（2）康复师让儿童找出图中康复师说到的内容。

（3）康复师让儿童重复康复师说的话。

（4）康复师指出图片或图画的部分，让儿童进行总结。

（5）康复师纠正儿童说错的部分，让儿童重复正确用语。

（6）儿童自行完成图片和图画的基本内容描述。

（7）康复师对儿童说出的内容进行判断，并用"是、否"去询问儿童说话的意思。

（8）康复师要对会话完成良好的儿童进行鼓励，对感到挫折的儿童进行安慰并尝试降低难度或改换方式以促进会话的完成。

5. 注意事项

（1）康复师应协助儿童完成会话的内容。

（2）康复师应鼓励儿童对不确定的和不会说出的内容进行询问。

（3）康复师对儿童话语中的语法混用现象应按照儿童失语的阶段和程度做出是否干预的处理。换言之，对程度较重的儿童，康复师可以鼓励其使用简单用语，不需要刻意纠正语法错误；对程度较好的儿童，康复师可以建立语法规则，训练儿童套用规则进行符合语法的会话。

（4）此训练适用于有一定表达能力基础的和会话欲望强烈的儿童。

（5）在讲故事的练习中，康复师应采用"搭架子"的方法让儿童主动补充内容。

（6）对儿童虚构的情节，康复师要按照情节的合理性做出是否干预的决定，不符合社会习惯及规则的情节，康复师要向儿童进行解释，使儿童理解并做出符合规范的回答。

6. 延伸训练

家长要鼓励儿童对当天的活动做描述和总结，并引导儿童说出自己的判断和感想。在日常生活中，家长可以对每日活动做出规律性安排，这有利于儿童对日程中的行为进行总结。家长应耐心听儿童完成表达，不要轻易打断，但可以采用询问的方式帮助儿童完成表达。家长要及时鼓励和表扬儿童敢于表达的行为，这可以使儿童在会话中得到乐趣。若儿童在交流中采用了其他的辅助交流措施，如做动作、打手势、绘画等，家长应给予鼓励和肯定。

第三节 读写能力的训练

一、阅读训练

1. 适用情况

儿童失语症的表现以阅读障碍为主。

2. 目标

（1）建立文字和概念的联系。

（2）建立对单词（动词和名词）的听理解及阅读能力。

（3）建立对短句和指令的听理解及阅读能力。

3. 材料与工具

（1）配对的彩色图卡和字词卡。

（2）基本事物名词卡片（图6-10）。

（3）基本动作单词卡片（图6-11）。

（4）配对的故事图画和句子。

图6-10 事物名词卡片

图6-11 动作单词卡片

4.步骤与方法

（1）康复师对儿童进行字卡与图卡的配对练习。康复师在儿童的视野范围内摆放图卡，按照难易程度进行卡片数量的调整。康复师将字卡放于图卡的上方，让儿童理解图卡和字卡的关系，然后康复师移走全部字卡。康复师向儿童出示字卡，要求儿童指出或将字卡重新放于对应的图卡上方。如果儿童不能理解，康复师就读出字卡上的内容，利用儿童的听理解能力完成将字卡和相对应的图卡摆放的过程。

（2）康复师对儿童进行图卡与字卡的配对练习。康复师在儿童的视野范围内摆放字卡，按照儿童的实际水平决定卡片数量。康复师将图卡放于字卡之上，让儿童理解字卡与图卡之间的对应关系，然后康复师移走全部图卡。康复师向儿童出示图卡，示意儿童指出或将图卡放于对应的字卡之上。如果儿童不能完成，康复师则可以指出正确的字卡。儿童完成后，再重复一遍。

（3）康复师对儿童进行文字的听指认练习。康复师在儿童的视野范围内摆放字卡，根据儿童的实际水平决定卡片数量。康复师说出一张卡片的名称，示意儿童指出对应字卡或将字卡找出交给康复师。如果儿童不能理解，康复师就出示字卡对应的图卡进行提示或直接将正确的字卡指出，儿童完成后，再重复一遍。

（4）康复师对儿童进行执行文字动作命令的练习。康复师将写有简单日常动作的字卡出示给儿童，让儿童通过动作和手势来表示文字的内容，如果儿童不能执行，康复师则带领儿童一起将动作内容演示一遍，再重新出示该卡片给儿童，由儿童完成。

（5）康复师对儿童进行句子理解训练。康复师选择儿童喜欢看的故事图画，将文字和图画对应，先由康复师针对图画的内容进行提问，由儿童找出相应的文字内容；然后由康复师读出文字内容（句子），由儿童指认文字中与情节和物品对应的内容。当儿童不能指出时，康复师可以通过解释及将句子成分分离的方式促进儿童的理解。

5.注意事项

（1）此训练适合患失语症前已经具有文字理解和朗读能力的儿童。

（2）文字训练应该以刺激和学习相结合。

（3）进行阅读理解训练时注意声音的跟随，不可以无声化。

（4）训练材料应该以儿童学习文字的顺序进行选择和提供。

6.延伸训练

家长可以在训练期间对儿童进行文字概念的强化练习，家长可以在家中儿童能接触的日常用品上加以文字，并适当以图字大卡、挂图的形式提高儿童对文字辨别的兴趣，强化训练成果。

二、朗读训练

1. 适用情况

儿童失语症的表现以朗读障碍为主。

2. 目标

（1）建立文字与声音的联系。

（2）能够朗读常见的单词（动词、名词）。

（3）朗读患失语症前的习得材料。

（4）学习汉语拼音的规则和拼读。

3. 材料与工具

（1）按词性分类的字卡和图卡。

（2）按常见发音归类的字卡。

（3）汉语拼音字母卡片和拼音材料。

（4）儿童患失语症前的汉语学习材料。

4. 步骤与方法

（1）康复师将易混的发音卡片和拼音卡片成对摆放在儿童的视野范围内，康复师发音，由儿童根据读音选择适合的文字和拼音字母的卡片。若儿童不能选择，康复师则帮助儿童选择，然后由儿童演示一遍，反复练习直至儿童习得。

（2）康复师出示字卡及汉语拼音字母卡片，儿童朗读，儿童朗读错误的或不准确的，康复师以口型进行提示或发音纠正。儿童完成朗读后，再由儿童自行完成一遍，反复练习直至儿童习得。

（3）儿童在康复师的带领下读出训练和学习材料，康复师可以诵读第一个词或音，帮助儿童完成诵读。儿童要反复练习诵读材料。

5. 注意事项

（1）此训练适合于已经进行文字学习的失语症儿童。

（2）此训练包括刺激、提示和学习的内容，这些内容需要儿童进行记忆复习方可获得良好效果。

（3）训练材料要和儿童学习文字的顺序相一致，尤其在后期扩展朗读能力时，训练材料要和儿童在学校中的学习内容相一致。

6. 延伸训练

家长监督儿童完成康复师布置的家庭作业，提高儿童的文字朗读能力。

三、书写训练

1. 适用情况

儿童失语症的表现以书写障碍为主。

2. 目标

（1）建立用健侧手书写的能力。

（2）了解文字的笔画结构，能够摹画。

（3）具备抄写的能力。

（4）学习文字的书写和表达。

3. 材料与工具

（1）白板、字板或白纸。

（2）白板笔、软铅笔。

（3）基本图形摹画材料。

（4）文字临摹材料。

（5）字卡和图卡。

4. 步骤与方法

（1）康复师训练儿童使用健侧手进行把持、抓握、挥动及穿、插等精细动作的练习，同时教授儿童使用健侧手持笔。康复师的持笔手要与儿童的持笔手保持一致，这样会更有示范作用。持笔动作要稳定，康复师可针对把持的力量和稳定性与儿童进行比赛，从而增加儿童对持笔的兴趣。

（2）康复师对儿童进行图形的临摹练习。康复师利用儿童对图形的兴趣，教儿童持笔临摹图形。根据汉字的特点，临摹的图形应以框架结构为主，康复师可以先示范，然后让儿童完成。若儿童持笔不稳定，康复师应帮助儿童加强持笔的力量和稳定性。

（3）康复师对儿童进行文字的临摹练习。训练选择大些的文字临摹材料供儿童临摹文字笔顺。在儿童临摹存在困难时，康复师可协助完成，逐渐过渡到由儿童自行完成。

（4）康复师对儿童进行文字的抄写练习。康复师选择常用的名词或动词让儿童进行抄写。对于抄写困难的儿童，康复师可以提供文字的结构提示帮助儿童完成，最终由儿童自行完成抄写。此训练需要儿童反复练习以熟悉所抄写的字形。

（5）康复师对儿童进行填空练习。康复师将单词的首字空出，让儿童完成组词练习。如果儿童完成困难，康复师则可以进行语音提示和笔画提示。

（6）康复师对儿童进行命名书写练习。康复师出示图卡，让儿童完成图卡的文字书写。如果儿童完成困难，康复师则可以进行语音提示和笔画提示。

（7）康复师对儿童进行听写练习。康复师说出常见的名词和动词，让儿童写出。如果儿童完成困难，康复师则可以进行笔画的语音提示和书写提示帮助儿童完成。

（8）书写训练的材料和顺序应与儿童在学校中的学习内容相一致，重点是恢复儿童的书写学习能力，如填写、造句、释义、记笔记、写日记和写作等。

5. 注意事项

（1）此训练适用于患失语症前已经进行文字书写学习的儿童。

（2）此训练的训练内容主要是与学习相关的内容，需要反复巩固方可取得效果。

6. 延伸训练

家长监督儿童完成康复师布置的家庭作业，并注意培养儿童利用健侧手进行精细操作及绘画的能力。

第四节　高级脑功能的训练

一、计算训练

1. 适用情况

儿童失语症的表现以计算障碍为主。

2. 目标

（1）建立数量的概念。

（2）建立比较的概念。

（3）建立基本的计算能力，如加减法。

3. 材料与工具

（1）代表数量的图片（图6-12）与实物材料。

（2）铅笔和笔板（白纸或白板）。

图 6-12　数量训练图

4. 步骤与方法

（1）康复师对儿童进行 1～10 的数量序数训练。康复师利用物品帮助儿童建立起数量顺序的概念，教儿童进行数数，并和用手指数进行联系。康复师和儿童共同数 1～10 并找出相应数量的物品和图片。

（2）康复师对儿童进行数字比较的训练。康复师将数量的多少和日常物品结合，采用指数法帮助儿童建立数量多少的概念，由儿童进行数量多少的排序和选择。

（3）康复师帮助建立数字的文字形式。康复师将数字的文字形式和指数法、物品数量结合，帮助儿童建立起数字的文字形式，并尝试进行书写数字的练习。

（4）康复师对儿童进行加法和减法的练习。康复师利用数字形式表达增加和减少的概念，待儿童习得概念后，让儿童完成加减的计算；康复师让儿童选择增加和减少的概念主动进行加减；康复师教授儿童用数字表示加减。

（5）康复师选择儿童患失语症前已经习得的运算技巧，让儿童重新学习，并扩大运算能力。

5. 注意事项

（1）此训练适用于患失语症前已经进行数字和运算学习的儿童。

（2）计算训练的刺激重点是建立数量概念，学习重点是数字的书写和运算，训练应根据儿童的能力按次序进行。

（3）此训练需要反复进行以巩固、强化学习效果，并采用练习加作业的形式来完成。

6. 延伸训练

家长监督儿童完成康复师布置的家庭作业，并在生活中注意引入数量的概念，由儿童选择和确认，巩固儿童的数量概念。

二、口面失用 / 言语失用训练

1. 适用情况

儿童失语症以口面失用 / 言语失用为主。

2. 目标

（1）改善儿童口面运动模仿能力。

（2）改善儿童的口面感觉异常。

（3）提高儿童对发音的认知能力。

（4）提高儿童对发音的控制能力。

（5）改善儿童的复述能力。

3. 材料与工具

（1）压舌板。

（2）冰棉拭子、口咬胶。

（3）小哨子、蜡烛、泡泡器等吹气玩具。

（4）乳胶手套、无菌纱布。

（5）吸舌器、小吸管。

（6）镜子（可容纳双人面部镜像的镜子）。

4. 步骤与方法

（1）康复师对儿童进行口面部触觉减敏和改善训练。康复师戴乳胶手套，儿童取坐位，康复师用手去接触儿童的面颊部。若儿童因面部过于敏感而产生躲避、哭闹的情况，康复师则可先接触儿童身体的远端，如双手，让儿童逐渐接受康复师的接触，然后过渡到儿童面颊部、双唇。康复师逐渐增加与儿童面颊部、双唇的接触力度，在儿童不抵抗的情况下对儿童口周进行按摩、挤压和牵拉，提高儿童对口面运动的感知觉。

（2）康复师对儿童进行口腔的减敏和感知觉改善练习。康复师戴乳胶手套，儿童取坐位，头部靠在矫形椅的头托上。康复师先将无菌纱布缠于右手拇指和食指，左手扶住儿童前额或后枕部，右手接触儿童唇内侧，并用食指接触摩擦儿童的颊侧、口底及舌面前部。注意不要引发儿童的不适反应，当儿童哭闹或感到恶心时，及时将手指退出儿童口腔。

（3）康复师对儿童进行口腔本体感觉促通练习。康复师右手以持笔式持冰棉拭子，按照唇内侧、双颊、口底、舌尖、舌面及硬腭的顺序逐次接触、摩擦、牵拉、按压相关组织结构，提高儿童的口腔本体感觉。康复师可利用口咬胶引导儿童用舌接触口咬胶并跟随口咬胶进行活动，提高口腔的触知觉。

（4）口面失用的儿童不能控制重要的调音器官——舌，康复师可以利用吸舌器对舌体进行前后牵拉、左右牵拉和抬举舌体的被动活动，通过小镜子使儿童意识到舌的活动位置并协助配合吸舌器的牵拉活动。在儿童能够参照镜子中舌体运动的形式进行主动活动时，康复师改由用压舌板指示儿童主动控制舌的活动，康复师下达运动指令，由儿童来执行。

（5）康复师利用吹吸工具（玩具或吸管）让儿童练习控制吹气的气流量、吹吸次数和方向，需要同时让儿童看见和感觉到自己在吹气过程中的主动能力，并能够按照康复师的要求主动控制吹气的动作。康复师引导儿童把吹气的动作演变为吸气、吹气的相关唇颊控制气流的运动，以提高儿童对呼吸的感知和控制能力。

（6）康复师对儿童进行发音的感知觉练习。在儿童咳嗽、憋气、打哈欠等可以出现声音的下意识活动中，康复师要及时指导儿童去感知发声时相关器官和组织的运动，例如，在咳嗽时儿童可以用手按压腹部感知腹部运动，将食指放于喉部感受喉部振动，将手掌贴在面颊部感知鼻腔共鸣时的声音，用手背感受经口冲击出来的气流感知爆破音。

（7）康复师对儿童进行断续发音的练习。康复师让儿童利用健侧手击打节奏并与发音共同配合，使儿童了解发音的断续和数量，同时用间隔时间来反映发音的长短，让儿童感知自己对发音的控制。

（8）康复师对儿童进行口型和发音的练习。康复师和儿童在镜子前一起张口发音。康复师让儿童在发音时转化口型并注意转换口型后发音的变化，然后把口型变化和发音结合起来。康复师逐渐将手势和口型结合，提高儿童的听觉反馈能力，儿童通过听康复师的发音主动调整自己的口型并发出和训练时相同的声音。

（9）康复师对儿童进行复述训练。康复师要求儿童复述康复师演示的声音和词语。康复师按照发音的难易顺序逐个引导儿童进行发音，发音的次序可以从口型元音 /a/、/u/、/i/ 三个音位开始，过渡到以唇舌运动为主的声母音位 /ba/、/ta/、/la/。根据儿童语音发育的特点，康复师再对儿童进行叠音的复述练习，如"/ba–ba/、/ma–ma/、/da–da/、/di–di/、/la–la/、/mao–mao/"等音，并进行双音节词的练习，如"八百、鸭子、老虎、小猫、凳子、喝水、吃饭"等词，强化儿童的复述能力。在训练中，康复师仍要将发音和口舌运动结合，让儿童能够根据听觉信息反馈调节发音器官的活动，完成复述过程。

5.注意事项

(1)不可强迫儿童进行口面部、口腔各器官的感知觉和运动训练,否则容易导致儿童对训练产生惧怕和反抗的情绪,影响后续训练的进行,同时对儿童的情感也有不利的影响。

(2)训练可以游戏化或采用儿童喜爱的方式进行,康复师需要根据儿童的实际情况做出个体化的训练顺序。

(3)及时抓住儿童有效控制口面和发声活动的机会是训练成功的关键元素。

(4)训练中注意及时处理儿童的口腔分泌物,保证训练的清洁卫生。

(5)康复师在对儿童进行口内被动训练时,不可粗暴,避免伤及儿童口内黏膜组织及舌系带。当儿童口咽部发炎或合并口腔溃疡时,康复师不宜将手放到儿童口腔内进行操作训练。

(6)训练工具需要及时清洗消毒,一人一用,不可混用,训练后的场所也要及时消毒。

6.延伸训练

(1)家长可以利用各种吹吸玩具在家中开展相关的呼吸训练,如引导儿童吹蜡烛、吹纸条、吹喇叭。

(2)引导儿童利用亲吻的动作增加双唇的主动运动控制。

(3)引导儿童在进食时进行舌对食物的寻找练习,例如,将海苔贴于唇周围促使儿童伸舌,将海苔贴于硬腭表面促使儿童舌上抬和卷舌,将酸梅晶或果珍粉洒在唇周围促使儿童舔唇以提高儿童的舌尖运动能力。

参考文献

[1] 杨焕才. 绕口令 300 首 [M]. 沈阳：辽宁少年儿童出版社，2003.

[2] 金晓达，刘广徽. 汉语普通话语音图解课本 [M]. 北京：北京语言大学出版社，2009.

[3] 王若江. 汉语正音教程 [M]. 北京：北京大学出版社，2005.

[4] 圣野. 新编儿歌 365[M]. 杭州：浙江少年儿童出版社，2012.

[5] 金波. 童谣 300 首 [M]. 上海：上海人民美术出版社，2009.

[6] 付莹莹. 幼儿说绕口令 [M]. 北京：中国戏剧出版社. 2004

[7] 王玉芳. 宝宝智力开发早教卡：儿歌 [M]. 哈尔滨：黑龙江美术出版社，2010.

[8] 中国社会科学院语言研究所. 新华字典 [M]. 第 11 版. 北京：商务印书馆，2011.

[9] 中国社会科学院语言研究所. 现代汉语词典 [M]. 第 7 版. 北京：商务印书馆，2016.

[10] 黄昭鸣，杜巧新. 言语障碍的评估与矫治 [M]. 上海：华东师范大学出版社，2006.

[11] 卢红云，黄昭鸣. 口部运动治疗学 [M]. 上海：华东师范大学出版社，2010.

[12] 李胜利. 言语治疗学 [M]. 第 2 版. 北京：华夏出版社，2014.

[13] 林宝贵. 语言障碍与矫治 [M]. 第 2 版. 台北：五南图书出版公司，2009.

[14] 林焘、王理嘉. 语音学教程 [M]. 北京：北京大学出版社，1992.

[15] 胡向阳. 听障儿童听觉口语教学示范教材 [M]. 中国文联出版社，2011.

[16] 杜青. 普通话语音学教程 [M]. 北京：中国广播电视出版社，2009.

[17] 宋欣桥. 普通话语言训练教程 [M]. 北京：商务印书馆，2017.

[18] 彭聃龄. 汉语儿童语言发展与促进 [M]. 北京：人民教育出版社，2008.

[19] 黄昭鸣. 言语治疗学 [M]. 中国科学技术出版社，河南科学技术出版社，2014.

[20] 胡向阳. 听障儿童全面康复 [M]. 北京：北京科学技术出版社，2012.

[21] 林桂如. 一玩就上手：学前儿童口腔动作游戏活动手册 [M]. 新北：心理出版社，2011.

[22] 安斯沃思，弗雷泽. 你的孩子口吃吗？父母指导手册 [M]. 曾凤菊，译. 新北：

心理出版社，2008.

［23］杨淑兰. 口吃：理论与实务 [M]. 新北：心理出版社，2011.

［24］张庆苏. 语言治疗学实训手册 [M]. 北京：人民卫生出版社，2013.

［25］宋欣桥. 普通话语音训练教程 [M]. 北京：商务印书馆，2003.

［26］李翔. 难不倒早教圈圈书·第3辑绕口令 [M]. 武汉：长江出版社，2009.

［27］张磊. 听障儿童声母构音异常的分析及治疗策略 [D]. 华东师范大学，2009.

［28］卫冬洁. 儿童语言发育迟缓的语言治疗 [J]. 现代康复，2001，5（15）：24–25.

［29］张清丽. 儿童语言发育迟缓的康复评定与治疗（一）[J]. 中国康复理论与实践，1996，2（2）：86–89.

［30］张清丽. 儿童语言发育迟缓的康复评定与治疗（二）[J]. 中国康复理论与实践，1996，2（3）：133–134.

［31］JAKOBSON R. Child Language: Aphasia and Phonological Universals[M]. Berlin: De Gruyter Mouton, 1980.

［32］LEES J. Children with Acquired Aphosias [M]. 2nd ed, London: Wiley, 2005.

［33］ROTH F P, WORTHINGTON C K. Treatment resource manual for speech-language pathology[M]. 2nd, ed. [S.l.]: Singular/Thomson Learning, 2001.

［34］SCARBOROUGH A A, SPIKER D, MLLIK S, et al. A national look at children and familier entering early intervention[J]. Exeptional Children, 2004, 70(4), 469–483.